数字经济与产业发展研究

Studies on Digital Economics and Industrial Development

史 丹 ◎ 主编

经济管理出版社

图书在版编目（CIP）数据

数字经济与产业发展研究/史丹主编 .—北京：经济管理出版社，2023.8
ISBN 978-7-5096-9215-8

Ⅰ.①数… Ⅱ.①史… Ⅲ.①信息经济—影响—产业发展—研究—中国 Ⅳ.①F269.24

中国国家版本馆 CIP 数据核字（2023）第 169293 号

责任编辑：胡 茜
助理编辑：杜奕彤 杜羽茜
责任印制：黄章平
责任校对：王淑卿

出版发行：经济管理出版社
　　　　　（北京市海淀区北蜂窝 8 号中雅大厦 A 座 11 层　100038）
网　　址：www.E-mp.com.cn
电　　话：（010）51915602
印　　刷：唐山昊达印刷有限公司
经　　销：新华书店
开　　本：720mm×1000mm/16
印　　张：20.25
字　　数：352 千字
版　　次：2023 年 10 月第 1 版　2023 年 10 月第 1 次印刷
书　　号：ISBN 978-7-5096-9215-8
定　　价：98.00 元

·版权所有　翻印必究·
凡购本社图书，如有印装错误，由本社发行部负责调换。
联系地址：北京市海淀区北蜂窝 8 号中雅大厦 11 层
电话：（010）68022974　邮编：100038

前　言

以大数据、互联网为代表的新一轮信息技术革命，催生了新的经济形态，即基于数字技术使数据转化为生产要素或直接生产数字产品和服务的数字经济。总体上，数字经济虽然处于发展的初级阶段，但已充分显示出改变传统经济发展规律、模式、组织形态的力量，正在引领新一轮的产业变革，赋能产业高质量发展。它不仅影响各国经济发展走势，而且可能重塑各国竞争优势，加速全球产业发展和产业布局调整。党的二十大报告对建设现代化产业体系作出部署，要求"加快发展数字经济，促进数字经济和实体经济深度融合"。因此，探讨数字经济赋能产业发展的规律、数字时代全球治理变革以及企业管理变革具有重要的理论价值和现实意义。

针对数字经济与产业发展的热点与重点问题，该书在文献学习的基础上，立足数字技术与实体经济深度融合、完善数字经济治理体系、协同推进数字产业化和产业数字化、不断做强做优做大我国数字经济的战略目标，从产业赋能、全球治理、管理变革三个维度探讨数字经济与实体经济深度融合路径，为构建数字中国提供理论支撑。

该书是中国社会科学院工业经济研究所集体研究的结晶，共收录了包括史丹研究员、刘戒骄研究员、贺俊研究员、李晓华研究员、郭朝先研究员、高中华研究员、邓洲副研究员、赵剑波副研究员、江鸿副研究员、渠慎宁副研究员、李先军副研究员、李伟副研究员等撰写的十三篇研究报告。按照报告主题内容进行归纳梳理后，本书共分为三个专题——数字经济与产业发展、数字经济与全球治理、数字经济与管理变革：

"专题一：数字经济与产业发展"聚焦数字经济赋能产业发展的规律，首先，实证探讨数字经济和实体经济融合分别对经济高质量发展、绿色创新的影响和作用机制。其次，深度剖析大数据发展对制造业企业全要素生产率的影响机理；科学厘清数字经济提升服务业劳动生产率的机理路径，强调未来服务业的"成本病"是否能够克服，取决于数字技术影响下服务业与国民经济其他行业特别是制造业劳动生产率增速的相对变化。最后，深入浅出地分析了 NFT 产业的主要特征、市场逻辑与趋势展望。

"专题二：数字经济与全球治理"着重于数字时代全球治理焦点，首先，对数字经济背景下全球要素资源重组态势进行了理性研判；其次，以工业互联网为对象，重点分析了其全球发展态势、我国发展成效与短板及其对策建议；再次，从技术—经济范式理论入手，透视数字经济和新基建战略逻辑和内在动机，以此揭示我国存在的问题，并提出政策建议，强调数字技术、数字新型基础设施以及配套的制度体系是支撑数字经济发展的关键；最后，从中国数字经济竞争视角出发，建议尽快形成国家层次总体战略。

"专题三：数字经济与管理变革"立足于数字时代企业管理变革，首先，从企业管理的逻辑演化入手，重点研究了数字经济情境下企业管理重构物质资本与智力资本、企业与市场、企业与用户、企业与员工、领导与员工的五大关系；其次，结合近期国内外相关反垄断调查和执法实践分析数字平台反垄断的一些前沿疑难问题和理论机制，探讨重点推进方向与思路；最后，基于全民数字素养战略目标，构建全民数字素养与技能评价指标体系通用框架和场景化评价指标体系，并提出对策建议。

通读全书，作者不仅旨在为在国家层面推动数字中国建设提供理论依据和政策思路，而且还从经济学的角度揭示出数字经济与实体经济深度融合的规律以及管理变革方向。希望这本文集能够帮助产业经济学专业和数字经济领域的学者、行业主管部门以及普通读者更加客观、全面地了解数字经济及其在现代产业体系中发挥的作用。

目 录

专题一 数字经济与产业发展

数字经济、金融效率与我国经济高质量发展 ………………………………… 3
数字经济和实体经济融合对绿色创新的影响 …………………………………… 24
大数据发展对制造业企业全要素生产率的影响机理研究 …………………… 46
数字技术与服务业"成本病"的克服 …………………………………………… 74
数字赋能大中小企业融通发展的理论与现实研究 …………………………… 97
NFT 产业：主要特征、市场逻辑与趋势展望 ………………………………… 118

专题二 数字经济与全球治理

数字经济背景下全球要素资源重组态势研判 ………………………………… 137
工业互联网：全球产业格局与中国发展状况 ………………………………… 151
数字经济竞争与新基建高质量发展 …………………………………………… 180
中美数字经济竞争与我国的战略选择 ………………………………………… 206

专题三 数字经济与管理变革

数字经济时代的管理创新 ……………………………………………………… 225
数字平台反垄断：前沿问题、理论难点与监管策略 ………………………… 241
加快提升全民数字素养　全力推动数字技能发展评价 ……………………… 269

专题一

数字经济与产业发展

数字经济、金融效率与我国经济高质量发展[*]

史 丹 孙光林[**]

摘要：高质量发展是我国新时期经济社会发展的重要指引。本文利用2008~2019年我国30个省区市（未包括西藏、港澳台地区）面板数据，在构建理论分析框架的基础上，利用动态面板系统GMM方法和中介效应方法，实证检验了数字经济对中国经济发展质量的影响及内在机制。研究结果表明，数字经济对中国经济发展质量具有显著正向影响，提高数字经济发展水平可以改善经济发展质量；研究内在机制发现，数字经济可以通过提高金融效率和缓解资本错配程度来提高经济发展质量，即存在"数字经济发展→提高金融效率与缓解资本错配→改善经济发展质量"的传导机制。

关键词：数字经济；经济高质量发展；金融效率；资本错配

一、引言

改革开放40多年来，我国经济发展取得了举世瞩目的成就。党的十九大指

---

[*] 本文发表于《企业经济》2022年第1期。
[**] 史丹，中国社会科学院工业经济研究所所长、研究员、博士生导师；孙光林，中国社会科学院工业经济研究所博士后，南京财经大学金融学院副教授、硕士生导师。

出，我国经济已由高速增长阶段转向高质量发展阶段，正处在转变发展方式、优化经济结构、转换增长动力的攻关期。党的十九届六中全会公报指出，在经济建设上，我国经济发展平衡性、协调性、可持续性明显增强，国家经济实力、科技实力、综合国力跃上新台阶，我国经济迈上更高质量、更有效率、更加公平、更可持续、更为安全的发展之路。当今时代，新一轮世界科技革命方兴未艾，以大数据、互联网、5G、人工智能、云计算等为代表的新一代信息技术正在深刻影响着人类生产与生活方式，也为经济高质量发展提供了有利条件。2020年11月20日，国家主席习近平出席亚太经合组织第二十七次领导人非正式会议，指出数字经济是全球未来的发展方向，创新是亚太经济腾飞的翅膀；倡导优化数字营商环境，释放数字经济潜力，为亚太经济复苏注入新动力。《中华人民共和国国民经济和社会发展第十四个五年规划和2035年远景目标纲要》中提出，要加快数字化发展，建设数字中国，强调"打造数字经济新优势"。2021年10月18日，中共中央政治局就推动我国数字经济健康发展进行第三十四次集体学习，习近平总书记主持学习，强调数字经济健康发展有利于推动构建新发展格局、有利于推动建设现代化经济体系、有利于推动构筑国家竞争新优势。在此背景下，研究数字经济对我国经济发展质量的影响具有重要的理论价值和现实意义。

已有研究从不同角度对经济发展质量的影响因素进行了研究。国外学术界研究更多的是聚焦于对经济发展质量的评价，如Chu（2013）研究互联网与经济增长的关系，发现互联网技术发展有利于促进经济增长。Frolov等（2015）基于矩阵方法，在生产率和人均发展指数两个方面对区域经济发展质量进行了评价。Qi（2016）在评价经济发展质量时，引入了规模、绩效和协调三个维度。国内学术界不仅对经济发展质量的时序变化与地区差异进行了分析，还进一步考察了城乡收入差距、创新效率、工业化、经济增长结构与资源环境等对经济发展质量的影响（钞小静、任保平，2008；魏婕、任保平，2012；孙学涛、张广胜；2020；孙光林等，2021）。还有一些学者从其他角度对该领域的研究进行了扩展。毛其淋（2012）利用我国省际数据发现，出口质量和区域开放程度对经济发展质量具有显著促进作用；黄志基和贺灿飞（2013）基于中国工业企业数据库，考察了企业全要素生产率对经济发展质量的影响，发现制造业创新投入能够改善经济发展质量；何兴邦（2018）发现环境规则对经济发展质量具有显著的促进作用，但却存在明显的门槛效应；郭卫军和黄繁华（2019）基于 G20 国家 2001~2014 年的数据，发现经济自由度对经济发展质量具有正向影响，但存在发达国家与发展中国家的异质性。

数字经济对经济增长的影响在较早时期就引起了学术界的关注。1987 年，诺贝尔经济学奖获得者索洛（Robert Solow）就提出了著名的"索洛悖论"，即在生产率方面无法看到计算机的任何作用。此后，"索洛悖论"引起了很多学者的密切关注，对导致"索洛悖论"的原因给出了多方面的解释，绝大多数学者认为"索洛悖论"的观点过于草率，互联网等对经济增长的提升作用需要较长时间才能显现出来（Czernich et al.，2009；韩宝国、朱平芳，2014；郭家堂、骆品亮，2016）。较多学者对于数字经济如何影响中国经济发展质量进行了研究。荆文君和孙宝文（2019）从微观、宏观两个层面探讨了数字经济与经济增长的关系及其促进经济高质量发展的内在机理，认为数字经济可以为我国现代经济体系建设提供更好的匹配机制与创新激励。唐要家（2020）认为数字经济具有显著的供给侧和需求侧规模经济性，可以全面释放经济增长潜能。此外，也有一些学者从产品和服务质量、市场交易效率等方面阐述了数字经济对经济发展质量的影响（金碚，2018；高培勇等，2019）。然而，较少学者基于提高金融效率和缓解资本错配视角研究数字经济对我国经济发展质量的影响与内在机制。

本文研究在以下三个方面有所贡献：①通过构建理论分析框架，从提高金融效率和缓解资本错配视角对数字经济和经济发展质量的相关关系展开研究，丰富了现有研究的视角，能够为充分发挥数字经济的作用、使之更好服务我国经济提供理论依据；②基于动态面板回归模型和中介效应模型实证检验了数字经济对经济发展质量的影响及作用机制，研究结论能够为发展数字经济提供现实依据；③有针对性地提出政策建议，对于中国加快建设创新型国家和实现数字发展战略，具有一定的政策价值。

二、分析框架与研究假说

(一) 数字经济提升经济发展质量的直接效应分析

数字经济可以从多个方面影响经济发展质量，本文将分别在提升效率、畅通经济、创新发展、绿色发展、推动开放和改善民生六个方面对数字经济的直接效应进行阐述。

1. 提升效率

数字经济有利于降低市场交易成本，推动效率变革，以提升资本和劳动生产率，从而促进经济高质量发展。数字技术应用降低了市场搜寻成本、议价成本和信息沟通成本。换言之，从交易角度来看，数字技术降低了信息不对称导致的成本浪费。在数字经济时代，数字经济有利于规模经济和范围经济的融合，产生正向的外部效应，不仅有利于扩大产品生产的规模，还在行业中催生出多种业务或产品，形成新的经济增长点，提高全要素生产率。数字技术具有的连接功能，有利于提高供需双方匹配效率，同时还可以实现商品生产者和需求者之间零距离的接触，满足消费者的个性化需求，降低供需缺口，增加新的商业模式，提升企业的经济效益，改善经济发展质量。

2. 畅通经济

数字技术的普遍应用能够迅速精准匹配产业链的各个需求端，有效地为产业融合发展提供数字化支撑。它有利于降低银企间的信息不对称程度，一方面降低商业银行不良贷款率；另一方面实现消费支付的便捷性和消费场景的多元化应用，能够高效地匹配资本的供给者和需求者，尤其是数字技术延伸了农村消费市场的服务深度，能更有效地释放社会各群体的消费潜力，加速要素流动，促进消费结构升级和产业结构优化（史丹等，2020）。

3. 创新发展

随着数字技术在不同行业的深度应用，催生海量数据，这些海量数据与其他要素、技术融合，推动企业技术创新和提升全要素生产率，加速了技术更新换代的速度，从而成为新的生产要素，新的生产要素及其形成新的要素组合，引起生产方式的重大变革，为经济高质量发展增加新的动力。

4. 绿色发展

数字经济通过提高交易效率减少了部分经济活动的物资和能源消耗与浪费，提升了有效生产比例。数字技术通过网络效应和协调效应使各要素配置达到更优的组合方式，可有效地降低污染，减少对生态环境的负面影响。但是，也要注意到，大数据技术也带来一些高耗能设备的使用，提升这些高耗能设备的能源效率，也是数字经济需要研究的重要问题。

5. 推动开放

数字技术在各个领域的广泛使用，使国内外创新主体和创新活动参与者能够实现适时沟通，提升技术研发的效率和创新的步伐。通过"互联网+"、电子商务等形式，在扩大商品贸易的同时，推动服务贸易的发展，减少全球制造业产业链布局回缩的负面影响。

6. 改善民生

数字经济推动了数字普惠金融的发展，有效地拓宽了普惠金融应用的深度和广度，降低了金融服务的门槛，能精准对接低收入群体为其提供数字金融服务，从而缓解因金融排斥而引起的收入差距问题，减贫效应明显（张勋等，2019）。与此同时，数字技术在交通、教育和医疗领域的应用也催生了一系列新的服务模式，如网约车和在线医疗等，使普通居民能够便利地使用交通、教育和医疗等服务。由此，基于以上理论分析，本文提出以下研究假说：

H1：数字经济能够提升经济发展质量。

（二）数字经济提升经济发展质量的中介效应分析

数字经济提高了金融供给与需求之间的匹配效率，能够使供求双方的对接更精准，以降低金融交易成本，从而通过提高金融效率助力经济高质量发展。事实上，由于市场摩擦的存在，金融市场中的信息通常是不对称的，会导致金融交易双方利益失衡，影响经济高质量发展中的社会公平、公正和金融资源配置效率。但是，数字经济发展却有效降低了金融交易双方的信息不对称程度，提高了金融效率，进而有利于改善经济发展质量。进一步地，这一作用机理主要来源于两个方面：一方面，数字经济增加了金融市场信息的有效性。数字经济的技术优势是可以将烦琐的数据转化为有用的交易信息，降低金融机构和实体企业部门之间的信息缺口，提高金融资源的配置效率，从而使金融机构能更好地为实体部门企业服务，而实体经济部门的好坏又是经济高质量发展的基础。另一方面，在金融机构和实体部门企业之间产生了新的价格机制。在传统经济范畴内，金融机构和实体企业部门之间是相互独立的，各经济部门的决策仅限于自身掌握的信息。但大数据和区块链等数字技术的发展与应用，可以使金融部门和实体经济部门连通起来，能更有效地使信息在各部门之间传递。因此，从交易成本角度来看，数字经济可以通过信息传递的有效性和新的价格机制来提高金融机构服务实体经济部门的效率，为经济高质量发展提供更多动力。由此，基于以上理论分析，本文提出以下研究假说：

H2：金融效率在数字经济影响经济发展质量过程中具有正向中介效应。

数字经济有助于降低资本市场交易成本，提高资本市场的交易效率，以缓解资本错配。数字经济与传统金融模式的融合最明显的特征是降低了信贷业务的交易成本，使直接融资与间接融资都变得更加透明，在改变传统金融服务模式的同时也促进了商业银行等金融机构的改革，金融机构可以利用数字技术构建金融服务平台，能有效增强资本供需双方的匹配度，从而降低资本错配的程度。孙光林和蒋伟（2021）研究认为数字经济提升资本配置效率的作用路径是数字经济产生的规模效应，增加了可投入要素的数量和质量，能更精准地将金融资源在不同部门间进行分配，从而更好地保证经济高质量发展所需资本要素的充裕性和可持续性。杜金岷等（2020）认为数字经济促进了数字金融的发展，缓解了中小微企业的信贷配给和融资约束，间接降低了资本错配程度。与此同时，数字金融显著促进了我国产业结构优化，对产业结构高级化和合理化的贡献明显。因此，数字经济提高了信息使用效率，有效地将资本供给者和需求者之间的信息互动起来，以降低资本要素的错配程度。

进一步地，资本错配会导致企业做出错误的投资决策，致使经济发展的内部矛盾不断积累，从而对经济发展质量造成不利影响（高培勇等，2019）。杨振兵和陈小涵（2018）研究发现资本错配产生的价格扭曲效应会加剧产能过剩问题，从而制约经济发展质量的改善。申萌等（2019）认为当前我国经济增长必须由投资向创新转变，但资本错配对创新能力产生的抑制作用不利于经济发展质量的提升。与此同时，产业结构升级是我国经济高质量发展的有效途径之一，但资本错配延缓或制约了产业结构升级的速度，不利于经济高质量发展（干春晖等，2011）。董嘉昌等（2020）研究认为要素错配会通过延缓产业结构升级降低经济发展质量，且延缓效应对东部地区经济发展质量的作用效果更为显著。由此，基于以上理论分析，本文提出以下研究假说：

H3：资本错配在数字经济影响经济发展质量过程中具有负向中介效应。

三、模型、变量与数据

（一）模型

1. 动态面板模型

数字经济对经济发展质量的影响具有一定的惯性和滞后性，即前期数字经济发展水平会对当期经济发展质量产生影响，因此，为了能够同时克服数字经济与经济发展质量双向因果关系等导致的内生性问题，本文拟构建动态面板回归模型对研究假说1进行检验，方程如下：

$$qul_{it} = \alpha_0 + \eta_1 qul_{it-1} + \beta_1 Innet_{it} + \beta' X_{it} + \delta_i + \tau_t + \varepsilon_{it} \tag{1}$$

其中，i 和 t 分别表示省区市和时间，qul_{it} 表示因变量，即经济发展质量；$Innet_{it}$ 表示数字经济；X_{it} 表示控制变量向量；β' 表示控制变量系数向量；δ_i 表示无法观测到的省区市效应；τ_t 表示无法观测到的时间变化效应；ε_{it} 表示随机误差项。

进一步地，动态面板回归估计方法又可以分为两类，分别是差分GMM估计方法和系统GMM估计方法。比较来看，系统GMM估计方法因为在估计过程中可以将水平方程纳入，具有更好的估计效率。与此同时，系统GMM估计方法又有一步估计法和两步估计法，相较而言，两步估计法放宽了独立与同方差的假设条件。基于此，本文选择两步估计法进行回归分析。此外，动态面板回归过程中还应当考虑相关检验，以保证回归结果的有效性。具体来看：一是 AR（2）检验，保证回归过程中不存在二阶自相关；二是 Sargan 检验，以保证工具变量的有效性。

2. 中介效应模型

借鉴已有文献的做法（温忠麟、叶宝娟，2014），本文将构建中介效应模型考察金融效率和资本错配的中介效应，以实证检验数字经济对经济发展质量的内在机制。中介效应模型方程如下：

$$media_{it} = \alpha_0 + \alpha_1 media_{it-1} + \beta_2 Innet_{it} + \beta' X_{it} + \delta_i + \tau_t + \varepsilon_{it} \tag{2}$$

$$qul_{it} = \alpha_2 + \eta_1 qul_{it-1} + \beta_3 Innet_{it} + \beta_4 media_{it} + \beta' X_{it} + \delta_i + \tau_t + \varepsilon_{it} \tag{3}$$

其中，$media$ 表示中介变量，分别为金融效率（crs）和资本错配（$dist$）；α_0、α_1、α_2、η_1、β_2、β_3 和 β_4 分别表示参数系数值；X_{it} 表示控制变量向量；β' 表示控制变量系数向量；δ_i 表示无法观测到的省区市效应；τ_t 表示无法观测到的时间变化效应；ε_{it} 表示随机误差项。

根据中介效应检验程序，本文利用回归方程（1）~回归方程（3）对金融效率和资本错配的中介效应进行检验。具体过程如下：第一步，根据回归方程（1）考察核心变量数字经济系数值的显著性。如果系数值 β_1 在选定的置信水平上是显著的，按照中介效应模型继续进行检验。反之，如果系数值 β_1 在置信水平上不显著，说明数字经济对经济发展质量不存在影响，终止中介效应检验。第二步，根据回归方程（2）和回归方程（3）的回归结果，观察系数值 β_2 和系数值 β_4 的显著性。如果系数值 β_2 和系数值 β_4 均显著，继续进行第四步。反之，如果系数值 β_2 和系数值 β_4 至少有一个不显著，则需要继续进行第三步。第三步，进行 Soble 检验，如果在置信水平上，Soble 检验通过则存在中介效应，反之，则不存在中介效应。第四步，看系数值 β_3 的显著性。如果 β_3 在置信水平上显著，说明中介效应显著；如果 β_3 不显著，则说明中介效应显著。

（二）变量

1. 因变量：经济发展质量

本文将在提升效率、畅通经济、创新发展、绿色发展、推动开放和改善民生六个方面构建经济发展质量指标评价体系，利用熵权法对经济发展质量的指标评价体系进行评价（魏敏、李书昊，2018），具体参见表1。

表1　经济发展质量指标体系

	子系统	具体测度指标	指标测算方法
目标	提升效率	资本生产率	地区生产总值/全社会固定资产投资完成总额
		劳动生产率	地区生产总值/全社会从业人数
		全要素生产率	DEA-Malmquist指数测算全要素生产率
	畅通经济	城乡收入协调水平	城镇居民人均可支配收入/农村居民人均可支配收入
		城乡消费协调水平	城乡消费水平对比
		产业结构合理化	产业结构合理化指数
		产业结构高级化	产业结构高级化指数
		金融风险	商业银行不良贷款率
		经济波动率	经济波动率
	创新发展	创新投入	R&D经费支出/地区生产总值
		创新产出	技术市场成交额/地区生产总值
		创新贡献	高新技术产业销售收入/地区生产总值
经济发展质量	绿色发展	森林覆盖率	森林覆盖率
		自然保护区覆盖率	自然保护区面积/辖区面积
		建成区绿化覆盖率	城市建成区绿化覆盖率
		单位产出废水排放	废水排放总量/地区生产总值
		单位产出废气排放	二氧化硫排放量/地区生产总值
		单位产出固体废物排放	一般工业固体废物产生量/地区生产总值
	推动开放	贸易依存度	进出口总额/地区生产总值
		外资开放度	外商投资企业投资总额/地区生产总值
	改善民生	文化设施完善度	单位人口拥有公共图书馆藏量
		交通设施完善度	等级公路线路里程
		医疗设施完善度	单位人口医疗卫生机构床位数
		人均教育支出	单位人口教育经费支出
		居民家庭恩格尔系数	居民家庭人均食品消费性支出/居民家庭人均可支配收入

2. 核心变量：数字经济

目前，由于我国官方尚未公布数字经济相关的综合指数。为此，本文借鉴已有文献的做法（孙光林、蒋伟，2021）。在数字化普及、数字化基础设施、数字化信息资源和数字化发展环境四个维度下构建数字经济的指标测度体系。具体如表 2 所示。

表 2 数字经济指标测度体系

一级指标	二级指标
数字化普及	互联网普及率（%）
	网民总数（万人）
数字化基础设施	IPv4 地址比重（%）
	万人域名数（个/万人）
	互联网接入端口数（万个）
数字化信息资源	企业平均拥有网站数（个）
	每个网页平均字节数（KB）
数字化发展环境	人均 GDP（元）
	城镇居民人均可支配收入（元）

选取上述指标的理论依据是：①数字化普及。网民数量是一个地区网络需求规模的决定因素，而互联网普及率是接受互联网服务人群的比重，反映了数字化普及的潜力。②数字化基础设施。IPv4 地址比重、万人域名数和互联网接入端口数是数字基础设施建设情况的重要体现，上述指标反映了数字基础设施能够在多大程度上发挥出效果。③数字化信息资源。数字技术发展带来了信息革命，信息传递的效率、范围和速度都有了极大提升。为此，本文选择企业平均拥有网站数和每个网页平均字节数衡量数字化信息资源，其中，考虑到互联网网站占据较大比重的是企业，且企业是经济发展的发动机，企业会更多地将数字技术用于商业，以声音、视频、图片或文字等形式让顾客了解自己的产品。因此，企业平均拥有的网站数量在一定程度上能够展示数字信息资源的利用程度。此外，网页的平均字节数能够反映网站数字信息的丰富程度。④数字化发展环境。数字化良性发展必须具备两个条件：一是较好的经济环境，直接决定着数字化建设能否顺利推进，以及数字化应用能否顺利扩展。二是较好的消费环境，数字经济持续良性发展的前提是顾客具备数字经济消费的能力。为此，本文使用人均 GDP 和城镇居民人均可支配收入衡量数字经济发展的经济环境和消费环境。在选定指标以后，本文采用因子分析法构建各省区市的数字经济综合指数，由于部分指标数值

偏大，为了消除量纲上的差异，本文对相关变量进行了对数处理（孙光林、蒋伟，2021；韩先锋等，2019），指标构建过程如下：首先，对表1进行KMO检验，值为0.7681，表明适合做因子分析。其次，根据特征值大于1的原则，提取1个公共因子。最后，借鉴韩先锋等（2019）的做法，对因子得分值进行标准化处理，使数字经济指数值为[0，1]，该指数被定义为数字经济。

3. 中介变量

（1）金融效率。本文使用DEA模型测度金融效率，其中，投入指标选择年末金融机构存款余额、金融业从业人数和金融业固定资产投入额3个指标，产出指标选择年末贷款余额和GDP两个指标，之所以选择GDP作为产出指标之一，原因是金融效率高低不仅对金融部门产生影响，还会影响其他经济部门的产出。

（2）资本错配。本文假定各省区市企业按照C-D函数进行生产，将投入要素分为资本和劳动，在利润最大化目标下，计算资本和劳动的相对扭曲系数，使用资本要素相对劳动要素的扭曲程度来衡量，具体计算公式及过程可参见孙光林等（2021）。

4. 控制变量

为了更加准确地分析数字经济对经济发展质量的影响，本文还选择了以下控制变量：①人力资本，利用平均受教育年限加权法测算人力资本。其中，$H_{it} = \sum_k L_{it}^k \times \varphi(k)$，$k=1, 2, \cdots, 7$。$L_{it}^k$为$i$地区$t$年各教育水平的就业人员，$k$代表教育程度，$\varphi(k)$代表相应权重。$k=1, 2, \cdots, 7$分别代表未接受教育、小学、中学、高中、大学专科、大学本科、研究生及以上，其对应权重$\varphi(k)$分别取为1，6，9，12，14，16，20。②产业结构，使用各省区市第三产业增加值占第二产业增加值的比重衡量。③金融发展，使用金融机构年末贷款余额占GDP的比值来衡量。④城镇化水平，本文使用各省区市年末城镇人口占总人口的比值来衡量。各变量的描述性统计结果如表3所示。

表3 变量描述性统计结果

变量名	代码	变量定义	均值	标准差
经济发展质量	qul	根据本文测度方法计算	0.3896	0.1416

续表

变量名	代码	变量定义	均值	标准差
数字经济	Innet	根据本文测度方法计算	0.6287	0.1097
金融效率	crs	根据本文测度方法计算	0.6882	0.1282
资本错配	dist	根据本文测度方法计算	0.2672	0.2436
人力资本	edu	平均受教育年限	8.7793	0.9265
产业结构	ais	第三产业产值/第二产业产值	1.2224	0.6846
金融发展	fin	年末金融机构贷款余额/GDP	1.6922	0.7368
城镇化水平	city	年末城镇人口/总人口	0.5585	0.1355

(三) 数据来源

本文利用2008~2019年中国30个省区市（未包括西藏、港澳台地区）面板数据开展分析。由于西藏部分指标缺失较为严重，故从样本中将西藏的数据剔除。值得注意的是，由于CNNIC公开披露的数字经济评价指标和数据信息自2006年起开始变得丰富，到2008年后才较为全面，考虑到部分省区市数据的完整性，本文选择2008~2019年除港澳台及西藏之外的30个省区市面板数据作为研究对象。

本文数据主要来源于统计年鉴及各类数据库，包括中国金融数据库、中国高技术产业数据库、中国科技数据库、中国教育数据库、中国环境数据库、中国地区贸易数据库、中国劳动经济数据库、中国能源数据库及《中国统计年鉴》。

四、实证检验与结果解释

(一) 基准回归结果分析

表4为基准回归方程（1）的估计结果，以实证检验研究假说1。为了保证动态面板估计结果的有效性，必须使用AR（2）统计量和Sargan统计量对基准

回归结果进行检验。由表 4 可知，列（1）~列（6）中 AR（2）和 Sargan 检验结果的 P 值均大于 0.1，说明动态面板模型的回归结果是有效的。

表4　基准回归结果分析

变量	(1)	(2)	(3)	(4)	(5)	(6)
qul_{t-1}	0.5390*** (0.0100)	0.4271*** (0.0086)	0.6052*** (0.0170)	0.7315*** (0.0186)	0.6922*** (0.0135)	0.6283*** (0.0534)
$Innet$	0.1318*** (0.0027)	0.1385*** (0.0114)	0.1342*** (0.0103)	—	—	—
$Innet_{t-1}$	—	—	—	0.1025*** (0.0048)	0.1646*** (0.0137)	0.1678*** (0.0193)
ais	—	2.1973*** (0.0526)	1.8961*** (0.1021)	—	2.1816*** (0.1107)	1.9492*** (0.1573)
edu	—	0.0183** (0.0074)	0.0390*** (0.0071)	—	0.0115** (0.0051)	0.0168*** (0.0053)
fin	—	—	0.0162** (0.0051)	—	—	0.0168*** (0.0053)
$city$	—	—	0.6182*** (0.1862)	—	—	0.7257*** (0.1631)
$\_cons$	-0.4620*** (0.0126)	-1.4292*** (0.0529)	-1.3125*** (0.0968)	-0.3258*** (0.0475)	-1.5575*** (0.0632)	-1.7324*** (0.1499)
AR（1）	0.0001	0.0004	0.0003	0.0001	0.0002	0.0004
AR（2）	0.1204	0.2291	0.7352	0.1399	0.2103	0.1876
Sargan	0.7661	0.7855	0.7766	0.7683	0.7491	0.8141
样本量	360	360	360	360	360	360

注：***和**分别表示在1%和5%的置信水平上显著；括号内数值为标准误。

从表 4 列（1）可知，数字经济对经济发展质量影响的系数值为 0.1318，在 1% 的置信水平上显著，说明数字经济对经济发展质量具有显著正向影响。考虑到人力资本、产业结构、城镇化水平和金融发展水平均会影响数字经济和经济发展质量，如果不对上述变量加以控制，可能会影响估计结果的可靠性。为此，在表 4 列（2）和列（3）中逐步加入控制变量进行估计，回归结果表明，数字经济对经济发展质量影响的系数值分别为0.1385和0.1342，均在1%的置信水平上显著，表明数字经济对经济发展质量的影响仍然是显著的。为了缓解反向因果关系导致的内生性，与表4列（1）~列（3）相对应，在列（4）~列（6）中将数字经济滞后一期，回归结果显示数字经济的系数值分别为0.1025、0.1646和0.1678，均在1%的置信水平上显著，说明数字经济对经济发展质量的正向促进作用仍然存在。本文认为产生这一作用效果的原因是：一方面，数字经济提高了信息传递的效率和范围，打破了信息间存在的时空约束，信息传递速度和效率的改善有利于创新，从而提高了技术的溢出效应，为经济高质量发展提供了技术支撑。另一方面，数字经济渠道拓展了创新活动的广度与深度，在数字经济时代，大众创业、万众创新成为可能，众创和众智等新型创新模式有利于持续创新和迭代创新，有利于提高创新的效率。因此，数字经济已成为中国经济高质量发展的重要引擎。由此，研究假说1得到验证。

本文以表4列（3）为基准回归结果分析控制变量对经济发展质量的影响。产业结构对经济发展质量具有正向影响，在1%的置信水平上显著，说明提高第三产业占第二产业的比重可以改善经济发展质量。人力资本对经济发展质量具有正向影响，在1%的置信水平上显著，表明促进人力资本积累有利于提高经济发展质量。金融发展水平对经济发展质量具有正向影响，在5%的置信水平上显著，说明金融发展有利于促进经济发展质量的改善。城镇化水平对经济发展质量具有正向影响，在1%的置信水平上显著，说明城镇化是促进经济发展质量改善的重要驱动因素之一。

（二）中介效应实证结果分析

1. 金融效率的中介效应回归结果分析

为了实证检验金融效率的中介效应，本文利用中介效应方法进行回归分析，实证结果如表5所示。由表5列（1）可知，数字经济对金融效率具有正向影响，在1%的置信水平上显著；由列（2）可知，在1%的置信水平上，数字经济和金融效率对经济发展质量的影响均是正向显著的。这说明金融效率的中介效应显著，数字经济可以通过提高金融效率来改善经济发展质量，即存在"数字经济→提高金融效率→改善经济发展质量"的传导机制，且使用数字经济滞后期回归后的结果未产生较大差异,再次表明金融效率中介效应的稳健性。产生这一作用效果的原因是:数字经济克服了以往信息传递分层的弊端,信息传递的即时性和互动性都明显增强,减小了前数字经济时代的信息不对称现象,能更加有效地匹配资金的供给者与需求者,从而提高金融机构服务实体经济的效率。与此同时,数字经济有利于金融机构硬化软信息,更有利于金融机构对资金需求者信用评级,也在一定程度上提高了金融效率,从而更高效地为实体经济服务,促进经济高质量发展。因此,研究假说2得到验证。

表5 金融效率的中介效应回归结果

变量	(1)	(2)	(3)	(4)
qul_{t-1}	—	0.7531*** (0.0192)	—	0.7622*** (0.0308)
crs_{t-1}	0.6078*** (0.0280)	—	0.6785*** (0.0251)	—
$Innet$	0.0304*** (0.0028)	0.1230*** (0.0289)	—	—
$Innet_{t-1}$	—	—	0.0597*** (0.0073)	0.1066*** (0.0218)
crs	—	0.8917*** (0.1650)	—	0.8722*** (0.1173)
_cons	-0.0498*** (0.0143)	-2.0602*** (0.0703)	-0.0910*** (0.0135)	-1.4610*** (0.0751)
控制变量	已控制	已控制	已控制	已控制
AR(1)	0.0131	0.0002	0.0090	0.0001
AR(2)	0.1429	0.1697	0.1755	0.1486
Sargan	0.7003	0.6083	0.6613	0.7091
样本量	360	360	360	360

注:***表示在1%的置信水平上显著;括号内数值为标准误。

2. 资本错配的中介效应回归结果分析

资本错配中介效应的回归结果如表6所示。由表6列(1)可知,数字经济对资本错配具有负向影响,在1%的置信水平上显著,说明数字经济可以缓解资本错配的程度。由表6列(2)可知,在1%的置信水平上,数字经济对经济发展质量具有显著正向影响;在5%的置信水平上,资本错配对经济发展质量具有显著负向影响，表明资本错配的中介效应显著，数字经济可以通过缓解资本错配的程度促进经济高质量发展，即存在"数字经济→缓解资本错配→改善经济发展质量"的传导机制，且使用数字经济滞后期的回归结果作用方向并未发生变化，再次说明资本错配中介效应的实证结果是稳健的。产生这一结果的可能原因是：数字经济在经济领域的大规模应用，能有效提高信息传递的速度，降低了信息传递的成本，在不同领域或处于不同供应链的企业能更有效地整合要素资源，降低资本与劳动要素的错配程度，从而推动资本优化配置，资本使用的效率会明显升高，进而改善中国经济发展质量。因此，研究假设3得到验证。

表6 资本错配的中介效应回归结果

变量	（1）	（2）	（3）	（4）
qul_{t-1}	—	0.5965*** (0.0340)	—	0.7020*** (0.0442)
$dist_{t-1}$	0.7230*** (0.0157)	—	0.6975*** (0.0302)	—
$Innet$	-0.0285*** (0.0029)	0.0951*** (0.0187)	—	—
$Innet_{t-1}$	—	—	-0.0236*** (0.0031)	0.1109*** (0.0069)
$dist$	—	-0.1546** (0.0632)	—	-0.1693** (0.0705)
_cons	0.1013* (0.0584)	-1.4073*** (0.1185)	0.0875 (0.0634)	-1.8095*** (0.1302)
控制变量	已控制	已控制	已控制	已控制
AR（1）	0.3149	0.0003	0.3418	0.0001
AR（2）	0.3815	0.2302	0.3505	0.3859
Sargan	0.8076	0.6994	0.8841	0.6912
样本量	360	360	360	360

注：***、**和*分别表示在1%、5%和10%的置信水平上显著；括号内数值为标准误。

（三）稳健型检验

为了进一步增强本文研究结论的可靠性，本文还尝试采用以下两种方式进行稳健性检验：一是增加控制变量。本文增加2个控制变量，分别是政府支出占

GDP 的比重和市场化指数，回归结果如表 7 列（1）和列（2）所示，数字经济和数字经济滞后一期的系数值均在 1% 的置信水平上显著为正，与表 4 列（3）基准回归相比并未发生显著变化。二是改变计量方法。本文使用动态面板回归模型中的差分 GMM 两步估计法进行估计，回归结果如表 7 列（3）和列（4）所示，数字经济与其滞后一期的系数值均在 1% 的置信水平上显著为正，与基准回归结果基本一致。因此，无论是增加控制变量还是更换计量回归方法，核心变量和控制变量的系数值与显著性均保持了较好的一致性，表明本文研究结论具有较好的稳健性。

表 7　稳健性检验

变量	（1）	（2）	（3）	（4）
qul_{t-1}	0.5892*** (0.0312)	0.8489*** (0.0218)	0.6216*** (0.0218)	0.8145*** (0.0195)
$Innet$	0.1401*** (0.0169)	—	0.1524*** (0.0176)	—
$Innet_{t-1}$	—	0.1287*** (0.0134)	—	0.1482*** (0.0353)
_cons	-0.7963*** (0.1690)	-1.8731*** (0.2081)	-1.7242*** (0.2806)	-1.5903*** (0.0998)
控制变量	已控制	已控制	已控制	已控制
AR（1）	0.0002	0.0002	0.0005	0.0002
AR（2）	0.1454	0.5183	0.3448	0.2247
Sargan	0.7114	0.6163	0.6670	0.6713
样本量	360	360	360	360

注：*** 表示在 1% 的置信水平上显著；括号内数值为标准误。

五、结论及对策建议

（一）研究结论

本文利用 2008~2019 年中国 30 个省区市（未包括西藏、港澳台地区）面板数据，在评价各省区市数字经济和经济发展质量的基础上，基于金融效率和资本错配视角在理论和实证两个层面分析了数字经济对中国经济发展质量的内在机制与异质性。研究结论如下：一是数字经济对经济发展质量具有显著的正向影响，提高各省区市的数字经济水平可以改善经济发展质量，表明数字经济是促进经济发展质量改善的强大引擎；二是数字经济可以通过提高金融效率或缓解资本错配来改善经济发展质量，即存在"数字经济→提高金融效率或缓解资本错配→改善经济发展质量"的传导机制。

（二）对策建议

1. 加快数字社会建设，推动"数字化"+普惠金融的融合发展

政府应该加快数字中国建设，加强金融和科技的深度融合，推动普惠金融数字化转型。例如，加强数字基础设施建设，填补不同群体间存在的"数字鸿沟"，提高金融服务的可得性。当前，不同群体和领域之间在数字普及性上存在显著差异，"数字鸿沟"问题导致一些群体不在金融机构的服务范围以内，因而，必须继续加强数字基础设施建设，提高普惠金融服务的可触达性。一方面，加快数字技术在金融服务中的应用，构建"人工智能+大数据""区块链+物联网"等新型金融服务模式，提高金融机构数字产品创新和数字技术应用的效率；另一方面，应当完善相关法律法规，建立监管机构，在推动数字普惠金融发展的同时，对其可能产生的风险进行把控，从而为数字普惠金融的健康发展提供良好的制度环境。

2. 加速数字产业化、产业数字化建设，提升金融服务实体经济的效率和质量

数字经济具有的典型特征是共享、开放、协作和快速，能够打破传统渠道对技术传播媒介和速度的制约，减少技术共享和协同过程导致的金融资源损耗。因此，应当推动数字经济与实体经济的深度融合，提升数字产业化和产业数字化建设水平。构建新型产业互联网数字生态，打通各产业间的内外部连接，利用数字技术提高传统产业效率，以传统产业的规模提升新兴数字产业发展水平。企业作为产业数字化的融合主体，也应当提高数字化投入水平，打通企业内部和外部数据的连接，提高企业获取数据和应用数据的能力，提升企业数字化、智能化和网络化水平。例如，利用大数据技术使实体部门企业研发过程无缝对接，提升工业领域各环节的合作效率。利用区块链技术建立数字管理共享平台，实现在线监测、协同调度与产业链服务等。通过电子商务企业和实体部门企业的合作来整合线上和线下资源，从而提升交易效率。

3. 加强数字技术人才培养，提高数字技术研发能力

数字技术人才是数字技术产业化和数字技术健康发展的基础，我国必须加大数字技术研发投入，改革数字技术人才培养机制。例如，加强政府和数字企业的合作，支持数字企业的技术创新，构建数字技术生态系统，为数字企业创新奠定制度基础。为了促进数字技术在企业中的应用，地方政府可以给予相关企业税收和融资优惠等，以提高企业应用数字新技术的积极性，促进数字技术产业化和规模化发展。通过政府、企业与高校三方协作，加强数字技术人才培养，为数字产业发展提供人才保障。

参考文献

［1］Chu S Y. Internet, Economic Growth and Recession［J］. Modern Economy, 2013（4）：209-213.

［2］Czernich N, Falack O, Kretschamer T. Broadband Infrastructure and Economic Growth［J］. The Economic Journal, 2009, 121（552）：505-532.

［3］Frolov S M, Kremen O I, Ohol D O. Scientific Methodical Approaches to Evaluating the Quality of Economic Growth［J］. Actual Problems of Economics, 2015, 173（11）：393-398.

［4］Qi J. Fiscal Expenditure Incentives, Spatial Correlation and Quality of Economic Growth：Evidence from a Chinese Province［J］. International Journal of Business and Management, 2016, 11（7）：191-201.

［5］钞小静，任保平. 中国的经济转型与经济增长质量：基于 TFP 贡献的考察［J］. 当代经济科学, 2008（4）：23-29.

［6］董嘉昌，冯涛，李佳霖. 中国地区间要素错配对经济发展质量的影响：基于链式多重中介效应模型的实证检验［J］. 财贸研究, 2020（5）：1-12.

［7］杜金岷，韦施威，吴文洋. 数字普惠金融促进了产业结构优化吗？［J］. 经济社会体制比较, 2020（6）：38-49.

[8] 干春晖，郑若谷，余典范．中国产业结构变迁对经济增长和波动的影响[J]．经济研究，2011（5）：4-16．

[9] 高培勇，杜创，刘霞辉．高质量发展背景下的现代经济体系建设：一个逻辑框架[J]．经济研究，2019（4）：4-17．

[10] 郭家堂，骆品亮．互联网对中国全要素生产率有促进作用吗？[J]．管理世界，2016（10）：34-49．

[11] 郭卫军，黄繁华．经济自由度的增加能否提高经济增长质量：基于G20国家面板数据的实证研究[J]．国际贸易问题，2019（12）：1-17．

[12] 韩宝国，朱平芳．宽带对中国经济增长影响的实证分析[J]．统计研究，2014（10）：49-54．

[13] 韩先锋，宋文飞，李勃昕．互联网能成为中国区域创新效率提升的新动能吗[J]．中国工业经济，2019（7）：119-136．

[14] 何兴邦．环境规制与中国经济增长质量：基于省际面板数据的实证分析[J]．当代经济科学，2018（2）：1-10．

[15] 黄志基，贺灿飞．制造业创新投入与中国城市经济增长质量研究[J]．中国软科学，2013（3）：89-100．

[16] 金碚．关于"高质量发展"的经济学研究[J]．中国工业经济，2018（4）：5-18．

[17] 荆文君，孙宝文．数字经济促进经济高质量发展：一个理论分析框架[J]．经济学家，2019（2）：66-73．

[18] 毛其淋．二重经济开放与中国经济增长质量的演进[J]．经济科学，2012（2）：5-20．

[19] 申萌，万海远，李凯杰．从"投资拉动"到"创新驱动"：经济增长方式转变的内生动力和转型冲击[J]．统计研究，2019（3）：17-31．

[20] 史丹，李鹏，许明．产业结构转型升级与经济高质量发展[J]．福建论坛（人文社会科学版），2020（9）：108-118．

[21] 孙光林，艾永芳，李淼．资本错配与中国经济增长质量：基于金融效率与产能利用率双重路径的研究[J]．管理学刊，2021（5）：57-73．

[22] 孙光林，蒋伟．数字经济对商业银行不良贷款率的影响机制研究

[J]．证券市场导报，2021（5）：37-54．

［23］孙学涛，张广胜．技术进步偏向对城市经济高质量发展的影响：基于结构红利的视角［J］．管理学刊，2020（6）：36-47．

［24］唐要家．数字经济赋能高质量增长的机理与政府政策重点［J］．社会科学战线，2020（10）：61-67．

［25］魏婕，任保平．中国各地区经济增长质量指数的测度及其排序［J］．经济学动态，2012（4）：27-33．

［26］魏敏，李书昊．新时代中国经济高质量发展水平的测度研究［J］．数量经济技术经济研究，2018（11）：3-20．

［27］温忠麟，叶宝娟．中介效应分析：方法和模型发展［J］．心理科学进展，2014（5）：731-745．

［28］杨振兵，陈小涵．资本价格扭曲是产能过剩的加速器吗？基于中介效应模型的经验考察［J］．经济评论，2018（5）：45-59．

［29］张勋，万广华，张佳佳，等．数字经济、普惠金融与包容性增长[J]．经济研究，2019（8）：71-86．

数字经济和实体经济融合对绿色创新的影响

史 丹 孙光林[**]

摘要：基于我国2011~2020年省际面板数据，在测度数字经济和实体经济融合的基础上，实证检验了数字经济和实体经济融合对绿色创新的影响和作用机制。研究发现，我国数字经济和实体经济融合水平仍然处于低度融合阶段，分区域来看，我国数字经济和实体经济融合水平东部地区最高、中部地区次之，东北地区和西部地区较低，由东向西表现为从高到低的融合空间分布格局。实证结果表明，数字经济和实体经济融合对绿色创新具有显著正向影响，提高数字经济和实体经济融合水平有利于促进绿色创新。机制回归结果表明，数字经济和实体经济融合可以通过增大研发投入规模和技术市场交易规模促进绿色创新。异质效应分析表明，数字经济和实体经济融合对绿色创新的促进作用东部地区最大、中部地区次之，西部地区和东北地区不显著。

关键词：数字经济；实体经济；数实融合；绿色创新

当前，我国经济发展面临着严重的资源环境约束，能源消耗巨大，迫切需要转变发展模式，朝绿色化和低碳化方向演进。与此同时，以区块链和人工智能等数字技术为支撑的数字经济快速发展，正在引领新一轮的产业变革，赋能我国经

---

[*] 本文发表于《改革》2023年第2期。
[**] 史丹，中国社会科学院工业经济研究所所长、研究员、博士生导师；孙光林，中国社会科学院工业经济研究所博士后，南京财经大学金融学院副教授、硕士生导师。

济高质量发展。党的二十大报告指出，要"加快发展数字经济，促进数字经济和实体经济深度融合"。绿色创新对于我国经济绿色发展具有重要的现实意义，其具有显著的双重外部性特征，绿色创新不仅会通过技术溢出效应促进企业绿色转型升级，而且会产生正外部性保护生态环境，改善居民的生活环境。因此，如何通过数字经济和实体经济融合促进绿色创新是我国当前学术界和实务部门重点关注的问题之一。

一、相关文献综述

《二十国集团数字经济发展和合作倡议》指出，"数字经济是指以使用数字化的知识和信息作为关键生产要素、以现代信息网络作为重要载体、以信息通信技术的有效使用作为效率提升和经济结构优化的重要推动力的一系列经济活动"。数字经济对重构实体经济要素结构、商业模式和创新体系均具有显著的促进作用。

数字经济和实体经济融合是指随着大数据、云计算、人工智能和区块链等数字技术在实体经济部门的普及应用，数字经济和实体经济相互作用形成良性循环。一方面，以数字技术推动实体经济数字化转型升级，促进实体经济效率提升、产品质量优化和技术创新；另一方面，实体经济又为数字经济的发展奠定基础，形成新产业，即数字经济产业。已有有关数字经济和实体经济关系的研究主要集中在两个方面：一是数字经济发展对实体经济的影响。已有研究发现，数字经济对实体经济发展存在"挤出效应"和"促进效应"，数字经济对实体经济的"挤出效应"是边际递减的，当数字经济发展突破临界值后，数字经济对实体经济的影响会表现为"促进作用"（姜松、孙玉鑫，2020）；数字技术和生产部门的融合会促进产业结构优化升级和实体经济数字化转型，推动高技术产业高质量发展（田秀娟、李睿，2022）；数字经济有利于提升农业全要素生产率（孙光林等，2023）；数字经济发展能够提高企业实体投资，且这一影响主要是通过缓解企业融资约束和提高企业治理水平两条路径实现的（江红莉等，2022）。二是对数字经济和实体经济融合展开讨论。例如，已有研究对我国省际数字经济和实体经济融合进行测度，发现我国数字经济和实体经济融合水平虽然呈现逐年递增趋势，但是，数字经济和实体经济融合水平仍然偏低，且区域间出现较大的不平衡性（张帅等，2022）。

绿色创新是指为应对环境污染问题形成的新观点、新服务、新工艺和新管理制度等（Rennings，2000）。现有文献围绕绿色创新影响因素进行了深入研究，主要集中在以下两个方面：一是企业微观影响因素。已有研究发现，企业盈利能力、企业研发投入规模、企业环境治理费用支出、企业管理层环保意识和教育背景等均会对绿色创新产生显著影响（徐建中等，2017；王锋正、陈方圆，2018）。二是政府环境规则和制度背景等宏观影响因素。已有研究认为，环境规则会提升企业绿色创新水平，排污收费等制度压力会推动企业开展绿色创新（Li et al.，2017；李青原、肖泽华，2020；Zhang et al.，2022），绿色金融改革创新试验区政策也会对企业绿色创新产生促进作用（李戎、刘璐茜，2021）。近年来，随着数字经济在我国的快速发展，数字经济和绿色创新之间的关系也引起了一些学者的关注。已有研究发现，重污染行业企业数字化转型可以通过提高企业的信息共享水平和知识整合能力来提升绿色创新水平（宋德勇等，2022）；数字政府建设可以更好地激发数字经济潜力赋能绿色创新（伦晓波、刘颜，2022）。然而，对于数字经济和实体经济融合如何影响绿色创新，却鲜有文献进行研究，深入探讨其内在机理的研究则更加不足。

与已有研究相比，本文的创新点主要体现在以下两个方面：一是基于国家统计局2021年数字经济及其核心产业统计分类构建指标体系，对数字经济和实体经济的融合度进行测度，且对其变化态势和区域异质性进行分析，能够更清晰地认知我国数字经济和实体经济融合现状。二是在构建数字经济和实体经济融合对绿色创新影响理论框架的基础上，从直接效应、作用机制和区域异质效应实证检验了数字经济和实体经济融合对绿色创新的影响，研究内容不仅能够为后续相关研究提供借鉴，还能为政府部门制定相关政策提供现实依据。

二、理论框架和研究假说

（一）数字经济和实体经济融合对绿色创新的直接效应

绿色创新是实现可持续发展、推动能源转型、提升能源资源利用效率、减少污染物和温室气体排放的根本途径。数字经济和实体经济融合可以从多个方面提升绿色创新水平。第一，数字经济和实体经济融合可以提升企业创新效率。大数据和云计算可以帮助企业识别未来技术发展路径和市场需求，使企业作出更优的创新决策，有助于将企业的绿色研发、生产和销售等各环节连接起来，提高企业的协同能力，尤其是消费者的参与可以显著改善新产品开发的效率，降低产品创新的不确定性和绿色创新成本（史丹、孙光林，2022）。第二，数字经济和实体经济融合有利于降低不同经济部门间的信息不对称程度。由于企业和金融机构之间存在严重的信息不对称，企业在绿色创新过程中容易遭受融资约束困境，数字经济和实体经济融合更有利于金融机构获取信贷企业的相关信息，金融机构能更有效地分析企业的真实情况，有利于缓解企业的融资约束，进而提升企业绿色创新水平。第三，数字经济和实体经济融合更有利于催生出新产业、新业态和新模式，更好地发挥数据要素的作用，有助于打破原有生产要素的边界，降低要素交易和匹配的成本，扩大要素流动的市场范围和空间，通过提升要素配置效率和缓解资本错配来促进绿色创新。因此，基于以上分析，本文提出以下假说：

H1：数字经济和实体经济融合有利于促进绿色创新。

（二）数字经济和实体经济融合推动绿色创新的影响机制

1. 研发投入规模的理论机制

数字经济和实体经济融合能够通过提高企业研发投入规模，促进绿色创新。首先，数字经济和实体经济融合可以发挥信息效应扩大企业研发投入规模，促进绿色创新。绿色创新过程涉及企业内部和外部市场的信息传递，数字经济可以促进实体经济企业内部不同部门间的信息传递和整合效率，提高绿色创新过程中企业不同部门间的信息交流和融合效率，提高企业制造、管理和研发等各个环节信息的共享效率，从而产生互补性创新，增强企业进行绿色创新的信心，有利于扩大企业研发投入规模，对绿色创新产生推动作用（宋德勇等，2022）。与此同时，企业绿色创新研发过程中有刻意隐瞒有关绿色创新项目信息的动机，不利于金融机构对信贷资金使用情况的监督，因此，难以保证资金被真正用到绿色创新研发项目中（Kong et al.，2022）。但是，数字经济和实体经济融合通过发挥信息效应，有利于提高企业绿色创新项目的披露程度，降低信息不对称程度，以增强外部投资者投资绿色项目的信心，从而增大对绿色研发投入的支持力度，提升绿色创新水平。

其次，数字经济和实体经济融合可以发挥要素融合效应提高企业研发投入规模，促进绿色创新。数据要素和劳动力、资本等传统要素之间有较强的融合性。一方面，数字经济是以大数据、区块链和人工智能等数字技术为核心，有利于增强生产要素的透明化和开放化程度，促进人力资本积累。因此，数字经济和实体经济融合有助于提升数据要素和劳动力要素的融合程度，提高研发人员数字素养，而拥有较高数字素养的技术人员会具有更好的创新意识和环保意识，有利于增强企业进行绿色创新的信心，从而扩大企业研发投入规模，促进绿色创新（肖远飞、姜瑶，2021）。另一方面，数字经济和实体经济融合能够增强数据要素和资本要素的融合程度，数字金融是数据要素和资本要素融合的重要体现。数字金融使传统金融机构在一定程度上得到了重塑，通过构建硬化软信息的算法和大数据仓库等对海量结构化和非结构化数据进行挖掘，提升资本配置效率，从而引导资本资源流入绿色创新领域，以扩大研发投入规模，刺激绿色创新（Kong et al.，2022）。

最后，数字经济和实体经济融合可以发挥技术效应扩大企业研发投入规模，促进绿色创新。企业绿色创新是一项较为复杂的知识活动，整体流程包括企业绿色生产、污染减排和绿色管理等不同领域的技术，单一企业很难仅依靠自身的力量从事绿色创新活动并取得突出的成效。数字经济和实体经济融合能够发挥数字技术优势，将不同领域的技术优势整合在一起，并对研发投入资金进行有效管理，促进企业绿色技术的创造和扩散，以增强企业、大学和科研机构等不同绿色创新主体跨领域的协同创新能力（张昕蔚，2019）。此外，数字技术可以通过发挥技术优势将绿色产品生产者和消费者连接起来，催生出新模式和新业态，从而引发绿色创新方式的革命性变革，以提高企业研发投入规模，促进绿色创新（史丹、孙光林，2022）。因此，基于以上理论分析，本文提出以下假说：

H2：数字经济和实体经济融合可以通过增大研发投入规模促进绿色创新。

2. 技术市场交易规模的理论机制

企业绿色创新是一项长期、持续的风险投资行为。企业是否开展绿色创新活动需要根据绿色创新的收益和成本做出权衡，较大的技术市场交易规模和活跃度会增强企业管理层对绿色创新成果经济效益的良好预期，促进绿色创新。具体来看：首先，数字经济和实体经济融合能够降低技术市场交易成本和提高交易效率，增强技术市场交易活跃度。一方面，实物期权理论认为，企业创新可以被视为一项期权投资，企业进行创新就相当于购买一项期权，在企业进行研发过程中管理层会时刻关注创新价值的变化。然而，由于存在信息不对称，外部投资者很难及时掌握企业绿色创新进展，并对绿色创新的实际价值进行有效估算。随着数字经济和实体经济的不断融合，实体经济企业可以利用数字技术媒介及时向技术交易市场外界传递绿色创新的实时信息，这有助于增大外部投资者和企业管理层对绿色创新期权的预期价值，从而提升企业开展绿色创新的意愿。另一方面，数字经济和实体经济融合有利于增大技术市场对绿色创新项目的筛选功能，即技术市场的反馈作用会进一步激励企业进行绿色创新。其次，较完善的技术市场制度有利于增强市场竞争，促进绿色创新。技术市场制度不完善会导致创新资源的过度使用和浪费，抑制企业绿色研发投入意愿，会对企业绿色创新造成不利影响（肖远飞、姜瑶，2021）。数字经济和实体经济融合使数字技术有效地为企业绿色专利交易平台服务，有利于增强技术市场的竞争力，降低资本错配和市场扭曲导致的研发资源损失。同时，数字经济和实体经济融合有利于提高技术交易市场透明度，提高资本要素供给者和需求者之间的匹配效率，促进资本要素的合理流动，企业绿色创新能获得更多的资本支持，以增大企业研发投入规模促进绿色创新。因此，基于以上理论分析，本文提出以下假说：

H3：数字经济和实体经济融合可以提高技术市场交易规模促进绿色创新。

三、数字经济和实体经济融合测度及现状分析

（一）测度模型和指标选取

数字经济发展需要的数据资源来自实体经济，实体经济为数字经济的发展壮大奠定了基础，数字经济为实体经济的发展提供了动力源泉。因此，数字经济和实体经济融合是互为驱动，相互促进发展并形成良性循环，从而实现数字经济和实体经济协调和融合发展。事实上，融合和协调发展是两个或两个以上的子系统相互作用，彼此相互影响的现象。为此，本文使用耦合度模型对数字经济和实体经济的融合程度进行测度（刘定惠、杨永春，2011；张虎、韩爱华，2019）。

值得注意的是，使用耦合评价模型对数字经济和实体经济融合的程度进行测度需要先对子系统数字经济和实体经济进行测算。为此，本文首先使用熵值法对数字经济和实体经济的发展程度进行测度，选取的指标体系如表 1 所示。在数字经济测度方面，2021 年国家统计局发布《数字经济及其核心产业统计分类（2021）》的相关内容，将数字经济的基本范围分为数字产品制造业、数字产品服务业、数字技术应用业、数字要素驱动业、数字化效率提升业五大类。为此，考虑到数据可得性，本文将数字经济的二级维度分为数字基础设施、数字制造、数字产品服务、数字金融服务和数字要素驱动五类。在实体经济方面，借鉴已有文献的做法，本文将实体经济分为农业、工业、建筑业、运输邮电业、批发零售业、住宿和餐饮业六类（刘晓欣、田恒，2020），具体三级指标如表 1 所示。

本文构建的数字经济和实体经济融合水平测度方程如下：

$$C_{ds}^t = \frac{2\sqrt{u_d^t \times u_s^t}}{(u_d^t + u_s^t)} \tag{1}$$

其中，C_{ds}^t 表示第 t 期数字经济和实体经济的融合水平，u_d^t 表示数字经济第 t 期的发展水平，u_s^t 表示实体经济第 t 期的发展水平。然而，如果个别省份数字经

济和实体经济都较低，式（1）会出现融合测度结果较高的伪结果，因此，在式（1）的基础上，本文构建如下数字经济和实体经济的耦合度模型：

$$D_{ds}^t = \sqrt{C_{ds}^t \times T_{ds}^t}, \quad T_{ds}^t = \alpha u_d^t + \beta u_s^t \tag{2}$$

其中，D_{ds}^t 表示第 t 年数字经济和实体经济的融合度；T_{ds}^t 表示数字经济和实体经济的综合水平，α 和 β 分别表示数字经济和实体经济的权重，$\alpha+\beta=1$。本文测度得到的数字经济和实体经济融合值 D 分布在 0~1，数值越大，表示数字经济和实体经济的融合水平越高。通常按照以下分类划分融合度的层次（刘耀彬、宋学锋，2005）：①当 $0<D\leqslant0.4$ 时，数字经济和实体经济处于低度融合阶段；②当 $0.4<D\leqslant0.5$ 时，数字经济和实体经济处于中度融合阶段；③当 $0.5<D\leqslant0.8$ 时，数字经济和实体经济处于高度融合阶段；④当 $0.8<D\leqslant1$ 时，数字经济和实体经济处于极度融合阶段。

表1 数字经济和实体经济融合测度指标体系

数字经济	数字基础设施	长途光缆长度/国土面积（万公里/万平方公里）
		互联网上网人数/总人数（%）
		移动互联网用户（万户）
		电话普及率（包括移动电话）（部/百人）
		移动电话交换机容量（万户）
	数字制造	电子及通信设备制造业科学技术内部支出（万元）
		电子计算机及办公设备制造业科学技术内部支出（万元）
		技术市场技术流向地域（合同金额）（万元）
		地区技术引进经费支出（万元）
		地区技术改造经费支出（万元）
		高技术产品出口占总出口的比重（%）
	数字产品服务	信息传输和软件业人员规模（万人）
		地区软件业务收入（万元）
		邮电业务总量（亿元）
		电信业务总量（亿元）
		信息服务业产值（亿元）
		信息服务业从业人数（万人）
	数字金融服务	北京大学数字普惠金融指数

续表

数字经济	数字要素驱动	企业拥有网站数（个）
		电子商务销售额（亿元）
		网站数（万个）
		移动互联网接入流量（万GB）
实体经济	农业	农林牧渔业总产值绝对数（亿元）
		农林牧渔业增加值（亿元）
	工业	工业企业单位数（个）
		主营业务收入（万元）
		企业总资产（万元）
		工业增加值（亿元）
	建筑业	建筑业增加值（亿元）
		建筑业企业单位数（个）
		建筑业企业总资产（万元）
		建筑业总产值（亿元）
	运输邮电业	公路里程（公里）
		交通运输、仓储和邮政增加值（亿元）
		邮政业从业人员（人）
	批发零售业	批发和零售增加值（亿元）
		批发业法人企业单位数（个）
		批发业商业销售总额（亿元）
		批发零售业城镇单位就业人员（个）
	住宿和餐饮业	住宿和餐饮增加值（亿元）
		住宿业法人企业单位数（个）
		住宿业企业营业额（亿元）
		住宿和餐饮业城镇单位就业人员（万人）

（二）测度结果分析

图 1 为全国及各区域 2011~2020 年数字经济和实体经济融合发展趋势。由图 1 可知，全国数字经济和实体经济融合度均值为 0.283，最低值出现在 2011 年，为 0.215，最高点出现在 2020 年，为 0.346。从整体来看，全国数字经济和实体经济融合仍然处于较低水平，尚处在低度融合阶段。可能的原因：一是我国当前

数字经济和实体经济融合还处于初级应用层面，或是制造业等实体部门的产品周期处于初级阶段，数字技术赋能实体经济的效应还未发挥出来；二是数字关键核心技术缺失，存在较大短板，数字经济和实体经济融合面临着技术约束；三是一些实体企业管理层数字化转型意识淡薄，或缺乏资本和技术导致其缺乏融合的动力；四是数据要素监管体系和标准规范制度不完善，数字经济产生的大量数据要素无法在实体经济部门和数字经济部门之间流动，抑制了数字经济和实体经济的深度融合。

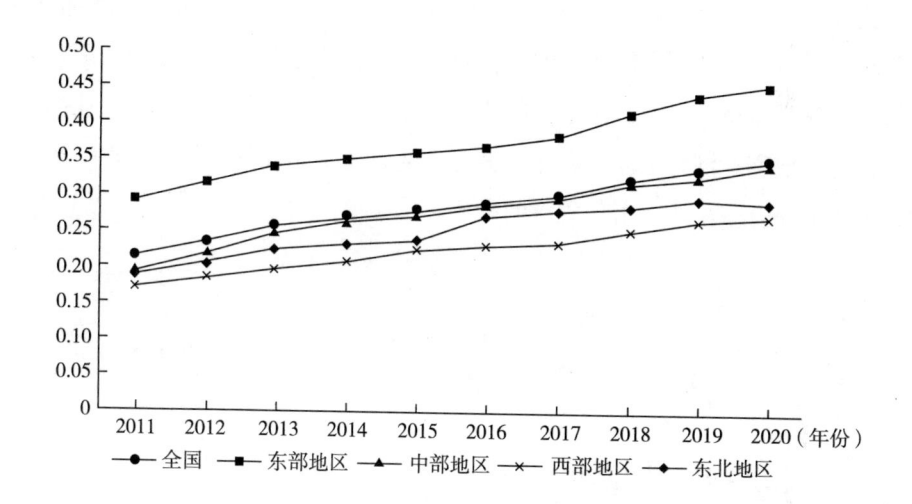

图1 数字经济和实体经济融合水平发展趋势

分区域①来看，东部地区、中部地区、西部地区和东北地区数字经济和实体经济融合均值分别为 0.371、0.276、0.222 和 0.250，东部地区数字经济和实体经济融合水平高于全国均值，中部地区数字经济和实体经济融合水平接近全国均值，东北地区和西部地区融合水平低于全国均值。从各区域发展趋势对比来看，从高到低，依次为东部地区、中部地区、东北地区和西部地区，说明我国数字经济和实体经济融合呈现由东向西、由高到低的融合空间分布格局。这源于我国东

---

① 东部地区包括山东、北京、海南、江苏、广东、上海、浙江、河北、福建、天津；中部地区包括安徽、江西、山西、湖南、湖北、河南；西部地区包括云南、四川、重庆、陕西、贵州、西藏、新疆、宁夏、甘肃、青海、内蒙古、广西；东北地区包括黑龙江、辽宁、吉林。

部、中部、东北和西部地区之间的数字化程度发展并不均衡，先进制造业和现代服务业多集中在东部地区，中部地区和东北地区多是传统重工业基地，而西部地区不仅数字化程度较差，且缺乏先进制造业和现代服务业等产业，因而出现了我国东部、中部、东北和西部地区数字经济和实体经济融合水平不均衡的现象。

由图2可知，整体来看，2012~2020年，我国数字经济和实体经济融合年均增长率为5.47%，2012年和2013年的增幅最大，增长率分别为9.32%和8.69%，说明我国数字经济和实体经济融合发展逐年稳步增长，发展态势良好。对于为何2012年以后我国数字经济和实体经济融合增长率有明显的下降趋势，原因可能是数字经济和实体经济的融合遵循先易后难的规律，在融合初期，数字经济会优先与餐饮、住宿、交通等服务业融合，之后会逐步与工业和农业部门融合。但是，数字经济与工业和农业的融合难度要远高于服务业，因此数字经济和实体经济的融合增长才会出现放缓的态势。

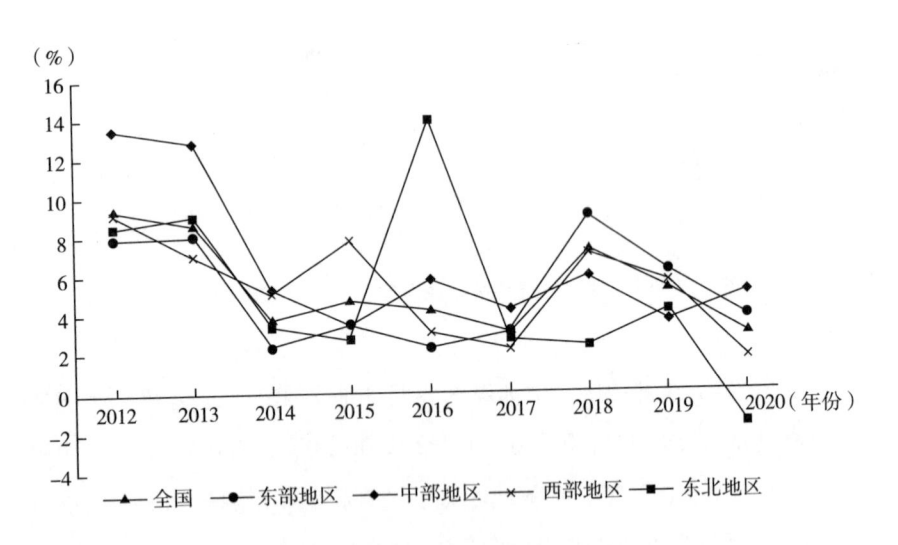

图2　数字经济和实体经济融合年均增长率趋势

分区域来看，在样本期内，东部地区、中部地区、东北地区和西部地区数字经济和实体经济融合年均增长率分别为5.14%、6.65%、5.02%和5.41%，说明中部地区数字经济和实体经济融合增长率最高，其他区域融合增长率为5%~

5.5%，并未出现较大差异。2015~2020年，数字经济和实体经济融合增长率各区域之间增长趋势并不明显，各区域之间的增长差距也并不明显，原因可能是我国各区域数字经济和实体经济融合的大多数省份均处于融合初期，相互之间的发展差异还未显现出来。然而，东北地区数字经济和实体经济融合在2020年出现了负增长率，可能的原因是数字产业、数字基础设施、人力资本和市场环境是数字经济和实体经济融合的重要驱动力（张帅、吴珍玮、陆朝阳，等，2022）。但是，近年来东北地区数字基础设施发展较为薄弱，第二产业占比较高，新兴产业比重过低，产业数字化转型相对滞后，数字产业发展缓慢，导致短期内数字经济和实体经济融合出现了负增长趋势。

四、研究设计

（一）变量说明

1. 被解释变量：绿色创新

已有研究通常使用绿色全要素生产率和绿色专利作为绿色创新的衡量指标。然而，由于绿色全要素生产率更突出绿色生产效率的高低，无法直接反映绿色创新水平。本文借鉴主流文献的做法，使用绿色发明专利作为绿色创新的衡量指标，更能反映绿色创新水平的质量（艾永芳、孔涛，2021）。同时，本文使用绿色实用新型专利作为绿色创新的另一个衡量指标，用于稳健性检验，以反映绿色创新的数量。

2. 核心解释变量：数字经济和实体经济融合

本文使用熵值法和融合协调度模型对各省份数字经济和实体经济融合水平进行测度，详细指标构建过程可参见本文第二部分（该变量简称数实融合）。

3. 机制变量

本文选取的机制变量包括研发投入规模（以下简称研发投入）和技术市场交易规模（以下简称技术市场）两个变量，其中，研发投入使用各省份研发投入规模（单位：亿元）来衡量，技术市场使用技术市场成交额（单位：亿元）来衡量。

4. 控制变量

为了对潜在影响绿色创新的因素加以控制，且考虑到变量间的潜在共线性，选择以下变量为控制变量：①电子商务，使用电子商务企业占总企业的比重衡量，主要原因是电子商务是企业数字化转型程度的潜在表现，如果一个区域开展电子商务业务的企业比重越高，说明该区域企业的整体数字化水平越高。②城镇化，使用各省份年末城市人口规模占总人口的比重衡量。主要原因是提升城镇化水平会增强城市居民消费水平，会提高居民对绿色环境以及绿色产品的需求，这有利于从需求端倒逼企业开展绿色创新。③产业结构，使用第三产业产值和第二产业产值的比值衡量，产业结构升级有利于促进清洁能源使用，逐渐往低能耗产业集聚，激发绿色创新活动。④污染治理，使用环境污染治理投资总额占财政支出的比重衡量。如果一个区域提高环境污染治理占财政支出的比重，会相应降低政府的创新投入规模，这可能会对绿色创新活动造成不利影响。

变量描述性统计结果如表2所示。

表2 变量描述性统计结果

变量类型	变量	样本数	均值	标准差	最小值	最大值
被解释变量	绿色创新	240	8.341	1.388	4.511	11.166
核心解释变量	数实融合	240	0.298	0.116	0.114	0.766
机制变量	研发投入	240	14.424	1.351	11.083	17.034
机制变量	技术市场	240	4.814	1.969	-3.218	8.751
控制变量	电子商务	240	8.579	3.375	1.500	22.800
控制变量	城镇化	240	0.594	0.125	0.239	0.896
控制变量	产业结构	240	1.396	0.744	0.655	5.244
控制变量	污染治理	240	0.005	0.004	0.000	0.027

注：绿色创新、研发投入和技术市场变量数值较大，故对其进行取对数处理。

（二）模型构建

1. 基准回归模型

本文使用面板固定效应回归模型对数字经济和实体经济融合对绿色创新的影响进行实证检验，回归方程如下：

$$GD_{it} = \eta_0 + \eta_1 DS_{it} + \eta_j Control_{it} + \delta_i + \varepsilon_{it} \tag{3}$$

其中，i 和 t 分别表示省份和时期；DS_{it} 表示 t 时期 i 省份的数字经济和实体经济融合水平；GD_{it} 表示 t 时期 i 省份的绿色创新水平；$Control$ 表示控制变量向量；η_j 表示控制变量系数值向量；δ_i 表示未被观察到的省份个体固定效应；ε_{it} 表示随机扰动项；系数值 η_1 表示数字经济和实体经济融合对绿色创新的影响程度，如果该系数值大于 0，表示数字经济和实体经济融合有利于提升绿色创新水平。

2. 机制回归模型

为了实证检验数字经济和实体经济融合能否通过研发投入和技术市场促进绿色创新，本文构建中介效应模型进行检验，回归方程如下所示：

$$media_{it} = \beta_0 + \beta_1 DS_{it} + B_j Control_{it} + \delta_i + \varepsilon_{it} \tag{4}$$

$$GD_{it} = \alpha_0 + \alpha_1 DS_{it} + \alpha_2 media_{it} + \alpha_j Control_{it} + \delta_i + \varepsilon_{it} \tag{5}$$

其中，$media$ 表示机制变量，包括研发投入和技术市场，其他变量和符号含义与式（3）一致。如果系数值 η_1、β_1 和 α_1 在选定的置信水平上显著，表明研发投入和技术市场的中介效应显著，说明数字经济和实体经济融合可以通过研发投入和技术市场对绿色创新产生影响。

（三）数据说明

在实证研究中，由于西藏绿色发明专利缺少，考虑到数据完整性，使用 2013~2020 年 30 个省份（不含西藏、香港、澳门、台湾）面板数据进行研究。其中，本文涉及指标来源于国家统计局网站、中国各年份统计年鉴和各省份统计年鉴。

五、实证结果分析

（一）基准回归结果分析

表 3 为基准模型的估计结果[①]，列（1）是未加入任何控制变量的回归结果，

---

① 本文经过 Hausman 检验后也发现使用面板固定效应模型进行估计更为科学。

列（2）~列（4）是依次加入控制变量后的回归结果，在逐步回归的过程中，数字经济和实体经济融合对绿色创新的影响始终在1%的置信水平上显著为正，说明提高数字经济和实体经济的融合水平有利于促进绿色创新。数字经济和实体经济融合有利于对企业进行系统性改造，不只是对企业绿色创新流程、组织结构和生产模式的简单升级，而是对全产业链的智能化和数字化协同升级，降低绿色创新企业内外部之间的信息不对称程度，有助于减少企业对绿色创新相关消息的隐瞒行为，从而提升整个绿色创新的信息透明度，提高企业绿色创新能力。同时，数字经济和实体经济的深度融合能够实现数据跨系统和跨行业的流动，形成丰富和规模庞大的数据要素，有利于促进企业开展绿色创新。此外，数字经济和实体经济融合是将企业内部不同部门、不同企业、不同行业，以及企业和消费者密切联系在一起，能有效降低企业绿色创新成本。因此，假说1得到验证。

表3 基准模型回归结果

变量	(1)	(2)	(3)	(4)
数实融合	7.294*** (15.49)	4.534*** (10.50)	1.598*** (2.87)	1.592*** (2.89)
电子商务	—	0.075*** (11.88)	0.053*** (7.51)	0.052*** (7.56)
城镇化	—	—	4.723*** (7.34)	3.971*** (5.64)
产业结构	—	—	0.164* (1.76)	0.161* (1.75)
污染治理	—	—	—	-12.878*** (-2.48)
常系数	6.160*** (43.40)	6.337*** (57.20)	4.361*** (15.79)	4.879*** (14.19)
样本数	240	240	240	240

注：括号内数值为基于稳健标准误计算的t值；***、**和*分别表示1%、5%和10%的显著性水平。

（二）机制回归结果分析

表4为机制回归结果。由表4列（1）可知，数字经济和实体经济融合对研发投入具有显著正向促进作用，且在1%的置信水平上显著，说明提高数字经济

和实体经济融合有助于扩大研发投入规模。由表4列（2）可知，数字经济和实体经济融合及研发投入对绿色创新都具有正向促进作用，且均在1%的置信水平上显著，说明研发投入的中介效应显著，表明数字经济和实体经济融合有助于扩大研发投入规模，从而提高绿色创新水平。企业研发投入规模不足表现为融资约束，而产生融资约束的根源是信息不对称，这不利于企业开展绿色创新。数字经济和实体经济融合能够通过数字经济的技术优势降低金融机构和绿色创新企业之间，以及资本市场外部投资者和绿色创新企业之间的信息不对称程度，这有助于减少企业管理者对企业绿色创新项目相关信息的隐瞒行为，提高绿色创新市场的信息透明度，增强金融机构或外部投资者参与绿色研发项目的信心，以缓解绿色创新企业的融资约束，从而扩大企业研发投入规模，促进绿色创新。此外，数字经济和实体经济融合有利于提高企业内部不同部门之间绿色创新协同效率，提高企业绿色创新资源的整合效率，从而扩大研发投入规模，促进绿色创新。因此，假说2得到验证。

表4 机制回归结果

变量	(1) 研发投入	(2) 绿色创新	(3) 技术市场	(4) 绿色创新
数实融合	3.902*** (10.30)	1.474*** (2.65)	11.051*** (7.78)	1.496*** (2.73)
研发投入	—	0.345*** (4.45)	—	—
技术市场	—	—	—	0.105*** (4.06)
常系数	2.808*** (42.08)	2.236** (2.13)	3.629*** (3.80)	6.269*** (17.31)
其他变量	控制	控制	控制	控制
样本数	240	240	240	240

注：括号内数值为基于稳健标准误计算的t值；***、**和*分别表示1%、5%和10%的显著性水平。

由表4列（3）可知，数字经济和实体经济融合对技术市场具有显著正向促进作用，且在1%的置信水平上显著，说明数字经济和实体经济融合有助于扩大技术市场交易规模。由表4列（4）可知，数字经济和实体经济融合及技术市场对绿色创新都具有正向促进作用，且均在1%的置信水平上显著，说明技术市场的中介效应显著，表明数字经济和实体经济融合有助于扩大技术市场交易规模或提升交易活跃度，从而提高绿色创新水平。完善的技术市场交易机制可以提高绿色技术市场供给和需求之间的匹配度，提高要素配置效率，减少资源错配导致的损失和浪费。同时，数字经济和实体经济融合可以有效发挥数字平台经济模式的优势降低技术市场交易成本和提高市场活跃度，增强技术交易市场的竞争力，促进绿色创新生产要素的合理流动，减少技术市场扭曲导致的资源错配，促进企业绿色创新。因此，假说3得到验证。

（三）稳健性检验

下文检验数字经济和实体经济融合对绿色创新影响结果的稳健性。借鉴已有文献的做法，本文使用以下两种方式进行稳健性检验（李成友等，2020）：首先，更换绿色创新的衡量指标。本文进一步使用绿色新型实用专利获得数量作为绿色创新的衡量指标，回归结果如表5列（1）所示，结果表明，在1%的置信水平上，数字经济和实体经济融合对绿色创新的影响仍然具有显著促进作用。其次，改变计量方法。在本文实证过程中，可能存在反向因果关系和遗漏变量导致的内生性问题造成估计偏误。为了克服上述因素对回归结果的影响，本文借鉴已有文献的做法，使用动态面板模型中的两步估计法进行回归（孙光林等，2023）。其中，表5列（2）是使用动态面板回归差分GMM进行估计得到的结果，列（3）是使用系统GMM进行估计得到的结果，回归结果均表明，在1%的置信水平上，数字经济和实体经济融合对绿色创新具有显著促进作用，再次表明本文基准回归结果的稳健性。

表5 稳健性检验

变量	(1) 面板固定效应模型	(2) 差分 GMM	(3) 系统 GMM
绿色创新 （滞后1期）	—	0.286*** (10.53)	0.745*** (8.57)

续表

变量	（1）面板固定效应模型	（2）差分 GMM	（3）系统 GMM
数实融合	6.868*** (9.84)	2.169*** (5.69)	1.496*** (6.92)
常系数	9.171*** (15.64)	4.835*** (8.95)	2.838*** (6.36)
其他变量	控制	控制	控制
AR（2）	—	0.1509	0.7266
Sargan	—	0.1433	0.2589
样本数	240	240	240

注：括号内数值为基于稳健标准误计算的 t 值；***、**和*分别表示1%、5%和10%的显著性水平。

（四）区域异质效应

下文实证考察数字经济和实体经济融合对绿色创新影响的区域异质性。表6分别给出了东部、中部、西部和东北地区子样本的回归结果，结果表明，在1%的置信水平上，数字经济和实体经济融合对东部地区和中部地区绿色创新具有显著促进作用，且对东部地区的影响要大于中部地区；数字经济和实体经济融合对东北地区和西部地区绿色创新的影响虽然为正，但回归结果并不显著。可能的原因是：一方面，数字经济和实体经济的融合并不是一蹴而就的，在不同产业之间存在先后次序，交通和餐饮等服务业会先于工业和农业进行融合，东部地区数字经济和实体经济的融合程度高于中部地区，而中部地区又高于东北地区和西部地区，数字经济和实体经济融合程度越高，表明该区域企业的数字化程度越高，更能支持企业开展绿色创新活动。另一方面，数字产业、数字基础设施建设、人力资本和市场环境等是数字经济和实体经济融合对绿色创新发挥正向促进作用效果的重要因素，相对而言，东部地区和中部地区数字产业、人力资本和市场环境等外部条件更优，而东北地区和西部地区数字产业发展和市场环境制度建设相对滞后，人才流失严重，这在一定程度上制约了数字经济和实体经济融合对绿色创新的作用。

表6 区域异质效应

变量	(1) 东部地区	(2) 中部地区	(3) 西部地区	(4) 东北地区
数实融合	3.546*** (4.49)	3.283*** (3.07)	0.366 (0.41)	0.276 (0.24)
其他变量	控制	控制	控制	控制

注：括号内数值为基于稳健标准误计算的t值；***、**和*分别表示1%、5%和10%的显著性水平。

六、结论及政策启示

本文基于我国2011~2020年省际面板数据，在测度数字经济和实体经济融合的基础上，从理论和实证双重层面考察了数字经济和实体经济融合对绿色创新的影响和作用机制。可以得到以下结论：一方面，从分区域来看，东部地区数字经济和实体经济融合水平高于全国均值，中部地区发展趋势和全国较为接近，东北地区和西部地区数字经济和实体经济融合水平低于全国均值，东部地区最高，中部地区次之，东北地区和西部地区较低。另一方面，实证结论表明数字经济和实体经济融合对绿色创新具有显著正向影响，提高数字经济和实体经济融合水平有利于促进绿色创新。数字经济和实体经济融合可以通过扩大研发支出和技术市场交易规模来促进绿色创新。此外，数字经济和实体经济融合对绿色创新的影响东部地区最高，中部地区次之，东北地区和西部地区回归结果不显著。

根据本文研究结论，可以得到以下政策启示：第一，推进数字经济和实体经济融合发展。完善数据中心、光纤网络、5G基站等数字基础设施建设，为产业数字化转型提供设施支撑；加强对企业数字化转型的政策引领，通过加大对企业数字化改造的技术、人才、资金的支持力度，着力解决目前部分企业数字化转型的"不愿""不敢"以及"不会"问题，提升企业数字化转型的积极性，引导企业生产设备数字化转型升级，提升节能增效水平。第二，绿色创新是实现绿色发展的关键,政策上要加强对企业绿色技术创新的激励机制,给予绿色创新企业一定的政策和资金支持,同时完善绿色技术创新成果奖励机制和知识产权保护机制。传统企业要积极同科研机构、高校进行合作推动绿色创新技术研发进程,培养自身绿色技术竞争优势,同时积极推动绿色技术从研发阶段转向高效应用阶段,将绿色技术和数字技术贯穿于生产、运输、销售的各个环节,从中间环节提高生产效率,降低能耗水平和污染物排放水平。第三,健全绿色投融资机制,为绿色创新提供资金助力。引导各地金融机构积极研发符合当地特征的绿色债券、绿色信托、绿色租赁、绿色理财等差异化金融服务产品,进一步扩大绿色债券的发行规模和发行数量,为低碳产业、新能源产业绿色创新提供金融支持,发挥绿色金融对绿色创新的传导作用。第四,规范绿色技术市场制度建设,提高技术市场交易活跃度。要进一步完善以市场为导向的绿色技术创新体系,利用绿色技术转化市场机制推动各类创新主体竞相迸发,增强不同绿色创新主体之间的协同能力,以激发绿色技术创新市场活力,提高企业绿色创新能力。

参考文献

[1] Kong T, Sun R J, Sun G L, et al. Effects of Digital Finance on Green Innovation Considering Information Asymmetry:An Empirical Study Based on Chinese Listed Firms[J]. Emerging Markets Finance and Trade, 2022, 58(15):4399-4411.

[2] Li D, Zheng M, Cao C, et al. The Impact of Legitimacy Pressure and Corporate Profitability on Green Innovation:Evidence from China Top 100[J]. Journal of Cleaner Production, 2017, 141:41-49.

[3] Rennings K. Redefining Innovation:Eco-innovation Research and the Contribution from Ecological Economics[J]. Ecological Economics, 2000, 32(2):319-332.

[4] Zhang C, Zhou B, Tian X. Political Connections and Green Innovation:The Role of a Corporate Entrepreneurship Strategy in State-Owned Enterprises[J]. Journal of Business Research, 2022, 146:375-384.

[5] 艾永芳,孔涛. 区域大数据发展能促进企业绿色创新吗?[J]. 中南财经政法大学学报, 2021(6):116-126.

[6] 江红莉, 侯燕, 蒋鹏程. 数字经济发展是促进还是抑制了企业实体投资: 来自中国上市公司的经验证据 [J]. 现代财经（天津财经大学学报）, 2022 (5): 78-94.

[7] 姜松, 孙玉鑫. 数字经济对实体经济影响效应的实证研究 [J]. 科研管理, 2020 (5): 32-39.

[8] 李成友, 刘安然, 袁洛琪, 等. 养老依赖、非农就业和中老年农户耕地租出: 基于 CHARLS 三期面板数据分析 [J]. 中国软科学, 2020 (7): 52-64.

[9] 李青原, 肖泽华. 异质性环境规制工具和企业绿色创新激励: 来自上市企业绿色专利的证据 [J]. 经济研究, 2020 (9): 192-208.

[10] 李戎, 刘璐茜. 绿色金融和企业绿色创新 [J]. 武汉大学学报（哲学社会科学版）, 2021 (6): 126-140.

[11] 刘定惠, 杨永春. 区域经济—旅游—生态环境耦合协调度研究: 以安徽省为例 [J]. 长江流域资源和环境, 2011 (7): 892-896.

[12] 刘晓欣, 田恒. 中国经济从"脱实向虚"到"脱虚向实": 基于马克思主义政治经济学的分析视角 [J]. 社会科学战线, 2020 (8): 44-55.

[13] 刘耀彬, 宋学锋. 城市化和生态环境耦合模式及其判别 [J]. 地理科学, 2005 (4): 408-415.

[14] 伦晓波, 刘颜. 数字政府、数字经济和绿色技术创新 [J]. 山西财经大学学报, 2022 (4): 1-13.

[15] 史丹, 孙光林. 大数据发展对制造业企业全要素生产率的影响机理研究 [J]. 财贸经济, 2022 (9): 85-100.

[16] 宋德勇, 朱文博, 丁海. 企业数字化能否促进绿色技术创新?——基于重污染行业上市公司的考察 [J]. 财经研究, 2022 (4): 34-48.

[17] 孙光林, 李婷, 莫媛. 数字经济对农业全要素生产率的影响 [J]. 经济和管理评论, 2023 (1): 92-103.

[18] 田秀娟, 李睿. 数字技术赋能实体经济转型发展: 基于熊彼特内生增长理论的分析框架 [J]. 管理世界, 2022 (5): 56-74.

[19] 王锋正, 陈方圆. 董事会治理、环境规制和绿色技术创新: 基于我国重污染行业上市公司的实证检验 [J]. 科学学研究, 2018 (2): 361-369.

[20] 肖远飞，姜瑶. 数字经济对工业绿色生产效率的影响研究［J］. 现代管理科学，2021（8）：100-109.

[21] 徐建中，贯君，林艳. 制度压力、高管环保意识和企业绿色创新实践：基于新制度主义理论和高阶理论视角［J］. 管理评论，2017（9）：72-83.

[22] 张虎，韩爱华. 制造业和生产性服务业耦合能否促进空间协调：基于285个城市数据的检验［J］. 统计研究，2019（1）：39-50.

[23] 张帅，吴珍玮，陆朝阳，等. 中国省域数字经济和实体经济融合的演变特征及驱动因素［J］. 经济地理，2022（7）：22-32.

[24] 张昕蔚. 数字经济条件下的创新模式演化研究［J］. 经济学家，2019（7）：32-39.

大数据发展对制造业企业全要素生产率的影响机理研究*

史 丹 孙光林**

摘要： 本文以2014~2018年中国制造业企业数据为样本，在构建大数据发展影响制造业企业全要素生产率理论框架的基础上，实证检验了大数据发展对制造业企业全要素生产率的影响机理。研究发现：①大数据发展对制造业企业全要素生产率具有显著正向影响，提高大数据发展水平有利于提升制造业企业全要素生产率。②内在机理表明，企业创新、要素配置与数据赋能的中介效应显著，大数据发展可以通过促进企业创新、优化资本与劳动要素配置效率，以及数据赋能来提升制造业企业全要素生产率。③异质效应表明，大数据发展对民营企业和小企业全要素生产率的作用效果要大于国有企业和大企业。

关键词： 大数据发展；制造业企业；要素配置；数据赋能；全要素生产率

一、问题的提出

党的十九届四中全会首次将数据与劳动、资本、土地、技术等要素并列作为

---

* 本文发表于《财贸经济》2022年第9期。

** 史丹，中国社会科学院工业经济研究所所长、研究员、博士生导师；孙光林，中国社会科学院工业经济研究所博士后，南京财经大学金融学院副教授、硕士生导师。

重要的生产要素，提出通过分配机制的不断健全和完善，数据可作为生产要素按贡献参与分配，改变了我国的生产函数。然而，数据要素如何进入生产函数并发挥其作用，是值得探讨的理论问题。

2011年，全球知名咨询公司麦肯锡在报告《大数据：创新、竞争和生产力的下一个前沿领域》中首次提出"大数据"的概念，认为大数据是超出常规数据库获取、存储、管理与分析的数据集。2015年，国务院印发《促进大数据发展行动纲要》，指出"大数据是以容量大、类型多、存取速度快、应用价值高为主要特征的数据集合"。许宪春等（2019）通过梳理大数据的相关概念，认为大数据并不是简单的数据量大，还包括数据的价值高，大数据的核心是从海量数据中获取更准确、更深层次的价值，而不是简单的统计数据。Farboodi等（2019）认为大数据是经济活动的副产品，其本质是一种信息，利用大数据能提升企业的经营效率。张叶青等（2021）将"大数据应用"定义为"企业收集、处理与利用的海量、高速、多样化的数据要素或资产"。关于大数据的作用，有学者认为，大数据技术能够降低交易成本和市场范围（Lyytinen et al.，2016），以及降低连接成本和提高资源配置效率。也有学者认为，数据资源要发挥作用必须与其他要素进行融合，才能实现数据价值增值（Chen et al.，2015；肖静华等，2018）；企业基于大数据资源分析出商业机会，与消费者形成良好的互动，企业能够做出更明智的生产决策（谢康等，2020）等。然而，上述对大数据的理解和定义主要描述大数据本身的特性和作用，忽视了大数据发挥作用所需要的制度条件和市场环境。本文把大数据所需要制度条件和市场环境定义为"大数据发展"，即大数据技术、制度条件和市场环境构成大数据发展的基本要件。

关于大数据会对制造业产生怎样的影响，艾永芳和孔涛（2021）基于上市公司2014~2018年数据实证发现区域大数据发展有助于企业开展绿色创新；吕明元和麻林宵（2022）基于我国省际面板数据对省域大数据与制造业融合情况进行了测度；韦庄禹（2022）认为大数据等数字技术可以优化制造业企业的生产与管理方式。但是，上述研究同样没有考虑大数据的制度和市场因素，仅考虑了大数据技术本身的作用。与已有研究相比，本文的边际贡献主要体现在以下两个方面：一是构建大数据发展指数，揭示不同地区的制度和市场环境对大数据技术的影响，显示发展的差异性；二是基于2014~2018年制造业上市公司面板数据，从理论与实证双重角度系统性探讨了大数据发展对制造业全要素生产率的直接效应与作用路径,解决我国具有丰富大数据资源的潜在价值和客观利用率偏低的现实矛盾,能够为更好地发挥大数据的作用服务于制造业提供新的思路。本文余下结构安排如下:第二部分是大数据发展指数构建;第三部分是理论框架与研究假说;第四部分是研究设计,包括数据来源、变量说明与模型构建;第五部分是实证结果分析,包括基准回归结果分析、中介效果回归结果分析、内生性讨论与异质效应分析;第六部分是根据研究结论提出相关政策建议。

二、大数据发展指数构建

由于大数据发展是一个比较抽象的概念,很难找到一个单一指标来准确反映大数据发展水平。以往衡量大数据指标的相关方法主要集中在以下三个方面:一是使用文本分析法。该方法是基于上市公司年报的文本信息,通过抓取与大数据相关的关键词汇,"大数据"相关关键词汇在公司年报中出现的频率越高,表示该公司大数据应用水平越高(Farboodi et al.,2019;张叶青等,2021)。二是问卷调查法。例如,Chen 等(2015)从产品需求、设计与测试等方面设计了 5 个题目进行主观调查;谢康等(2020)基于该方法从大数据资源和大数据分析两个方面各设计若干问题对 374 家企业大数据情况进行了测度。三是指数构建法。例如,赵云辉等(2019)和王欣亮等(2022)从商用指数(电子商务企业占总企业比重与每百家企业拥有网站数等)和民用指数(人均互联网接入量与各省份百人计算机数等)两个方面选择合适指标对大数据发展进行测度。

通过对比可以发现,文本分析法的基本假设是上市公司年报披露的信息是基于公司客观情况的陈述。然而,由于不少企业在大数据应用方面只是空喊口号,外界无法观察到公司的真实情况,不可避免会存在较大偏差。问卷调查法虽然能够通过设计问题与企业管理者直接对接,再利用实地调查的方式真实揭示企业有关大数据的实际情况,但是调研样本数量相对较少,不易展开较大规模调查以保证数据结果的可信度。根据本文大数据发展相关定义,本文研究更注重大数据发展的制度和商业等外部环境的好坏,因此,本文借鉴已有文献的做法,选择指标构建法对大数据发展水平进行测度。

事实上,近年来,国家信息中心、中国电子信息产业发展研究院以及一些高校科研机构等都曾发布过有关省域层面的大数据发展指数,但是,上述机构发布的大数据发展指数均未每年连续编制,且不同机构间发布的大数据发展指数因指标体系与评价方法等不同存在显著差异,因此本文不能直接借鉴现有的指数进行研究。同时,在我国大数据发展过程中,贵州省大数据产业发展起步较早、行动快、影响较大,而2014年是贵州省发展大数据的起始之年,且构建大数据发展指数的一些指标只更新到2018年,必须考虑到数据的可得性,因此本文选择构建我国2014~2018年省域大数据发展指数。

为了更好地对省域大数据发展指数进行评价,本文借鉴国家信息中心、中国电子信息产业发展研究院以及《大数据白皮书(2016)》针对大数据发展指数的编制思想,分别从制度环境与市场环境两个维度出发,本着代表性、系统性、独立性、动态性以及可操作性的原则进行指标选择。其中,制度环境指标包括政策力度、试点创新、数据开放、大数据服务通达度;市场环境指标包括平台应用、科技投入、相关产业规模、消费能力、终端普及、网络就绪。

上述指标的度量方式及含义如表1所示。鉴于熵值法可以客观地确定各个指标所占权重,所以本文利用该方法对上述10个代表性指标进行加权平均以获得省域大数据发展指数($bigdata$),另外,我们还通过计算这些指标的算数平均值($bigdata2$)来度量省域大数据发展指数,以进行稳健性检验。

表1 大数据发展指标评价体系

一级指标	二级指标	省域代表指标	指标含义
制度环境	政策力度	大数据相关政策发布次数	政策发布次数越多,表示政府对大数据的政策支持力度越大
	试点创新	大数据综合试验区	存在大数据综合试验区取1,否则为0;反映省域大数据发展在国家战略中的地位
	数据开放	政府数据开放平台	存在政府数据开放平台取1,否则为0;反映数据开放的范围和多样性

续表

一级指标	二级指标	省域代表指标	指标含义
制度环境	大数据服务通达度	在线政府指数	反映政府利用大数据提高公共服务的能力，取值越大，表示政府利用大数据提供公共服务的能力越强
市场环境	平台应用	电子商务发展指数	取值越大，表示省域大数据商用的成熟度越高
	科技投入	规模以上工业企业R&D经费占GDP比重	取值越大，表示对省域大数据发展的科研支持力度越大
	相关产业规模	软件和信息技术服务业收入占GDP比重	取值越大，表示该省域大数据相关产业发展水平越高
	消费能力	居民交通通信支出占总消费支出的比例	取值越大，表示公众对信息消费的承受能力越强
	终端普及	智能终端普及率	取值越大，表示大数据信息采集和市场应用的范围越广泛
	网络就绪	互联网普及率	取值越大，表示大数据发展的基础设施支持越强

三、理论框架与研究假说

（一）大数据发展对制造业企业全要素生产率影响的直接效应

大数据发展能够使大数据资源更合理地流动与共享，从而有助于提高制造业企业全要素生产率。具体表现在以下三个方面：第一，大数据发展水平越高，往往意味着该区域政府部门和商业部门的电子化水平越高，由此积累的数字资源越丰富，从而能够为制造业企业发展提供更多的数据支持。大数据发展不仅能够使丰富的数据资源成为制造业企业的生产要素，还能够增加信息的有效性，为制造业产品市场交易提供更优的匹配路径，减少因信息不对称、机会主义与有限理性等给制造业企业造成的搜寻成本与决策成本。第二，大数据发展水平越高的区域数据共享机制和交易机制越完善，有利于缓解大数据垄断对制造业企业全要素生产率的不利影响。数据要素的显著特点是低成本性、大规模性与易得性，这使得数据要素可以在制造业企业生产活动中被广泛使用。但是，大数据垄断会阻碍数据要素的合理流动,使数据要素的非竞争性功能无法在制造业企业中发挥作用,抑制了数据价值的创造能力,从而降低微观制造业企业的全要素生产率。第三,大数据发展水平越好的地域越能够在制造业企业中形成良好学习和使用大数据的氛围,制造业企业管理层更倾向于在实际生产决策中利用大数据资源,从而有助于提升制造业企业全要素生产率。一方面,制造业企业管理层利用大数据能够提高市场透明度,有助于制造业企业发现客户需求、细分市场、辅助决策支持和产品创新等,上述方面均可以提高制造业企业的全要素生产率。另一方面,制造业企业有效率地管理数据不仅可以提高劳动生产率与资本使用效率,还有利于提高制造业企业的创新能力,促进新产品开发以及服务创新等。由此,基于以上理论分析,本文提出以下研究假说:

H1:大数据发展能够提升制造业企业全要素生产率。

(二) 大数据发展影响制造业企业全要素生产率的理论机理分析

大数据发展会通过企业创新、要素优化与数据赋能多个路径对制造业企业全要素产生影响,接下来,本文将分别对上述三个影响路径的机理进行分析。

1. 企业创新中介效应的理论机理

对制造业企业而言,只有创新和市场需求相匹配才能使创新产品转化为市场价值,由于制造业企业的产品市场需求瞬息万变,制造业企业在研发过程中很难做到与市场需求的协同,这会对提升制造业企业全要素生产率产生不利影响。大数据发展能够通过促进制造业企业创新来提升全要素生产率,具体表现在以下三个方面:第一,大数据记录了消费者选择制造业商品的行为,利用大数据技术可以挖掘消费者的隐藏需求,使消费者积累的各类数据流动起来,从而依靠数据信息互通将制造业产品生产者和消费者连接起来,这一过程将大幅提升数据要素的边际产出,从而引发企业创新的正反馈效应。相对而言,大数据发展水平越高的区域越可能积累更多的数据资源,数据交易机制也越完善,制造业企业也越容易获取大数据,有利于制造业企业开展创新,进而提升制造业企业全要素生产率。第二,大数据发展有助于优化制造业企业创新模式,通过提高制造业企业创新来改善企业全要素生产率。事实上,技术的突破性创新会引起生产方式的革命性变化,催生制造业新模式与新业态。海量的数据信息能否被制造业企业获取和利用是企业提高创新能力的必要条件，大数据发展为制造业企业利用大数据创造了契机。换句话说，大数据发展能赋予制造业企业更高的创新能力，实现对制造业企业创新过程的动态跟踪，从而通过促进制造业企业创新来提升企业全要素生产率。第三，大数据发展可以优化制造业企业的生产流程、降低生产成本，实现对生产流程的动态与模块化管理，提升制造业企业整合内外部产业链的协同能力，从而有利于制造业企业更好地开展创新活动来提升全要素生产率。由此，基于以上理论分析，本文提出以下研究假说：

H2：大数据发展可以通过企业创新提高制造业企业全要素生产率。

2. 优化要素配置路径的中介理论机理分析

（1）资本要素配置的中介理论机理。大数据发展有助于降低资本市场交易成本，提高资本市场的交易效率，以优化资本要素配置，从而降低资本扭曲造成的制造业企业全要素生产率损失（陈永伟、胡伟民，2011）。具体表现在以下几个方面：第一，大数据发展水平越高的区域越容易形成公开透明的市场环境，增加了资本供给双方在匹配过程中的信息有效性。大数据时代，资本市场产生了更加丰富的信息，但同时信息冗余变得更加复杂，资本供给双方匹配也会产生新的问题。大数据发展水平越高意味着拥有越高的大数据技术水平，可以有效地将烦琐的数据转化为可用的信息，从而更便利地对制造业行业资本供需双方进行匹配，使制造业企业资本配置效率达到更优，以缓解资本错配造成的制造业企业全要素生产率损失（孙光林等，2021）。第二，大数据发展越好的区域制造业企业拥有越好的数据平台来充分挖掘数据的价值，从而产生新的价格机制优化资本要素。在经济市场中，资本需求者和供给者是相互独立分开的，资本要素市场配置效率的高低需要价格机制予以调节。但是，价格机制的功能发挥依赖于供需信息的传递效率，基于大量数据信息中提炼出的有效信息，有助于减少制造业行业的资本错配，使资本更好地为制造业企业服务从而提升全要素生产率。第三，从交易成本的角度来看，大数据发展为降低资本市场交易成本提供了契机，有利于降低资本交易过程中的搜寻成本、议价成本与决策成本等，使资本更便利地支持优质制造业企业发展，防止因资本错配导致的制造业企业的"逆淘汰现象"，从而通过优化资本要素配置效率来提升制造业企业全要素生产率（高培勇等，2019）。由此，基于以上理论分析，本文提出以下研究假说：

H3：大数据发展可以通过提高资本要素配置效率来提升制造业企业全要素生产率。

（2）优化劳动要素配置的中介理论机理。大数据发展对制造业部门劳动要素的影响表现在替代效应与创新效应两个方面。一方面，随着大数据与制造业的不断融合，制造业通过推动自动化与智能化等新生产模式的建设，将替代部分劳动力，表现为大数据发展的要素替代效应降低了制造业对劳动力的需求，从而降低了生产劳动部门的劳动收入水平。另一方面，大数据发展通过创新效应鼓励高技能劳动者从生产部门转移到研发部门，提高了制造业创新部门的工资水平。然而，低技能劳动力只能接受更低的工资从事制造业生产劳动，或者选择失业丧失工资收入。换言之，大数据发展扩大了数字型劳动力要素的需求规模，即大数据技术在扩大数字技能型岗位就业市场的同时缩小了传统劳动力市场的就业范围，导致制造业行业中不同部门的劳动力市场工资出现分化，有助于优化劳动要素配置效率。

进一步来看，大数据发展通过优化劳动要素配置对制造业全要素生产率的影响是替代效应和创新效应综合后的结果。余东华和韦丹琳（2021）认为大数据等互联网技术表现出的要素替代性会导致劳动力和劳动力中间产品出现冗余，降低了制造业生产部门的要素配置效率，不利于数字技术在制造业部门的普及，从而抑制制造业生产效率的提升。然而，大数据发展在劳动市场引起的创新效应会促使更多高技能劳动力进入制造业研发部门，有利于促进制造业企业开展创新活动，从而提高制造业企业全要素生产率。事实上，如果大数据发展引致的要素替代效应大于创新效应，可能会使制造业发展陷入"索洛悖论"，但是，现阶段我国制造业部门劳动力技能溢价产生的创新效应要大于替代效应，从而有效缓解了劳动变化对制造业全要素生产率产生的非适应性冲击（余东华、韦丹琳，2021）。由此，基于以上理论分析，本文提出以下研究假说：

H4：大数据发展会通过优化劳动要素配置效率来提升制造业企业全要素生产率。

3. 数据赋能的中介理论机理

数据要素的显著特点是低成本性、大规模性与易得性，大数据发展使数据要素可以在制造业企业生产活动中被广泛使用。然而，数据要素在制造业企业生产过程中能够多大程度上被利用却取决于企业的数字化水平。如果制造业企业数字化水平较高，便能够利用大数据形成有用的分析结果，从而为制造业企业生产决策提供参考，数据赋能效应较强，有助于降低消费者需求与产品供给等不确定性因素对制造业企业生产造成的冲击，以提升制造业企业全要素生产率。一方面，大数据发展为制造业企业数字化转型提供了契机，而企业数字化转型又能够促进企业优化商业模式，对改善企业管理决策具有积极影响。事实上，大数据发展的数据赋能效应可以使制造业企业更充分地利用市场，有助于企业发现客户需求、细分市场、辅助决策支持和产品创新等，从而提升制造业企业全要素生产率。另一方面，大数据发展为所有制造业企业提供了均等的受益机会，但是，制造业企业想要获取大数据发展产生的数据红利，就必须进行数字化转型，从而有效发挥数据赋能效应。数据赋能可以强化制造业企业处理信息的能力，助力制造业企业基于大数据挖掘数据要素的潜在价值，以提升制造业企业管理层对市场的洞察力，使企业能够更好地进行试错式学习来提高全要素生产率。由此，基于以上理论分析，本文提出以下研究假说：

H5：大数据发展可以通过数据赋能来提升制造业企业全要素生产率。

本文的理论机理如图1所示。

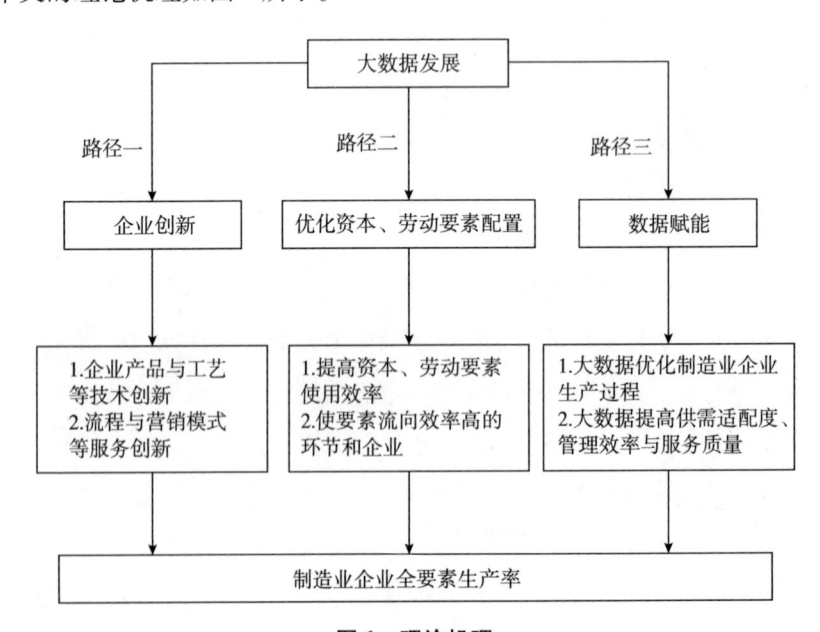

图1 理论机理

四、研究设计

（一）数据来源

本文以 2014~2018 年我国 A 股上市公司中的制造业企业为研究对象。企业层面的数据均来自国泰安数据库；构建大数据发展指数的基础数据分别通过查阅相应统计年鉴、手工收集地方政府官方网站数据、整理相关研究报告所得；区域经济相关数据来源于国家统计年鉴。遵循已有研究的惯例，本文剔除了被标记为ST、相关财务数据有缺失值的样本。此外，为消除异常值对回归结果的影响，本文对相应变量进行了 Winsorize 处理和对数化处理，最终共得到观测值 8276 个。值得注意的是，本文在研究过程中，采用主流文献的做法（如唐松等，2020），使用微观上市公司注册地所在地省域进行匹配，构建 2014~2018 年的面板数据集①。

（二）变量选取

1. 被解释变量：全要素生产率

目前，企业全要素生产率（TFP）的测度方法有许多，其中，OP 法和 LP 法应用最为广泛。本文借鉴宋敏等（2021）的做法，分别采用 LP 法和 OP 法对企业全要素生产率进行测度。对于上述方法的构造过程，由于现有文献已经进行了详细介绍，本文不再赘述。

---

① 公司注册地与省域匹配可能存在漏洞，为此，我们做出了如下尝试：一是我们收集了样本企业子公司的相关数据，并提取出每个企业对应的资产规模最大的子公司，分别计算出子公司规模占母公司规模比例，子公司规模超过 50% 的样本约占总样本的 8.5%，经过对比最大子公司注册地和母公司注册地，发现在上述 8.5% 的样本中仅有 23.74% 存在母公司与最大子公司注册地不一致的情况。总体来看，只有 2.018% 的匹配偏差，不会对实证结果造成明显的影响。二是企业注册地与实际办公地不一致，存在偏差，经测算，该类样本仅占比 3.79%，我们以企业办公地为标准，重新进行了数据匹配，实证结果与目前结论一致。

2. 核心变量

大数据发展，见本文第二部分。

3. 中介变量

（1）企业创新。借鉴潘越等（2015）和王玉泽等（2019）的做法，本文以企业研发资金投入的对数值作为企业创新水平的度量变量（rd），在回归中考虑到数值规模进行取对数处理。此外，出于稳健性考虑，我们还利用研发人员占比来度量企业创新（lrd）。

（2）要素配置。由于我国要素市场不完善，要素错配是一种很常见的现象，主要表现为资本和劳动力要素价格扭曲，即要素配置不合理。事实上，要素配置不合理指标应该包含价格和数量两个方面，即价格和数量配置不合理导致的扭曲。但是，根据市场均衡调整的一般原理，因为数量导致的要素配置不合理最终会表现在价格上。

与此同时，由于不同行业、不同所有制企业或不同产权性质，以及不同年度所属企业会面临不同的竞争优势，如国企比私企更受到金融市场和劳动力市场的青睐，投资回报率相对较短的行业比投资回报率相对较长的行业更受投资者青睐，企业在不同年度由于受金融市场和政策因素的影响也面临不同的融资成本等。然而，同一行业、同一产权性质和同一年度组的企业在要素市场面临着较为类似的竞争条件，差异相对较小。基于此，我们参照吕承超和王志阁（2019）的做法，采用同一行业、同一产权性质和同一年度组企业使用要素成本的偏离度来度量企业的要素配置情况，既能够反映企业要素配置不合理的价格含义，又考虑到企业可能遭受的要素市场外部差异。

具体地，首先按照不同行业、不同产权性质和不同年度对企业进行分组，然后计算不同分组企业资本成本的均值，再根据样本企业资本成本与其所在组的均值作差，采用企业资金使用成本与其所在组平均资金使用成本的差值来度量企业资本要素配置（kms），该指标越大，代表企业资本要素的扭曲情况越严重，表明资本要素的配置效率程度越低，其中，资金使用成本为利息支出与扣除应付账款后的负债总额的比值。针对劳动要素配置（lms）变量，首先，对不同行业、不同产权性质和不同年度的企业进行分组，计算不同分组劳动成本的均值、最大值和最小值；其次，分别计算企业劳动成本与上述均值的差值和上述最值之间的差值；最后，计算上述两个差值之间的比值，便得到企业劳动价格扭曲程度指标。因而，本文使用企业职工平均薪酬与其所在组平均薪酬的偏离度来测度企业劳动要素配置（lms），该指标越大代表企业劳动收入报酬差距越大，说明数字技能型等高素质制造业企业员工收入越高，越能激励高技能劳动者从制造业企业生产部门转移出来，而制造业企业低技能劳动者只能接受更低的工资或失业，劳动要素配置程度越好。其中，职工平均薪酬为"支付给职工以及为职工支付的现金"与员工数量的比值。

（3）数据赋能。借鉴戚聿东和肖旭（2020）的做法，本文将采用文本挖掘法对制造业企业数据赋能（dcg）进行测算。具体来看，首先，确定企业年报中有关数据要素的语言或关键词的表述，包括"互联网+"、区块链、机器人、机器学习、数字技术、数据要素、智能制造与工业互联网等。其次，基于Python软件抓取关键词，计算关键词出现的频数，某个关键词出现的频率越高表明该制造业企业对发挥数据要素作用越重视。最后，对所有关键词出现的频数进行累加，值越大表明该企业的数据赋能效应越高。

4. 控制变量

为了避免其他因素可能对企业全要素生产率产生影响，本文选取了如下控制变量。企业层面的包括：企业规模（$size$），即企业年末总资产的对数值；企业盈利情况（roa），即企业年末总资产报酬率；财务杠杆水平（lev），即资产负债率；企业增长水平（$grow$），即企业销售收入增长率；企业年龄（age），即企业成立年限；股权集中度（$first$）；企业产权性质（soe），国有企业取1，民营企业取0。区域层面的包括：经济发展水平（$lgdp$），即使用省域人均GDP的对数值来衡量。所有变量的解释见表2。

表2 变量定义

变量	变量描述
TFP_LP	LP 企业全要素生产率
TFP_OP	OP 企业全要素生产率
$bigdata$	基于熵值法计算的省域大数据发展指数
$bigdata2$	基于算数平均法计算的省域大数据发展指数

续表

变量	变量描述
rd	企业研发资金投入的对数值
lrd	企业研发人员与企业员工数的比值
kms	企业资金使用成本与行业平均资金使用成本的偏离度
lms	企业职工平均薪酬与行业平均薪酬的偏离度
dcg	根据本文测度所得
size	企业规模，企业年末总资产的对数值
grow	企业营业收入增长率
lev	财务杠杆水平，资产负债率
roa	企业盈利情况，总资产收益率
soe	企业产权性质，国有企业取1，民营企业取0
first	股权集中度，第一大股东持股比例
age	企业成立年限
lgdp	区域经济发展水平，省域人均GDP的对数值

（三）变量的描述性统计结果

表3为主要变量的描述性统计结果。TFP_LP 和 TFP_OP 的均值分别为14.752和14.908，标准差分别为0.931和0.929，说明使用不同方法对企业全要素生产率结果进行测度，差异性并不大。同时，$bigdata$ 的均值和标准差分别为0.050和0.042，说明我国各省域大数据发展水平存在较大差异。个体之间的这种差异意味着所选样本适合做比较分析。此外，其他变量的描述性统计结果均在合理范围内。

表3 主要变量的描述性统计结果

变量	均值	标准差	最小值	最大值
TFP_LP	14.752	0.931	12.456	17.662
TFP_OP	14.908	0.929	12.599	17.813
$bigdata$	0.050	0.042	0.002	0.409
$bigdata2$	0.051	0.026	0.006	0.118
$grow$	0.327	1.385	−0.957	26.129

续表

变量	均值	标准差	最小值	最大值
kms	0.000	0.017	-0.041	0.112
lms	0.000	0.143	-0.634	0.990
rd	7.253	10.309	0.000	69.730
dcg	1.412	1.332	0.000	6.176
lev	0.399	0.194	0.038	1.685
roa	0.039	0.068	-0.475	0.258
soe	0.386	0.487	0.000	1.000
first	34.418	14.615	7.310	80.340
size	22.097	1.255	19.033	26.553
age	17.185	5.352	3.000	39.000
lgdp	11.395	0.873	9.272	12.803

（四）计量模型构建

第一，为了检验研究假说 H1，即大数据发展能否对制造业企业全要素生产率产生影响，本文构建了如下面板数据回归模型：

$$TFP_{i,j,t} = \beta_0 + \beta_1 bigdata_{j,t} + \sum \beta_k controls_{i,j,t} + \varepsilon_{i,j,t} \tag{1}$$

其中，下标 i、j、t 分别代表企业、省份和年份；TFP 代表制造业企业全要素生产率，本文分别采用 TFP_LP（LP 法全要素生产率）以及 TFP_OP（OP 法全要素生产率）来衡量；$bigdata$ 代表省域大数据发展指数；$controls$ 为控制变量集。如果参数 $\beta_1 > 0$，则证明大数据发展可以提升企业全要素生产率，即假说 H1 成立。

第二，为了检验假说 H2，即大数据发展通过提高企业创新来提升企业全要素生产率这一作用路径，本文构建了如下中介效应检验模型：

$$rd_{i,j,t} = \beta_0 + \beta_2 bigdata_{j,t} + \sum \beta_k controls_{i,j,t} + \varepsilon_{i,j,t} \tag{2}$$

$$TFP_{i,j,t} = \beta_0 + \beta_3 bigdata_{j,t} + \beta_4 rd_{i,j,t} + \sum \beta_k controls_{i,j,t} + \varepsilon_{i,j,t} \tag{3}$$

其中，模型（2）检验了大数据发展对企业创新的影响，rd 表示企业创新，本文分别用研发资金投入的对数值和研发人员占比来度量。如果 $\beta_2 > 0$，则说明大数据发展可以提高企业研发投入规模。模型（3）检验了企业创新研发投入对企业全要素生产率的影响效果。如果$\beta_4>0$，说明企业创新研发投入的增加可以促进企业全要素生产率的提升。如果$\beta_2>0$和$\beta_4>0$同时显著，则说明企业创新是大数据发展影响企业全要素生产率的中介变量，即大数据发展能通过企业创新来提升企业全要素生产率。

第三，为了检验假说H3和假说H4，即大数据发展通过资本要素配置和劳动要素配置对企业全要素生产率产生间接作用，本文构建了如下中介效应检验模型：

$$kms_{i,j,t}=\beta_0+\beta_5 bigdata_{j,t}+\sum \beta_k controls_{i,j,t}+\varepsilon_{i,j,t} \quad (4)$$

$$TFP_{i,j,t}=\beta_0+\beta_6 bigdata_{j,t}+\beta_7 kms_{i,j,t}+\sum \beta_k controls_{i,j,t}+\varepsilon_{i,j,t} \quad (5)$$

$$lms_{i,j,t}=\beta_0+\beta_8 bigdata_{j,t}+\sum \beta_k controls_{i,j,t}+\varepsilon_{i,j,t} \quad (6)$$

$$TFP_{i,j,t}=\beta_0+\beta_9 bigdata_{j,t}+\beta_{10} lms_{i,j,t}+\sum \beta_k controls_{i,j,t}+\varepsilon_{i,j,t} \quad (7)$$

其中，模型（4）和模型（5）检验了大数据发展通过影响企业资本要素配置对企业全要素生产率产生的间接作用；模型（6）和模型（7）检验了大数据发展通过影响企业劳动要素配置对企业全要素生产率的间接作用；kms表示制造业企业资本要素配置情况，lms表示制造业企业劳动要素配置情况，其他变量与符号和上述方程一致。

第四，为了检验假说H5，即大数据发展通过企业数据赋能影响制造业企业全要素生产率产生的间接作用，本文构建了如下中介效应检验模型：

$$dcg=\beta_0+\beta_{11} bigdata_{j,t}+\sum \beta_k controls_{i,j,t}+\varepsilon_{i,j,t} \quad (8)$$

$$TFP_{i,j,t}=\beta_0+\beta_{12} bigdata_{j,t}+\beta_{10} dcg_{i,j,t}+\sum \beta_k controls_{i,j,t}+\varepsilon_{i,j,t} \quad (9)$$

其中，模型（8）和模型（9）检验了大数据发展通过影响企业数据赋能对企业全要素生产率产生的间接作用；dcg表示制造业企业数据赋能程度，其他变量与符号和上述方程一致。

在上述模型回归过程中，本文还做了以下处理以提高变量系数值的可信度：第一，在估计中使用聚类稳健标准误；第二，考虑到省际数据和微观数据匹配会存在潜在的固定效应，在回归中对省份、时间和行业进行控制。

五、实证结果分析

（一）大数据发展对制造业企业全要素生产率的影响

表 4 为本文的基准回归结果，其中，列（1）是使用 OP 法测度企业全要素生产率回归后的结果，列（2）是使用 LP 法测度企业全要素生产率进行回归后的结果。根据表 4 列（1）和列（2）的回归结果可知，大数据发展的系数值分别为 0.538 和 0.522，均在1%的置信水平上显著，表明大数据发展对企业全要素生产率具有显著正向影响，说明提高大数据发展水平可以提升制造业企业全要素生产率。为了回归结果的稳健性，我们在表 4 列（3）和列（4）回归中更换大数据发展的度量指标，使用加权平均值的方法来度量各省份的大数据发展水平。由表 4 列（3）和列（4）的回归结果可知，大数据的系数值分别为 1.691 和 1.656，在1%的置信水平上仍然显著为正，再次说明大数据发展对制造业企业全要素生产率的影响是正向显著。

表 4　基准回归结果分析

变量	(1) TFP_OP	(2) TFP_LP	(3) TFP_OP	(4) TFP_LP
bigdata	0.538*** (2.94)	0.522*** (2.89)	—	—
bigdata2	—	—	1.691*** (3.90)	1.656*** (3.85)
grow	-0.017*** (-3.58)	-0.017*** (-3.63)	-0.017*** (-3.54)	-0.018*** (-3.59)
lev	0.649*** (14.27)	0.646*** (14.28)	0.650*** (14.29)	0.647*** (14.30)
roa	2.771*** (17.41)	2.745*** (17.40)	2.764*** (17.40)	2.738*** (17.38)
soe	0.088*** (6.17)	0.089*** (6.23)	0.090*** (6.29)	0.091*** (6.35)

续表

变量	(1) TFP_OP	(2) TFP_LP	(3) TFP_OP	(4) TFP_LP
first	0.002*** (4.95)	0.002*** (4.90)	0.002*** (4.95)	0.002*** (4.90)
size	0.564*** (89.83)	0.565*** (90.72)	0.563*** (89.84)	0.566*** (90.74)
age	0.006*** (5.36)	0.006*** (5.30)	0.007*** (5.33)	0.006*** (5.27)
lgdp	0.345*** (10.05)	0.341*** (10.03)	0.255*** (5.66)	0.253*** (5.67)
cons	-1.757*** (-4.40)	-1.618*** (-4.08)	-0.839* (-1.68)	-0.717 (-1.45)
行业效应	控制	控制	控制	控制
省份效应	控制	控制	控制	控制
年度效应	控制	控制	控制	控制
N	8276	8276	8276	8276
R-sq	0.725	0.728	0.726	0.729

注：括号内数值为基于稳健标准误计算的 t 值；***、**和*分别表示1%、5%和10%的显著性水平。

(二) 大数据发展的机制分析

1. 企业创新的中介效应实证结果

表5为企业创新的中介实证结果。由表5列（1）可知，在5%的置信水平上，大数据发展对制造业企业创新研发投入具有显著正向影响，表明大数据发展有利于企业创新；由表5列（2）和列（3）可知，在1%的置信水平上，大数据发展和企业创新对企业全要素生产率均具有显著正向影响，说明企业创新的中介效应显著。此外，将企业创新的衡量指标由研发投入规模改为研发人员占比，重新进行回归，实证结果如表5列（4）~列（6）所示，根据企业创新中研发人员占比和大数据发展的系数值的显著性和作用方向可知，企业创新的中介效应仍然显著，表明大数据发展可以通过提高企业创新对企业全要素生产率产生促进作用，即存在"大数据发展→促进企业创新→提升制造业企业全要素生产率"的中介效应。因此，研究假说H2得到验证。

表5 企业创新的中介效应回归结果

变量	(1) rd	(2) TFP_LP	(3) TFP_OP	(4) lrd	(5) TFP_LP	(6) TFP_OP
bigdata	5.703** (2.48)	0.544*** (2.96)	0.528*** (2.91)	2.396** (2.15)	0.529*** (2.92)	0.513*** (2.87)
rd	—	0.002*** (2.81)	0.002*** (2.87)	—	—	—
lrd	—	—	—	—	0.012*** (6.48)	0.012*** (6.39)
cons	-7.063* (-1.82)	-1.748*** (-4.38)	-1.610*** (-4.07)	-20.773*** (-6.16)	-1.455*** (-3.70)	-1.323*** (-3.39)
控制变量	已控制	已控制	已控制	已控制	已控制	已控制
行业效应	控制	控制	控制	控制	控制	控制
省份效应	控制	控制	控制	控制	控制	控制
年度效应	控制	控制	控制	控制	控制	控制
N	8276	8276	8276	8276	8276	8276
R-sq	0.405	0.724	0.728	0.374	0.726	0.730

注：括号内数值为基于稳健标准误计算的t值；***、**和*分别表示1%、5%和10%的显著性水平。

2. 优化要素配置的中介效应实证结果

表6为要素配置的中介效应实证回归结果。由表6列（1）可知，在5%的置信水平上，大数据发展对资本要素配置具有显著影响，说明提高大数据发展水平有利于优化资本要素配置。由表6列（2）和列（3）可知，无论是LP法还是OP法测度的全要素生产率，在1%的置信水平上，大数据发展对企业全要素生产率的影响均显著为正。与此同时，在1%的置信水平上，资本要素扭曲对全要素生产率具有负向影响，表明提高资本要素配置效率能提升全要素生产率。根据表6列（1）～列（3）中大数据发展和资本要素配置的显著性，可知资本要素配置的中介效应显著，即存在"大数据发展→优化资本要素配置→提高企业全要素生产率"的机制路径。因此，基本研究假说H3得到验证。

表6列（4）～列（6）为劳动要素配置的中介回归结果。由表6列（4）可知，在1%的置信水平上，大数据发展对劳动要素配置具有显著正向影响，表明大数据发展有助于优化劳动要素配置效率。与此同时，由表6列（5）和列（6）

可知，在1%的置信水平上，大数据发展对企业全要素生产率具有正向影响，劳动要素配置对企业全要素生产率的影响也在1%的置信水平上显著。这表明劳动要素配置在大数据发展影响企业全要素生产率的过程中具有显著中介效应，即存在"大数据发展→优化劳动要素配置效率→提高制造业企业全要素生产率"的作用路径。因此，研究假说H4得到验证。

表6 要素配置中介效应回归结果

变量	(1) kms	(2) TFP_LP	(3) TFP_OP	(4) lms	(5) TFP_LP	(6) TFP_OP
bigdata	-0.112** (-2.02)	0.537*** (2.68)	0.521*** (2.64)	0.198*** (3.99)	0.575*** (3.10)	0.562*** (3.06)
kms	—	-1.409*** (-3.00)	-1.282*** (-2.75)	—	—	—
lms	—	—	—	—	0.583*** (12.95)	0.597*** (13.40)
cons	0.1522 (1.47)	-1.502*** (-3.35)	-1.372*** (-3.09)	-1.540*** (-19.81)	-0.965** (-2.42)	-0.807** (-2.04)
控制变量	已控制	已控制	已控制	已控制	已控制	已控制
行业效应	控制	控制	控制	控制	控制	控制
省份效应	控制	控制	控制	控制	控制	控制
年度效应	控制	控制	控制	控制	控制	控制
N	8276	8276	8276	8276	8276	8276
R-sq	0.199	0.724	0.723	0.116	0.732	0.736

注：括号内数值为基于稳健标准误计算的t值；***、**和*分别表示1%、5%和10%的显著性水平。

3. 数据赋能的中介效应实证分析

表7为制造业企业数据赋能的中介实证结果。由表7列（1）可知，大数据发展对企业数据赋能的影响为正，在5%的置信水平上显著。与此同时，表7列（2）和列（3）的回归结果均表明，在1%的置信水平上，数据赋能与大数据发展对企业全要素生产率均显著为正，说明数据赋能的中介效应显著，即大数据发展可以通过提升企业数据赋能效应来提高全要素生产率，存在"大数据发展→增强企业数据赋能效应→提高企业全要素生产率"的中介理论机制。因此，基本研究假说H5得到验证。

表7　数据赋能的中介效应回归结果

变量	(1) dcg	(2) TFP_LP	(3) TFP_OP
bigdata	0.868**	0.513***	0.499***
	(2.56)	(2.80)	(2.75)
dcg	—	0.054***	0.052***
		(9.76)	(9.52)
cons	-2.803***	-1.406***	-1.278***
	(-4.77)	(3.52)	(-3.23)
控制变量	已控制	已控制	已控制
行业效应	控制	控制	控制
省份效应	控制	控制	控制
年度效应	控制	控制	控制
N	8276	8276	8276
R-sq	0.241	0.727	0.731

注：括号内数值为基于稳健标准误计算的 t 值；***、**和*分别表示1%、5%和10%的显著性水平。

(三) 稳健性检验与内生性讨论

1. 稳健性检验

为了保证基准回归结果大数据发展系数值的稳健性，本文采用以下方式进行稳健性检验：首先，我们在样本中剔除了包括计算机、通信和其他电子设备制造业，电信、广播电视和卫星传输服务，互联网和相关服务在内的三个行业的观测值，利用剩余样本进行回归。回归结果如表8列（1）和列（2）所示，结果表明，在1%的置信水平上，大数据发展对企业全要素生产率的作用仍然显著为正。其次，本文借鉴已有文献的做法，使用联合固定效应方法进行稳健性检验，回归结果如表8列（3）和列（4）所示，大数据发展对企业全要素生产率的影响展现出显著的正向作用效果，且在1%的置信水平上显著。最后，本文采用更换核心变量的方式进行稳健性检验，借鉴张叶青等（2021）的做法，使用文本分析法构建微观企业的大数据指标，根据该制造业上市公司年报大数据相关关键词①出现

---

① 大数据相关具体涉及词汇及变量构建方法可参考张叶青等（2021），本文不再赘述。

的次数来衡量,大数据相关词汇越多,表明该企业大数据水平越高。回归结果如表8列(5)和列(6)所示,大数据发展对制造业企业全要素生产率的影响仍然显著为正。因而,综上所述,本文核心结论大数据发展有助于提高全要素生产率的结果是稳健的。

表8 稳健性检验

变量	(1) TFP_OP	(2) TFP_LP	(3) TFP_OP	(4) TFP_LP	(5) TFP_OP	(6) TFP_LP
bigdata	0.432*** (2.71)	0.427*** (2.66)	0.441*** (2.96)	0.462*** (3.06)	0.0183*** (2.76)	0.0168*** (4.70)
cons	1.258*** (6.65)	1.365*** (7.37)	0.616*** (2.83)	0.548*** (2.67)	0.753*** (6.61)	2.175* (1.82)
控制变量	已控制	已控制	已控制	已控制	已控制	已控制
行业效应	控制	控制	未控制	未控制	控制	控制
省份效应	控制	控制	未控制	未控制	控制	控制
时间效应	控制	控制	未控制	未控制	控制	控制
时间×行业	未控制	未控制	控制	控制	未控制	未控制
R-sq	0.720	0.721	0.718	0.722	0.642	0.743

注:括号内数值为基于稳健标准误计算的 t 值;***、**和*分别表示1%、5%和10%的显著性水平。

2. 内生性讨论

测量误差、遗漏变量与双向因果关系等均有可能导致内生性问题。首先,关于测量误差问题,本文对核心变量大数据发展与被解释变量制造业企业全要素生产率均采用两种不同的方法进行测度,以弱化单一方法不足导致的测量误差。其次,关于遗漏变量问题,我们在回归中加入了企业规模、企业收入、产权性质、股权集中度与省际人均GDP等变量作为控制变量,并采用经典的双固定效应模型进行估计。对于可能存在的双向因果关系,虽然被解释变量是企业层面制造业全要素生产率,而核心变量是省际大数据发展,这可以缓解双向因果关系导致的估计偏误(施炳展、李建桐,2020),但是双向因果关系仍然会存在:一方面,大数据发展可以提高制造业企业全要素生产率;另一方面,那些全要素生产率较高的企业也会进一步利用大数据,这些企业增加大数据的应用也有利于提高省际层面的大数据发展水平。为此,本文采用工具变量法进行回归,借鉴施炳展和李建桐（2020）的做法，使用新中国成立初期（1952~1957年）人均函件数量作为大数据发展的工具变量。工具变量的合理性在于：一方面，人均函件数量表明该省份居民对传统通信的偏爱程度，这种偏爱会延伸到对互联网通信媒介的热爱，有利于大数据发展，与核心解释变量密切相关；另一方面，人均函件数量更多的是用于普通居民的日常通信，不会对制造业企业全要素生产率产生直接影响。与此同时，新中国成立初期的人均函件数量对近期企业全要素生产率的影响是相对外生的。工具变量回归结果如表9列（1）和列（2）所示，工具变量t值在1%的置信水平上显著，一阶段F值大于10，工具变量回归结果是有效的。同时，在1%的置信水平上，大数据发展对制造业企业全要素生产率的影响仍然显著为正，再次说明回归结果的稳健性。

表9 内生性讨论

变量	（1） TFP_OP	（2） TFP_LP
bigdata	0.474*** (2.88)	0.468*** (2.73)
cons	0.792*** (2.73)	0.4889 (1.21)
工具变量t值	4.90	
一阶段F值	221.68	
控制变量	已控制	已控制
省份效应	控制	控制
行业效应	控制	控制
时间效应	控制	控制
R-sq	0.783	0.776

注：括号内数值为基于稳健标准误计算的t值；***、**和*分别表示1%、5%和10%的显著性水平。

（四）异质效应分析

为了深入分析大数据发展对企业全要素生产率的多元化特征，实证检验大数据发展对企业全要素生产率的异质效应，我们分别将样本按照国有企业和民营企业、大规模企业和小规模企业进行分类分别进行回归，估计结果如表10所示。

由表10列（1）和列（2）可知，大数据发展对民营企业全要素生产率的影响在1%的置信水平上显著，系数值分别为0.613和0.601。与此同时，由表10列（3）和列（4）可知，大数据发展对国有企业的影响在10%的置信水平上显著，系数值分别为0.314和0.299，表明大数据发展对民营企业全要素生产率的影响要大于国有企业，说明大数据技术发展更有利于提升民营企业的全要素生产率。此外，我们进一步将样本按照企业规模分为大企业和小企业两类，分别进行分组回归，估计结果如表10列（5）~列（8）所示。结果表明，在1%的置信水平上，大数据发展对小企业全要素生产率的影响显著为正，系数值为0.928和0.908；大数据发展对大企业的影响同样在5%的置信水平上显著为正，系数值分别为0.118和0.127，表明大数据发展对小企业全要素生产率的作用效果要大于大企业。

表10 异质效应回归结果

变量	(1) TFP_LP 民营企业	(2) TFP_OP 民营企业	(3) TFP_LP 国有企业	(4) TFP_OP 国有企业	(5) TFP_LP 小企业	(6) TFP_OP 小企业	(7) TFP_LP 大企业	(8) TFP_OP 大企业
bigdata	0.613*** (2.14)	0.601*** (2.38)	0.314* (1.76)	0.299* (1.78)	0.928*** (4.01)	0.908*** (3.96)	0.118** (2.32)	0.127** (2.28)
cons	-2.364*** (-4.30)	-2.221*** (-4.07)	-1.066* (-1.78)	-0.927 (-1.55)	-2.375*** (-4.03)	-2.244*** (-3.84)	-0.152*** (0.25)	0.294 (0.49)
控制变量	已控制	已控制	已控制	已控制	已控制	已控制	已控制	已控制
行业效应	控制	控制	控制	控制	控制	控制	控制	控制
省份效应	控制	控制	控制	控制	控制	控制	控制	控制
年度效应	控制	控制	控制	控制	控制	控制	控制	控制
N	4981	4981	3295	3295	4675	4675	3601	3601

注：括号内数值为基于稳健标准误计算的t值；***、**和*分别表示1%、5%和10%的显著性水平。

六、结论及政策建议

本文从直接作用效应、中介传导机理与异质效应三个方面分析了大数据发展对制造业企业全要素生产率的作用效果。基于中国 2014~2018 年 A 股制造业企业上市公司数据为研究对象，在构建省际大数据发展指数的基础上，实证检验了大数据发展对企业全要素生产率的影响、作用机制与异质性，得到的主要结论如下：①大数据发展对制造业企业全要素生产率具有显著正向影响，大数据发展有利于提高制造业企业全要素生产率。②资本要素配置的中介效应显著，大数据发展可以通过缓解资本要素的扭曲程度来提升制造业企业全要素生产率，即存在"大数据发展→优化资本要素配置→提高企业全要素生产率"的作用机制。③劳动要素配置的中介效应显著，大数据发展会增加企业员工和行业的收入差距，通过增大劳动要素的优化程度来提升制造业企业全要素生产率，即存在"大数据发展→提升劳动要素配置效率→提升制造业企业全要素生产率"的作用机制。④大数据发展可以通过提高制造业企业创新来提升全要素生产率，存在"大数据发展→促进企业创新→提升全要素生产率"的作用路径。与此同时，制造业企业数据赋能的中介效应也显著，大数据发展可以通过提高制造业企业数据赋能效应来提高制造业企业全要素生产率。⑤异质效应结论表明，大数据发展更有利于提升民营企业的全要素生产率，对小企业全要素生产率的作用效果要大于大企业。

  大数据发展有利于提升资本要素配置和企业创新能力，从而提升企业全要素生产率。根据本文研究结论，提出以下政策建议：①加强数据资源管理与大数据标准体系建设，有序建设大数据的开放与共享平台。随着大数据在经济社会各领域的广泛应用，大数据的爆炸式增长和大数据的有效利用是当前有待解决的现实问题，只有加强数据管理，才能使数据要素得到更深入的应用。在企业层面，应当及时出台数据要素管理的规章制度，使数据要素在生产过程中得到应用，以优化传统要素配置效率，从而提升企业全要素生产率。在政府层面，应当建立大数据标准化体系以及数据要素流通的体制机制，以打破企业之间存在的数据壁垒，通过数据要素规范化传输协议与格式等，将数据要素由互联网企业巨头主导变为各个领域协同参与，以最大化大数据的内在价值。与此同时，在保证政府数据安全的前提下，应该构建政府数据与企业间的共享机制，使大数据更好地服务企业，以释放政府大数据的经济价值。②加快培育大数据技能人才。大数据在企业生产过程中得到更广泛的应用，对大数据技能人才的需求量也越来越大，大数据技能人才不只是掌握编程的数字技术类人才，还包括能够根据实际生产场景挖掘大数据潜在价值的人才。大数据技能人才的培养是一个系统性的工程，政府机构应当倡导建立大数据相关学科，为培养大数据人才奠定基础；学历教育和职业教育机构应该探索跨学院、跨专业与跨学科交叉培养人才的数据专业技能；企业与社会培训机构应当为在职人员提供接受大数据知识和技能培训的机会，从而提高一线生产人员应用大数据的能力。③努力提升劳动者数字技能，构建数字要素收入分配机制。大数据技术发展会对传统就业市场造成冲击效应，数据要素对传统劳动份额的替代效应也会扩大收入差距。为此，从劳动者角度来看，应当紧随时代潮流，根据当前劳动市场对劳动者数据技能的新要求，提升自身的劳动技能以更好地适应社会。与此同时，从企业角度来看，应当为在职员工提供数据技能培训的机会，使企业在数字化转型的过程中员工的工作机会能得到保障。此外，应当进一步构建数据要素参与分配的社会分配格局，可以激励企业进行创新，推动大数据技术和企业生产过程的有机结合，特别针对拥有数据优势的企业与个体，还可以提升居民收入水平，从而规范收入分配秩序。④构建大数据技术企业和其他产业交流的平台，充分发挥数据要素在企业内外部优化资源配置的作用，提升企业创新能力。大数据平台的建设可以利用大数据企业的技术优势消除企业间内外部数据资源流通的障碍，特别需要构建大数据企业和制造业企业交流的平台。基于大数据技术对制造业的生产过程进行有效分析，可以重塑分工和创新模式，从而提升制造业企业的智能化和数字化水平。

参考文献

[1] Brandt L, Biesebroeck J V, Zhang Y. Creative Accounting or Creative Destruction? Firm-level Productivity Growth in Chinese Manufacturing [J]. Journal of Development Economics, 2012, 97 (2): 339-351.

[2] Chen D Q, Preston D S, Swink M. How the Use of Big Data Analytics Affects Value Creation in Supply Chain Management [J]. Journal of Management Information Systems, 2015, 32 (4): 4-39.

[3] Farboodi M, Mihet R, Philippon T, et al. Big Data and Firm Dynamics

[J]. AEA Papers and Proceedings, 2019, 109: 38-42.

[4] Lyytinen K, Yoo Y, Jr. Boland R J. Digital Product Innovation within Four Classes of Innovation Networks [J]. Information Systems Journal, 2016, 26 (1): 47-75.

[5] Müller O, Fay M, Von Brocke J. The Effect of Big Data and Analytics on Firm Performance: An Econometric Analysis Considering Industry Characteristics [J]. Journal of Management Information Systems, 2018, 35 (2): 35, 488-509.

[6] Streel A D, Bourreau M, Graef I. Big Data and Competition Policy: Market Power, Personalised Pricing and Advertising [R]. Social Science Electronic Publishing, 2017.

[7] Wu L, Hitt L, Lou B. Data Analytics, Innovation, and Firm Productivity [J]. Management Science, 2020, 66 (5): 2017-2039.

[8] Zhong R. Transparency and Firm Innovation [J]. Journal of Accounting and Economics, 2018, 66: 67-93.

[9] 艾永芳, 孔涛. 区域大数据发展能促进企业绿色创新吗? [J]. 中南财经政法大学学报, 2021 (6): 117-127.

[10] 蔡跃洲, 马文君. 数据要素对高质量发展影响与数据流动制约 [J]. 数量经济与技术经济研究, 2021 (3): 65-84.

[11] 陈剑, 黄朔, 刘运辉. 从赋能到使能: 数字化环境下的企业运营管理 [J]. 管理世界, 2020 (2): 117-128.

[12] 陈永伟, 胡伟民. 价格扭曲、要素错配和效率损失: 理论和应用 [J]. 经济学 (季刊), 2011, 10 (4): 1401-1422.

[13] 高培勇, 杜创, 刘霞辉, 等. 高质量发展背景下的现代化经济体系建设: 一个逻辑框架 [J]. 经济研究, 2019, 54 (4): 4-17.

[14] 吕承超, 王志阁. 要素资源错配对企业创新的作用机制及实证检验: 基于制造业上市公司的经验分析 [J]. 系统工程理论与实践, 2019, 39 (5): 1137-1153.

[15] 吕明元, 麻林宵. 中国省域大数据与制造业融合测度分析: 基于2013—2018年中国省级面板数据 [J]. 技术经济, 2022 (1): 88-100.

[16] 潘越, 潘健平, 戴亦一. 公司诉讼风险、司法地方保护主义与企业创新 [J]. 经济研究, 2015, 50 (3): 131-145.

[17] 戚聿东, 肖旭. 数字经济时代的企业管理变革 [J]. 管理世界, 2020, 36 (6): 135-152.

[18] 邵宜航, 张朝阳, 刘雅南, 等. 社会分层结构与创新驱动的经济增长 [J]. 经济研究, 2018 (5): 44-57.

[19] 施炳展, 李建桐. 互联网是否促进了分工: 来自中国制造业企业的证据 [J]. 管理世界, 2020, 36 (4): 130-148.

[20] 宋敏, 周鹏, 司海涛. 金融科技与企业全要素生产率: "赋能"和信贷配给的视角 [J]. 中国工业经济, 2021 (4): 138-155.

[21] 孙光林, 艾永芳, 李淼. 资本错配与中国经济增长质量: 基于金融效率与产能利用率双重路径的研究 [J]. 管理学刊, 2021 (5): 57-73.

[22] 唐松, 伍旭川, 祝佳. 数字金融与企业技术创新: 结构特征、机制识别与金融监管下的效应差异 [J]. 管理世界, 2020 (5): 52-66.

[23] 王欣亮, 杜壮壮, 刘飞. 大数据发展、营商环境与区域创新绩效 [J]. 科研管理, 2022 (4): 46-55.

[24] 王玉泽, 罗能生, 刘文彬. 什么样的杠杆率有利于企业创新 [J]. 中国工业经济, 2019 (3): 138-155.

[25] 韦庄禹. 数字经济发展对制造业企业资源配置效率的影响研究 [J]. 数量经济技术经济研究, 2022 (3): 66-85.

[26] 肖静华, 吴瑶, 刘意, 等. 消费者数据化参与的研发创新——企业与消费者协同演化视角的双案例研究 [J]. 管理世界, 2018 (8): 154-192.

[27] 谢康, 夏正豪, 肖静华. 大数据成为现实生产要素的企业实现机制: 产品创新视角 [J]. 中国工业经济, 2020 (5): 42-60.

[28] 许宪春, 任雪, 常子豪. 大数据与绿色发展 [J]. 中国工业经济, 2019 (4): 5-22.

[29] 余东华, 韦丹琳. 互联网应用、技能溢价与制造业全要素生产率 [J]. 财经问题研究, 2021 (10): 40-48.

[30] 张莉. 数据治理与数据安全 [M]. 北京: 人民邮电出版社, 2019.

［31］张叶青，陆瑶，李乐芸．大数据应用对中国企业市场价值的影响：来自中国上市公司年报文本分析的证据［J］．经济研究，2021（12）：42-58.

［32］赵云辉，张哲，冯泰文，等．大数据发展、制度环境与政府治理效率［J］．管理世界，2019（11）：119-131.

数字技术与服务业"成本病"的克服[*]

李晓华[**]

摘要：服务业"成本病"问题在威廉·鲍莫尔提出后受到广泛的关注。之所以服务业是"停滞部门"而制造业是"进步部门",是因为服务业的技术经济特征使其难以用机器替代劳动、技术密集度低、缺乏规模经济,从而劳动生产率的增长速度明显滞后于制造业。近年来,颠覆性数字技术创新的不断涌现、成熟与广泛应用,不仅带动了服务业中的数字经济部门快速发展,而且推动服务业加快数字化、智能化转型,深刻改变服务业的性质,通过结构效应、赋能效应、规模经济三种路径提升服务业劳动生产率,正在改变服务业"停滞部门"的地位。未来服务业的"成本病"是否能够克服,取决于数字技术影响下服务业与国民经济其他行业特别是制造业劳动生产率增速的相对变化。我们需要抓住数字经济快速发展的机会提高服务业的劳动生产率,但更重要的是推动整个经济持续的技术进步和生产率提高。

关键词：数字技术；数字经济；成本病；劳动生产率；规模经济

---

[*] 本文发表于《财经问题研究》2022 年第 11 期。
[**] 李晓华,中国社会科学院工业经济研究所研究员,中国社会科学院大学经济学院教授。

一、导言

针对服务业价格上涨明显快于制造业的现象，Baumol 构建了一个两部门"非均衡增长模型"，一个部门是"进步部门"，劳动生产率以较快的速度增长；另一个部门是"停滞部门"，劳动生产率保持不变。由于劳动力可以在两部门间自由流动，社会工资水平需要同比例增长。"进步部门"的劳动力可以通过生产率的提高实现收入的增长，但是"停滞部门"收入要保持与"进步部门"的同比例增长，就需要产出价格的同步上涨。这种现象被称为"成本病"（Cost Disease）或"鲍莫尔成本病"（Baumol's Cost Disease）。在现代经济中，制造业和服务业是最主要的两个部门，一般认为制造业创新活跃、生产率提高快，是"进步部门"，服务业生产率提高慢，是"停滞部门"。

由于"成本病"问题直接关系到经济增长和社会福利，甫一提出就受到广泛关注，国内外学术界围绕"成本病"问题开展了大量的研究。富克斯（Fuchs，1968）证实了"成本病"的存在，他基于美国 1929~1965 年的数据发现，美国服务业比重上升的主要原因是服务业相对制造业滞后的劳动生产率增速。Baumol 等（1985）在后续的研究中验证了在战后时期，停滞服务部门的总支出份额及其劳动力份额随着相对价格的上升而急剧提高，其价格的增长速度与生产率滞后于进步部门的速度大致一致。许多发达国家的卫生保健和教育服务均存在持续的成本上涨（威廉·鲍莫尔，2012），一些劳动密集型服务的成本以持续的高于平均水平的速度增长，只要生产率持续提高，这样的成本上升就会持续下去（Baumol，2012）。Oulton（2001）进一步发展了鲍莫尔的研究，他发现，资源转向生产率增长缓慢的行业从而总生产放缓的结论，只在停滞行业生产最终产品时才合乎逻辑，如果停滞行业生产中间产品，那么资源向停滞行业的转移可能会带来总生产率增速的上升而不是下降。Dennis 和 İşcan（2009）将结构转变和经济增长中的劳动力再配置分解为三个部分：一部分为需求侧效应，即农产品需求的低收入弹性（恩格尔效应），另两部分为供给侧作用，分别是部门生产率增长率差异（鲍莫尔效应）和资本深化差异。他们利用美国1800~2000年的就业数据发现，直到20世纪50年代，恩格尔效应几乎解释了所有劳动力再分配，此后鲍莫尔效应成为关键决定因素。Baumol（1993）使用20世纪60~80年代数据的研究再次确认，在美国和其他发达国家，教育、医疗、汽车修理、汽车保险等个人服务领域都出现了持续的价格上涨。Nordhaus（2008）使用美国1948~2001年的产业数据发现，技术停滞部门具有不断上升的相对价格与不断下降的相对真实产出。国内学者也对中国是否存在"成本病"问题进行了研究。程大中（2004）利用中国1978~2000年数据研究发现，中国整体服务业劳动生产率增长滞后，这是中国服务业就业份额增长较快的主要原因。宋健和郑江淮（2017）利用中国1984~2014年的省际面板数据发现，中国服务业生产率增长相对滞后，存在"成本病"现象，但地区间存在差异，东部地区"成本病"明显，西部地区"成本病"不显著。宋健和王静（2018）进一步研究发现，中国从1992年开始出现"成本病"，且大城市服务业的"成本病"现象较为严重，资源错配会进一步加剧"成本病"。

受上述研究所处时代的限制，大多数关于"成本病"的研究着眼于工业经济时代和信息经济时代的经济结构转变。进入21世纪特别是近十年来，新一轮科技革命和产业变革突飞猛进，不断涌现新科技、催生新产业，其中数字技术是其中的核心技术群。以移动互联网、大数据、云计算、物联网、人工智能、区块链、3D打印为代表的数字技术是典型的通用目的技术，应用范围广、影响程度深，正在深刻改变国民经济各个产业的创新链、价值链、供应链、服务链和产业生态的方方面面。一些学者已经注意到数字技术可能对服务业"成本病"产生影响。江小涓（2018）指出，由于信息技术特别是互联网服务在服务业的应用，提供服务的新模式、规模经济效应、显著的范围经济、专业化的分工和研发部门效率的提升，使服务业劳动生产率停滞的状况发生了改变。谭洪波（2017）认为，人工智能技术能够使所有行业的劳动生产率出现显著增长，从而彻底颠覆"成本病"存在的基础。原中共中央政治局委员、国务院副总理刘鹤在2021年世界互联网大会乌镇峰会的视频致辞中提出要"克服'鲍莫尔病'"，此后，数字技术与"成本病"的关系进一步受到关注并引发学者们的热烈讨论。江小涓（2021）以文化产业为例，认为数字技术通过突破时间和空间障碍、信息有限的障碍、新创意新作品"面市"的障碍、知晓市场需求的障碍、精准传播的障碍、中小企业的市场进入障碍，带来文化产业链条各环节效率的提升。陈维宣和吴绪亮（2021）提出，产业互联网能够通过结构红利效应、就业替代效应、数字转型效应与创新加速效应四种机制克服"成本病"。

虽然国内外已有一些研究注意到数字技术与服务业"成本病"之间的关系，但是由于数字技术向产业领域的渗透与深度融合是近年来出现的新现象，既有研究还未能系统、准确地揭示数字技术对服务业劳动生产率的影响机制。本文首先从服务业技术经济特征与制造业差异的角度分析服务业"成本病"的成因，然后在此基础上，从结构效应、赋能效应、规模经济三个方面剖析数字技术的发展及其与服务业的深度融合推进服务业劳动生产率提高，从而弱化甚至克服"成本病"的机制，最后对未来数字技术对服务业"成本病"的可能影响进行展望。

二、服务业的特征与"成本病"的成因

制造业是劳动生产率提高快的"进步部门"，服务业是劳动生产率提高慢的"停滞部门"，是由两者不同的技术经济特征决定的。制造业的生产过程的可分性、生产过程的复杂性、机器的广泛使用、生产与使用分离等技术特征，使其可以不断地引入生产工具、持续进行技术创新并具有显著的规模经济；相反，服务业的无形性、短链条、生产与使用不可分离、异质性等特点，使服务业难以引入生产工具替代人工，技术密集度低，缺乏规模经济。

（一）制造业的技术经济特征与生产率变化

制造业是典型的"进步部门"，技术创新活跃、生产率提升速度快，这是与其技术经济特征密切联系在一起的。

制造业的典型技术特征包括：第一，生产过程的可分性。制造业是对自然界的物质进行加工和再加工从而得到人类生产、生活所需要的物质产品的经济活动。即使是最简单的物质产品生产，从最初的原料到最终的产品都需要经历多个物理的、化学的、生物的加工制造过程。亚当·斯密在《国富论》一书中所举

的制针过程,就可以划分为抽丝、拉直、切断、削尖、磨光、装针头、把针刷白、包装等大约18道不同的工序。第二,工业生产的复杂性。许多现代工业产品具有复杂的架构或经历复杂的生产过程。一是产品架构的复杂性,许多工业产品由数量众多的零部件组合而成。一部手机包含数百个零部件,一辆汽车包含上万个零部件,一架飞机的零部件更是高达数百万个。二是生产过程的复杂性,许多工业产品的生产过程涉及非常复杂的生产流程和工序,需要使用复杂的设备和工艺。例如,集成电路的生产过程需要经历氧化扩散、光刻、刻蚀、薄膜沉积、离子注入、清洗与抛光、金属化七大流程近千道工序,用到光刻机、刻蚀机、薄膜沉积设备、氧化/扩散炉、离子注入机、清洗设备与检测设备等一系列非常复杂的生产设备。第三,机器的广泛使用。人区别于动物的根本标志在于人能够制造和使用工具,专门的工具能够完成人手不能完成的复杂工作,而且生产效率更高。在第一次工业革命时期,蒸汽机技术实现突破后,机器的威力充分释放出来,此后,由于在动力输出规模、加工产品的多样性、应用环境的适应性等方面相对于人力具有的明显优势,机器在工业生产领域获得日益广泛的应用,逐步在繁重、危险、肮脏、枯燥的工作中替代了工人的位置。第四,生产与使用分离。工业产品的物理、化学和生物特性相对比较稳定,通常能够保持较长时间的出厂状态;许多工业产品在使用的过程中损耗也很少,从而能在较长的时间内反复使用,这就意味着工业品的生产和使用是可以分离的,即由工厂在一个时间段内生产出工业产品,用户在后续的时间使用该工业产品。由此,工业产品可以经历较长时间的储存、运输和流通。

制造业的这些典型技术特征产生了以下经济后果:第一,技术密集度高。生产制造过程和产品架构的复杂性、可分性,为机器发挥作用提供了空间。如果使用机器比人工更具有经济性,那么人们就会想办法开发用于这一环节或工序的专用机器。工业产品的生产过程可以不断被拉长,不是直接由 A 制造 B,而是先制造工具 C,再利用工具 C 由 A 制造 B 是效率更高的生产方式。随着生产的迂回程度不断提高,越来越多的机器和生产工具被制造出来并应用到工业产品的生产过程中。新生产工具的开发与改进需要进行大量的技术创新,生产面向同一市场需求的产品,还可以采取不同的产品架构、利用不同的零部件和原材料、使用不同的生产工艺流程,这里面也存在着无尽的创新空间。因此,制造业既是当前生产工具、机器设备应用最多、最广的部门,也是创新投入最大、技术密集度最高的部门。美国的数据显示,2018年制造业在商业企业R&D支出中的占比为61.5%。更多生产工具和机器设备的使用或投资于体现技术改进的新设备,使得制造业成为生产率最容易提高的行业,而且生产率的提高随着生产迂回程度的不断加深、技术的不断创新而长期持续(Heilbrun,2011)。第二,规模经济。规模经济是产品的平均生产成本随着产量的增加而下降的现象。工业生产设备的不可分割性、设备和原材料的几何性质以及工人的专业化分工等决定了在一定规模上生产工业产品能够使成本最低,过小的生产规模反而会造成平均成本的增加(多纳德·海、德理克·莫瑞斯,2001)。由于机器结构难以改变,工人更熟悉同一产品的生产,因此规模化生产的工业产品是标准化的。按照这一逻辑,沿着工业生产的链条,不仅最终产品是标准化的,生产产品的机器、产品生产所需要的零部件和原材料也倾向于被标准化。也就是说,工业生产活动是由标准化的机器生产标准化的零部件和原料,然后将之组装、加工成标准化的最终产品,在每个环节都充分发挥了规模经济的作用。标准化在第二次工业革命时期在美国出现,此后泰勒等管理学家将工人的动作进行标准化以适应标准化的生产流程。标准化零部件、流水线、泰勒制的结合极大地提高了生产效率。采用可互换或通用的标准化零部件生产专用型的机械成为美国模式的典型特征(乔纳森·休斯、路易斯·P. 凯恩,2011)。此外,工业产品的生产与使用分离、可储藏、可贸易等特点,使得工业产品可以先在工厂里大规模生产,然后通过运输、交付给在地理空间上分散化的用户使用,这进一步提高了最优经济规模的上限。总体上看,工业的技术经济特征使得工业生产中存在大量增加生产迂回程度、发挥专业化优势和规模经济的空间,企业投资于技术创新,不断引入新的生产工具和设备、改进生产工艺和方法、开发新的产品,为自身带来更多的利润,从而带来制造业活跃的技术创新和劳动生产率的持续提高,使制造业成为最为典型的"进步部门"。

(二)服务业的技术经济特征与生产率变化

服务业具有与制造业大相径庭的技术经济特征,这是传统的服务业成为典型"停滞部门"的根本原因。

服务业的典型的技术特征包括:第一,无形性。服务业生产和向用户提供的不是具有物理形态的产品（或物理形态只是服务的载体），而是能够满足用户特定需求的服务。服务通常是服务提供者一系列动作组合所产生的结果。第二，链条短。相对于工业产品可以转移到其他产品之中，成为新产品的组成部分并将产业链继续向后延续不同，一些服务活动处于社会分工的末端，服务最终的社会需求，生产活动的链条到服务完成和交付终止。即使有一些服务所形成的产品可以作为产业链的中间投入，但服务活动已经内化于这些中间产品中，无法单独分离出来和直接呈现。第三，生产与使用不可分离。服务通常是由服务的生产者面对面甚至一对一地提供给使用者，需要人与人之间表情、语言、肢体的互动。服务的生产和提供与用户的使用或消费是在同一地点、同一时间发生的，服务完成的时候也是用户使用完成的时候。由于生产与使用的不可分离，服务就无法存储，需要在使用时生产和提供。第四，异质性。为每一个用户所提供的每一次服务几乎都不是相同的，这是由服务供需双方的特点决定的。从需求方来看，服务活动直接满足于用户特别是消费者的需求，而消费者的需求在很多情况下由于其生理、心理特征而各不相同。学生的知识基础、认知能力不同，教育就需要因材施教；每个人的身体状况不同，寻医问药也就因人而异。收入水平、成长环境、文化习惯等社会特征也会影响对服务需求的差异。对于一些工业产品，由于使用环境、时长、习惯等各不相同，该产品在使用一段时间后就产生了不同的损耗和工况，虽然工业产品是高度标准化的，但涉及该产品销售以后的维护、维修工作就是差异化的。从供给方来看，由于大多数服务活动主要是由人的大脑、五官、四肢来完成的，人很难做到像机器那样精准，因此所提供的服务活动不可能完全标准化。而正是由于人无法像机器那样精准操作，由人来完成不同的操作不需要增加额外的成本，因此服务提供者的异质性恰恰匹配了服务需求的异质性。

  服务业的这些典型技术特征产生了以下经济后果：第一，技术密集度低。尽管可以引入生产工具提高服务的效率，但是由于服务活动相对简单且在很多情况下处于生产活动的终端环节，分工深化从而迂回生产程度提高的空间比较有限，通过技术创新引入高效生产工具的空间也比较有限。同时，虽然机器能够替代人类从事许多复杂的活动，但是许多在人类看来很简单甚至下意识的动作，机器却很难实现，或者由于机器的开发、制造或使用成本高昂，以致替代人工不具有经济上的可行性。因此，在服务行业，许多服务活动很难被机器取代而需要人工来开展。在一些服务行业，机器、技术在其生产过程中只起到很小的作用，而且这一情况并不会随着时间的推移发生明显的变化。第二，缺乏规模经济。在服务存在异质性的条件下，由于每个用户的服务需求各不相同，用机器生产单一化的服务很难满足用户的服务需求。传统的服务活动需要由专门的人员来提供，服务的质量和数量严重依赖于提供该服务的劳动量的多少。在不降低服务质量的情况下，很难减少提供服务所需要的时间或劳动者的数量；如果在一定时间内服务的用户数量增加，很可能会伴随着服务质量的下降。如果试图加快外科医生、教师、音乐家的工作速度，那么得到的很可能是劣质的手术、培训不足的学生和奇怪的音乐表演（Baumol，2012）。在需要直接接触的个人服务领域，服务的质量和数量对劳动者的依赖更为严重。当服务的需求量扩大时，服务提供人员的数量也要相应增长。正如鲍莫尔和鲍恩所举的经典例子——今天，四位音乐家演奏贝多芬弦乐四重奏所需的时间与1800年相当（Heilbrun，2011）。对于那些天然无法标准化的服务，很难采用具有大规模生产能力的机器替代劳动，也就无法进行大规模生产。同时，服务的不可分离、不可存储等特征，也使得服务不能提前生产，只能在有服务需求时生产和提供。这些因素造成了服务活动缺乏规模经济性，服务企业的生产成本随着服务生产规模的扩大而同步提高。作为单位工作时间的物质产出（Physical Output）的生产率的增长取决于以下原因：人均资本的提高；技术的改善；劳动技能的提高；更好的管理，伴随产出增加的规模经济（Heilbrun，2011）。由于机器采用的程度低、技术进步的速度慢，同时又缺乏规模经济，造成服务业的劳动生产率增速明显滞后于制造业。

三、数字技术克服服务业"成本病"的机制

作为"停滞部门"的服务业，之所以劳动生产率增长缓慢和成本快速提高，很重要的原因是生产过程几乎不存在劳动节约型变革的机遇，人的工作很难被机器替代，而作为"进步部门"的制造业则更容易通过迂回程度的提高和制造流程的自动化实现人力的节约和劳动生产率的提高（Baumol，2012）。如果服务业

的技术经济特征能够发生改变,从而引入更多的劳动节约型机器,"成本病"问题就可能得到缓解甚至克服。数字技术是具有广泛赋能作用的通用目的技术。早期的数字技术在产业领域的应用相对有限,互联网主要是面向消费者领域以及企业的管理活动。近年来,随着大数据、云计算、移动互联网、物联网、人工智能等技术的成熟,数字技术的产业应用领域不断扩展,应用程度不断加深,数字经济与实体经济的技术融合创新与产业融合创新不断深化(左鹏飞、陈静,2012)。数字技术与服务业的深度融合改变了服务业的性质,使服务的迂回程度增加、大量的生产工具得以应用、规模经济得到极大拓展,从而劳动生产率获得明显提高。数字技术对劳动生产率提高的推进从而克服"成本病"主要有结构效应、赋能效应和规模经济三种机制。

(一) 结构效应

服务业虽然被认为是"停滞部门",但并非所有的服务业细分行业都属于"停滞部门"。服务业根据其服务对象可以分为消费性服务业和生产性服务业,根据其出现的时间早晚可以分为传统服务业和现代服务业。服务业内部各细分行业相比制造业具有更强的异质性,一般来说,零售、批发、安全和餐饮服务等细分服务行业的技术进步较为缓慢,而通信、计算机服务、交通运输服务、商务服务等细分服务行业由于可以较多地利用生产工具并持续地改进工具的技术,生产率增长很快,甚至全要素生产率增速超过制造业(埃内斯托·费利等,2011)。这些技术进步更快的部门大多属于生产性服务业和现代服务业,而技术进步缓慢的部门大多属于生活性服务业和传统服务业。在技术取代人类劳动的场合,商业服务的生产和提供呈现生产率的快速提高。这些生产率快速提高的行业包括商业战略和商业运营咨询、统计和风险计算、数据管理和分析、用于动画电影制作的计算机工具等广泛的范围,它们都可以归属于技术进步部门的服务活动(Baumol,2012)。随着现代服务部门的扩张,服务业作为一个整体,其总生产率增速会提高。

数字经济的服务业部门属于技术创新活跃、生产率进步快的部门。国家统计局发布的《数字经济及其核心产业统计分类(2021)》将数字经济核心产业界定为计算机通信和其他电子设备制造业、电信广播电视和卫星传输服务、互联网和相关服务、软件和信息技术服务业,其中后三个产业(以下统称信息传输、软件和信息技术服务业)都属于服务业。信息传输、软件和信息技术服务业是技术密集度最高的产业之一。2019年,信息传输、软件和信息技术服务业的R&D经费内部支出占全国的0.4%(2020年提高到0.7%),制造业占全国的2.0%,但后者的增加值是前者的10.4倍。2020年,我国开展创新活动企业的数量占本行业规上企业比重,制造业是61.5%,信息传输、软件和信息技术服务业为74.9%;开展新产品或工艺创新活动企业数量占本行业规上企业比重,制造业为54.2%,信息传输、软件和信息技术服务业为68.4%,都是各行业最高的。

数字经济的持续发展提高了数字服务业的比重。由于数字经济活动能够提高经济效率、丰富人民生活,因此当技术实现突破后就出现了应用市场的快速扩张,数字产品和数字服务获得广泛和深入的应用。从世界范围看,数字经济都是各国增长最为迅速的国民经济领域,其中又以信息传输、软件和信息技术服务业增长最快。根据中国信息通信研究院的数据,2019年全球数字经济平均名义增速5.4%,高于同期GDP增速3.1个百分点;2020年受影响全球经济出现负增长,但数字技术为疫情下"非接触经济"的发展提供了重要支撑,实现逆势增长。数字服务行业在我国也是增长最快的领域,2015年以来,我国信息传输、软件和信息技术服务业增加值季度同比增速均在10%以上,远远超过GDP的增速。随着数字产业化的快速发展和产业数字化的快速推进,信息传输、软件和信息技术服务业增加值在服务业中所占比重也持续提高。2011~2019年,信息传输、软件和信息技术服务业增加值占我国GDP的比重从2.1%提高到3.4%,占服务业的比重从4.8%提高到6.2%。技术进步快的细分行业比重的提高,显然会在一定程度上带动服务业整体生产率的提高。

(二)赋能效应

数字技术是具有强大赋能能力的通用目的技术,数字技术在国民经济各行业的渗透、融合能够使产业在产品形态、业务流程、产业业态、商业模式、生产方式、生产组织等各个方面发生深刻变革(李晓华,2018),从而提升生产效率、改善经济效益、增强竞争力。数字技术在服务业日益广泛和深入的应用,同样成为服务业生产力提升的重要推动力量。实际上,Baumol对"成本病"原因的解释也隐含着克服"成本病"的药方。他指出，在成本持续上涨的行业，在其生产过程中机器不容易替代人工因素，这使得该行业降低劳动含量非常困难（Baumol，2012）。从这个意义上说，如果服务业中的生产活动能够被机器所替代，那么"成本病"就能得到缓解甚至克服。与典型的价值链一样，服务业价值的创造过程既包括服务生产、交付在内的基本活动，也包括支撑基本活动开展的辅助活动。根据作用于服务活动性质的不同，可以把数字技术对服务业生产率的促进作用分为间接赋能与直接赋能两种模式。

1. 间接赋能

间接赋能是指数字技术不直接改变服务的生产、交付等基础活动所使用的生产工具和技术，而是通过改变辅助性质活动开展使用的生产工具和技术以及相关基础设施，实现完成服务价值创造过程的生产率提高。服务价值链中的辅助活动包括人员到达提供服务的现场，服务提供者和使用者的对接，服务生产和提供企业经营管理相关的财务、人力资源等辅助性质的活动。与服务辅助活动有关的典型技术是交通运输技术。交通运输技术是典型的"压缩空间"技术，从靠双腿行走到依靠畜力、风力的骑行、马车和轮船，到蒸汽驱动的轮船、火车，再到化学能驱动的汽车、飞机和外太空航天器，交通运输技术的进步不断缩短着空间的时间"距离"（彼得·迪肯，2007）。Baumol 也注意到交通运输技术的进步对服务业生产的提升作用。在他著名的莫扎特弦乐四重奏例子中，虽然四重奏的演出只需要半小时，但是表演者到达剧院的路途要花费很多时间。在 1790 年莫扎特的时代，从维也纳基地到德国法兰克福大礼堂的路程需要六天时间，但到 1990 年时时间就缩短到几小时。虽然 1990 年的演出与 1790 年一样需要半小时，但路上的时间却大大缩减了，从而提高了巡回表演活动的劳动生产率——在相同的时间里，表演者能举办更多场次的巡回表演（Baumol，1993）。从这个例子可以看出，如果数字技术能够提高服务生产过程中的辅助活动效率，就能够提高核心服务或完整服务生产交付过程的生产效率。

数字技术可以从多个方面为服务辅助活动赋能：一是"压缩空间"。通信技术与交通技术一样具有压缩空间的功能，而且现代通信技术能够使信息以光速传播。通过采用电话、邮件、即时通信、视频会议等通信技术，一些主要以语音方式开展的服务活动可以不需要人员物理空间位置的移动而远程提供，这就显著缩减了服务提供者在路途上的时间。在教育领域，借助网上课堂老师可以在线远程授课；在医疗领域，医生可以远程问诊，甚至通过手术机器人远程进行手术；在办公领域，人们采取线上方式举办会议、商务谈判等。目前远程交流的效果与面对面交流还存在很大的差距，但随着元宇宙等更新的数字技术的进步，身临其境的线上交流很可能在不久的将来出现。二是节约交易成本。无论是服务的提供企业要发现它的用户，还是用户要找到他需要的服务，都会产生交易成本，包括企业的广告宣传成本，个人搜寻服务信息花费的时间、金钱。数字技术可以通过多种方式使搜寻成本显著降低：搜索引擎能够让用户快速找到潜在的服务及其提供者，智能推荐算法能够根据用户的历史消费习惯向用户精准地推送与其偏好或潜在需求高度匹配的数字内容或广告信息，人工智能技术还能够代替人工客服回答用户售前或售后的咨询。三是作为生产力工具。计算机、软件、云服务在企业办公、财务、销售等领域的应用，可以提高这些辅助活动的生产效率，在业务规模不变的情况下减少员工的数量，或者在员工数量保持不变的情况下提高服务质量、扩大业务规模。

2. 直接赋能

直接赋能是指数字技术直接应用于服务价值链的基本活动，实现完整服务价值创造过程的生产率提高。由于数字技术相关硬件制造和服务业属于资本密集型和知识密集型行业，其产出的设备、服务在其他服务行业的使用会提高这些行业的资本密集度和知识密集度，使传统的劳动密集型服务业向资本密集型、知识密集型和数据密集型服务业转变。数字技术对服务业的直接赋能体现为机器增强劳动、机器替代劳动、服务的产品化与数据创造价值四种机制。

（1）机器增强劳动。随着移动互联网、物联网、云计算中心以及 IaaS、SaaS 和 PaaS 基础设施的普及，以及大数据、人工智能、区块链等技术的进一步成熟和完善，数字技术以及相关智能机器在服务行业获得越来越广泛和深入的服务。原来许多由人直接生产和提供的服务，在生产中引入越来越多的机器，服务业的生产迂回程度也在不断提高、分工不断深化，而分工的深化进一步创造了技术创新、资本深化的空间。在"成本病"严重的医疗领域，人工智能系统看"片子"并给出病情判断只需要几秒钟，可以为医生提供诊断建议，未来还可能替代经验丰富的医生。

（2）机器替代劳动。在制造业领域，机器已经取代了工人所从事的大多数危险、繁重的工作，越来越多的重复性的枯燥工作也正在逐步被机器所取代。与人工相比，机器虽然前期投入大，但是后期使用成本低、可连续工作且生产的精度、稳定性更高。机器是否能够取代劳动，取决于该机器是否能够完成人所从事的工作以及机器是否具有更低的综合使用成本。随着技术水平的提升和成本的下降（以及我国国内工资水平的上涨），数字技术开始越来越多地替代服务业岗位的人类工作。这类服务活动主要包括三类：第一类是可以由消费者借助数字技术自助完成的服务，如超市收银、餐馆点餐被移动支付、扫码或智能终端自助点餐所取代。通过自助服务能够显著节省劳动投入，直接减少员工数量或把节省的员工配置到更具有效率的岗位，从而提高服务企业的人均产出。第二类是具有重复性特征，相对容易被标准化，或者通过机器学习等技术能够总结出规律并把它转变为算法、软件从而能够达到甚至超过人类水平的工作，如保安、客服、翻译、导游、股票交易领域的相当比例的工作已经被智能监控和安保机器人、AI客服、机器翻译、语音导览、智能投顾等各类数字技术和产品所取代。第三类是超越人类能力的工作。在现代电影行业，许多内容并不完全甚至不主要来源于演员的表演、现实或人工搭建的场景，而是使用数字技术进行了大量的后期制作，包括场景、特效等。大数据、人工智能等数字技术不仅能把人类已有的知识汇集到一起，而且利用无限的大数据，还能够发现仅凭借人类自身能力所不能发现的知识，因此其不仅能够超越普通人的能力，甚至能够超越人类的能力边界。可以预见，随着技术的进一步发展和成熟，数字技术在服务业的应用将更加广泛，更多的工作岗位将被机器所替代，推动服务行业的劳动生产率快速提高。

（3）服务的产品化。服务从不可储存、即时消费的经济活动转变为以知识产权、软件著作权以及软件、嵌入式软件、在线应用等形态存在的可储存、生产与消费分离的产品，这些产品化的服务越来越广泛地应用于企业的产品（包括服务）生产过程。随着各行业数字化转型的推进，服务在产出价值中所占比重持续提高，在生产设备的价值中，工程、科学和计算服务占总成本的相当大份额，生产线上原本由工人操作的工序改由高度自动化、智能化的设备完成（埃内斯托·费利等，2011）。数字技术在服务业的应用经常会使生产率相继出现两次提高：第一次提高是在服务业本身被生产的时候，第二次提高是服务随后被制造企业用于生产的时候。

（4）数据创造价值。数字技术发展的早期也会产生一些数据，但数据规模有限，数据的收集、储存、传输、利用的成本高，更重要的是利用数据的技术很不成熟，因此数据在经济活动中发挥的作用比较有限。随着数字技术的发展特别是人工智能算法的突破、芯片和数据中心处理能力的增强、互联网应用产生的数据量的爆发，数据变得像工业经济时代的石油一样重要。党的十九届四中全会指出："健全劳动、资本、土地、知识、技术、管理、数据等生产要素由市场评价贡献、按贡献决定报酬的机制。"对数据的获取可以推动物质产品的改进，包括个性化和算法的优化，进而带来生产率的提高和更好的客户服务（Jarsulic, 2019）。在服务行业，数据同样是经济价值创造和劳动生产率提升的重要来源。对数据的挖掘和利用，可以缩短服务生产时间，减少服务生产所需物料、劳动等各种要素的投入，提高服务的质量，增加服务的收入和利润。在出租车行业，通过提高出租车司机和乘客供需对接的效率，可以减少出租车空驶的时间和乘客等待时间；在外卖行业，通过人工智能优化接单和送单路线，可以缩短每一单的时间，增加外卖小哥单位时间完成的订单量。

（三）规模经济

制造业生产率的持续快速提高一方面是由于创新和机器的广泛应用，另一方面则是使用机器带来的规模经济。服务业生产率的显著提高也需要规模经济能够发挥作用，而数字技术与服务业的深度融合从供给侧与需求侧两个方面为服务业带来了规模经济。

1. 供给侧规模经济

江小涓（2013）把服务业划分为可标准化的服务业和不可标准化的服务业，其中可标准化的服务业强调结果或过程的同质化。在数字技术的推动下，服务业所展现出来的规模经济的底层逻辑是服务活动的标准化。可以根据规模经济所处的服务价值链中的不同环节分为与服务的数码化对应的终端服务的规模经济、与流程的自动化对应的过程的规模经济以及与数据要素利用对应的数据的规模经济。

（1）终端服务的规模经济。与数字技术深度融合的服务活动不一定以即时使用和消耗的形式呈现，而是呈现数码化趋势。联合国《2008年国民账户体系》所指的生产活动包括知识载体产品，即"那些以消费单位能重复获取知识的方式而提供、存储、交流和发布的信息、咨询和娱乐"，对应于一般或专业信息、新闻、咨询报告、电脑程序、电影、音乐等产业。在数字经济条件下，这些知识载体产品可以很容易地以二进制的形式加以存储，或者以光盘等存储介质为载体，或者直接存储在云端的存储设施之中，我们将服务以二进制形态存在的现象称为服务数码化。服务数码化的过程就是将原来不可标准化的服务进行标准化的过程。从用户的角度来看，这些数码化的服务具有一体适用的结构（One-size-fits-all Structure），某一特定的服务可以满足各种不同用户的需要，从而推动服务额外一个用户的边际成本趋近于零（Bowen, 2013），即开发和生产第一件的成本高昂，但是复制额外一个拷贝件的成本趋近于零。这就意味着随着这类服务的产销量的增长，生产该产品的平均成本持续下降，即存在规模经济。而且数码化的服务具有像工业产品一样"可储存""可贸易"等新特点，由于网络空间的全球连通性，很容易实现在全球市场销售，极大地扩展了市场空间。零边际成本的特点还会带来数码化的服务，一旦成为畅销品，收入和利润会出现暴增（江小涓、罗立彬，2019），生产该服务的企业的生产率也会随之显著提高。例如，得到App上最高订阅量课程的学习人数达到了近500万人，最高订阅收费课程的学习人数达到56.7万人，按照该课程249元的价格，该课程主讲教师的收入达到1.4亿元。李建华和孙蚌珠（2012）对更广泛意义上的标准化服务的研究发现，这类可标准化的服务业的发展可以克服"成本病"。

（2）过程的规模经济。人的生物特征、企业的组织特征以及产品使用后的物理特征等方面的差异使服务需求天然具有异质性，服务的用户在许多情境下需要的是个性化的服务，标准化的服务无法很好地满足用户的需求。在没有数字技术支撑的情况下，要满足这些个性化需求，只能依赖人员投入的增加，这是服务业"成本病"的重要根源。在漫长的经济发展过程中、在激烈的市场竞争中，企业对于如何向不同行业、不同产品、不同场景的用户提供服务积累了丰富的经验，这些经验有些成为科学发现，有些成为企业的规章制度、操作规程，有些成为服务提供者默会的知识。使用数字技术替代人工提供服务的过程，实际上就是服务企业价值创造过程中各部门、各环节所积累的各种知识模型化、代码化、工具化的过程，这一现象被称为"软件定义"。软件不仅存在于物化的产品中，也存在于生产设备、云端的算力之中。软件具有强大的自适应性，根据外部输入的变化，利用本地或云端算力自动地对输入数据进行分析计算，输出个性化的结果。这些输出结果可以通过个性化的建议或者转变为更进一步的操作、产品直接或间接服务于用户。人工智能系统还可以基于海量数据自主学习，将基于海量数据的机器学习所获得的新知识进一步加入这些软件中，或通过学习对代码做出自主优化，进一步强化软件的功能。通过软件定义，服务企业可以根据用户提供的服务需求或其他数据自动做出决策，为用户提供高度个性化的服务（曾鸣，2018）。虽然服务企业向用户提供的服务是差异化甚至高度个性化的，但是用户不直接接触的软件、系统以及与之相联系的业务流程却是相对固定的。服务企业通过一次性的软件定义适应了多样化的应用场景和服务需求，随着服务的用户规模的扩大，软件定义的平均成本不断下降，从而在服务的生产过程实现了规模经济（李晓华，2021）。许多服务活动的算法、算力和数据是利用的云端基础设施，这些数字基础设施能够支持不同的企业和不同的应用。因此当利用云端基础设施的规模扩大时，范围经济会在数字基础设施层面发挥作用，带来其生产成本的下降，这反过来又会进一步促进服务企业利用成本更低的运算基础设施。

（3）数据的规模经济。数据作为生产要素创造价值需要对数据进行挖掘、分析，从中揭示事物的运作规律或事物间的关联。目前利用数据最主要的方法是人工智能，而主流的人工智能建立在机器学习和海量数据的基础之上。数据的规模越大、质量越好，机器学习算法通过训练得到优化的程度越高，拥有更大规模数据的公司就能够在竞争中处于有利地位，获得更多收入；相反，如果公司无法获得相当的数据，那么它取代竞争对手的地位就会极其困难。这就是数据的规模经济，即用于机器学习的数据具有持续增长的规模回报（Jarsulic，2019）。通过建立与消费者、产品、设备、应用场景等实时的网络连接，数字化的服务企业能够掌握海量的实时数据，通过对这些数据的深度挖掘和分析，能够为企业创造更多价值。范围经济在数据创造价值中同样存在。一方面，多种来源的数据通过交叉对比才能够发现更多的规律，同时这些数据可以应用于不同的场景、提供不同的服务；另一方面，在机器学习中形成的算法以及由此培养的大数据、人工智能科学家队伍，可以将在一种场景下服务提供的能力扩展到其他场景下的不同服务。

2. 需求侧规模经济

Baumol（1993）注意到供给侧的技术进步会对服务业劳动生产率产生积极作用，没有一种个人服务业的生产率不在一定程度上受到技术进步的影响，但是他没有注意到需求侧对生产率的作用。Bowen（2013）指出，生产率比率（Productivity Ratio）既有分子也有分母，既可以通过"产出的增加"（提高分子）也可以通过投入的节约（降低分母）提高生产率。Cowen和Grier（1996）注意到产出的扩大对效率的影响，在分析录音和广播技术对音乐演奏的影响时指出，尽管音乐演奏的数量没有上升，但是用消费单位衡量的绩效产出的数量却急剧上升。数字技术的独特性使得它能够从需求侧发力，通过扩大服务提供者的销售收入以提高劳动生产率。与物质产品在使用时的独占性不同，数据或数字化产品（服务）具有非竞争性、非排他性的类似公共产品的特征。当一个人使用某一数字化服务时，他不能消灭该服务，也不能阻止其他人同时使用该服务，这就使数字化的服务可以同时被不同的人所使用。例如，受演出场地的限制，线下演唱会的观众数量几万人就已经很多了，但是线上演唱会的观看人数则可以达到几百万、上千万甚至更多。2021年12月18日西城男孩乐队在腾讯视频号上为中国歌迷举办的线上直播演唱会有2800万人观看；2022年4月15日崔健的线上演唱会的观看人数达到4600万。

正如规模经济是单位成本随着产出数量的增加而下降一样，在数字化服务的场景中，数字化服务的单位提供成本随着使用该服务的用户数量的增加而下降，可以称之为需求侧规模经济。或者反过来说，数字服务的生产成本可能很高，但是由于该服务可以在边际成本趋近于零的条件下同时提供给数量众多的用户，从而大幅度增加了服务提供者的收入。与服务数码化带来供给侧规模经济不同，需求侧规模经济是指一个数字化服务可以在同一时间被数量众多的人使用，从而降低了每个用户使用该服务的平均成本，而前者是指同一服务经过多次复制、传递后由不同的用户在不同的时间所使用。例如，音乐会的现场直播属于需求侧规模经济，该音乐会制成影碟销售或后续在网站点播属于供给侧规模经济。演出、健身、教育等可以一对多参与的服务活动均具有需求侧规模经济的特征。由于需求侧规模经济的存在，随着数字服务用户数量的增加，企业收入也随之增加，该服务提供企业的劳动生产率相应地提高。

互联网打破了信息传递的空间距离，真正实现了"天涯共此时"，使得一项联网的数字化服务可以为地球各个角落的用户使用。产品销量一般存在"长尾"分布的特点，以销量为纵轴，以不同产品为横轴做一条曲线，少数商品的销量大构成曲线的头部，大多数商品的销量小构成曲线的尾部。通过互联网与全球潜在用户连接，畅销数字化服务的用户规模可以近乎无限地拓展，进一步放大了需求侧的规模经济，提高了服务提供企业的生产效率。在传统的线下市场，由于企业销售空间、人员的有限性以及库存成本的约束，企业为了实现盈利，通常会选择销售最畅销的产品。那些大量的非畅销产品，即使存在潜在需求，也很难被销售出去。在互联网空间，数字化产品（服务）储存、展示的成本趋近于零，所以即使是那些非畅销产品也有机会被展示出来，它的潜在用户可以通过搜索引擎发现他感兴趣的利基产品。在一个区域市场上，利基产品的潜在用户数量有限从而销量非常有限，但是全球范围内潜在用户总量很可能达到非常可观的规模，利基型的数字化服务因此可以扩大收入、提高生产率、实现盈利。

四、结论与展望

（一）研究结论

本文的研究表明，服务业"成本病"存在的根本原因在于其与制造业大相径庭的技术经济特征。服务业的无形性、短链条、生产与使用不可分离、异质性等特点，造成服务业难以用机器替代人工，技术密集度低，也缺乏规模经济，从而劳动生产率的增长速度明显滞后于制造业。当前，新一轮科技革命和产业变革深入推进，作为其核心技术群的数字技术加速发展，向国民经济各行业领域快速扩散并与其深度融合，正在深刻改变着服务业的性质，通过结构效应、赋能效应、规模经济三种路径促进服务业劳动生产率的提高，改变服务业"停滞部门"的地位。一是服务业中的电信广播电视和卫星传输服务、互联网和相关服务、软件和信息技术服务业具有技术密集度高、创新活跃的特点,以互联网为代表的数字经济的高速增长显著提高了上述数字服务业在国民经济中的比重,从而带动了服务业整体生产率的提高。二是数字技术作为具有强大赋能作用的通用目的技术,通过间接赋能与直接赋能两种机制推动服务业生产率的提高。间接赋能是不改变服务业核心活动本身,而是通过"压缩空间"、节约交易成本、提供生产力工具等机制推动辅助性服务活动生产率提高,间接提高完整服务活动的生产率;直接赋能是直接作用于服务价值链的基本活动,通过机器增强劳动、机器替代劳动、服务的产品化与数据创造价值四种机制提升完整服务活动的生产率。三是数字技术与服务业的融合在供给侧与需求侧均产生了显著的规模经济。供给侧规模经济包括与服务的数码化对应的终端服务的规模经济、与流程的自动化对应的过程的规模经济以及与数据要素利用对应的数据的规模经济,使服务企业可以大规模地生产和提供服务,从而提高了劳动生产率。需求侧规模经济是利用互联网的实时与无限连接特征,使数字化的服务在生产的同时可以被不同的人所使用。需求侧规模经济的存在使服务的生产数量不变,但是却扩大了服务生产企业的收入,同样也提高了服务业的劳动生产率。

(二) 趋势展望

一个行业是否存在"成本病",不是取决于该行业的绝对技术进步速度或劳动生产率提高速度,而是取决于它相对于整个国民经济的劳动生产率增速。服务业被看作"停滞部门",是因为它的劳动生产率增速长期低于经济平均水平,相反,作为"进步部门"的制造业的劳动生产率增速高于经济平均水平。当前,数字技术与服务业的深度融合显著提高了服务业的劳动生产率,但这种趋势未必能够一致持续下去。Cowen 和 Grier (1996) 在分析表演艺术产业时就注意到了这个问题。在录音和广播技术的推动下,1860 年还属于劳动密集型的音乐制作业到 1930 年就已经转变为资本密集型;但是由于后续录制成本随着技术进步的下降,人力成本再次在行业成本中占据很高的比例,该行业重新陷入了最初的"成本病"困境。

数字技术是否能持续克服"成本病",取决于数字技术与服务业融合带来的技术进步和劳动生产率变化走向及其相对经济总体特别是制造业部门的变化。从服务业的角度来看，由于前期服务业的技术长期停滞，当数字技术成熟到可以广泛应用于服务业后，带来了服务业生产力的"爆发"，这相当于一个"补课"的过程。随着那些重复性的、相对容易的服务工作被人工智能、自动化机器所替代，剩下的工作被机器替代的难度加大，劳动生产率进步的速度可能会趋于下降。服务业产业链条远比制造业短，产出的个性化程度比制造业高，消费者对个人消费的标准化需求弱，因此在服务业，自动化并不能完全替代人力，服务业中用机器替代劳动的空间要少得多，劳动节约型生产的扩展效率远低于经济的平均发展水平（威廉·鲍莫尔，2013）。随着技术的进步和原有市场流量红利的减少，数字经济中的互联网服务正在从消费互联网转向产业互联网。与消费互联网一体适用的结构特征不同，由于实体经济在产业间、企业间的生产设备、工艺流程、用户需求、应用场景等方面存在显著差异，消费互联网企业一个App"打天下"的局面不复存在，数字企业需要根据企业用户需求有针对性地开发和提供数字服务，需求侧规模经济和供给侧规模经济的作用难以持续。从制造业的角度来看，一方面，制造业对技术创新和研发设计的依赖性不断增强，而研发需要使用脑力劳动与研发设备两种类型的投入，包括计算机、科学仪器在内的研发工具占研发总成本的比重正迅速下降，而人类思维活动的效率却不会比前人有明显的提高，因而造成研发活动中的劳动成本持续、稳定增长，制造业正变成另一种意义上的劳动密集型部门，这是阻碍制造业生产率提高的重要因素（Baumol，2012）；另一方面，定制化、服务化正成为制造业转型的方向，制造业企业由提供大规模生产的产品转向小批量定制甚至个性化定制，以及由提供产品转向提供产品与服务的组合。尽管数字技术也可以推动服务型制造形成类似产品的特点、发挥规模经济，但与大规模生产相比，服务的个性化程度更高。因此，制造业的定制化、服务化会拉低制造业生产率的增速。可见，数字技术的发展及其与国民经济各行业的融合，同时兼具提高和拉低各行业生产率增速的作用，是否能够缓解或克服服务业"成本病"需要根据当时的情况进行具体分析。

Baumol（2012）在《成本病》（*The Cost Disease*）一书的总结部分引用经济学家琼·罗宾逊的观点："如果各个领域的生产率都在提高，即使某些行业的生产率增速比其他行业低，那么根据定义，相同或更少的劳动时间将比以前生产更多的商品和服务。"相反，如果创新停滞、生产率增长停滞，虽然来源于不同经济部门生产率增长差异的"成本病"会消失，但会由此导致更加严重的贫困。由于国民经济各个行业的技术经济特征不同，必然有些行业的技术进步和劳动生产率提高得快一些，有些行业的技术进步和劳动生产率提高得慢一些，这些不同行业的劳动生产率增速在不同时间段也会因为技术的演进而改变。因此，服务业"成本病"与其说是一个问题，不如说是一种经济现象，更重要的是我们要实现整个经济持续的技术进步和生产率的提高。只要生产率在提高，我们就能够获得越来越丰富的产品和服务。就当前来说，数字技术正在加速扩散以及与国民经济各行业深度融合，由此产生了服务业技术加速进步和劳动生产率加速提高的可能。我们应该创造条件，通过完善数字基础设施、推进数字技术创新、支持服务企业数字化转型、培育服务业数字化应用场景等举措加快推进这一个进程。

参考文献

［1］Baumol W J, Blackman S A B, Wolff E N. Unbalanced Growth Revisited: Asymptotic Stagnancy and New Evidence［J］. The American Economic Review, 1985, 75（4）: 806-817.

［2］Baumol W J. Health Care, Education and the Cost Disease: A Looming Crisis for Public Choice［J］. Public Choice, 1993（77）: 17-28.

［3］Baumol W J. Macroeconomics of Unbalanced Growth: The Anatomy of Urban Crisis［J］. The American Economic Review, 1967, 57（3）: 415-426.

［4］Baumol W J. The Cost Disease: Why Computers Get Cheaper and Health Care Doesn't［M］. New Haven & London: Yale University Press, 2012.

［5］Bowen W G. Higher Education in the Digital Age［M］. Princeton and Oxford: Princeton University Press, 2013.

［6］Cowen T, Grier R. Do Artists Suffer from a Cost-disease?［J］. Rationality and Society, 1996, 8（1）: 5-24.

［7］Dennis B N, İşcan T B. Engel Versus Baumol: Accounting for Structural Change Using Two Centuries of U. S. Data［J］. Explorations in Economic History, 2009, 46（2）: 186-202.

［8］Fuchs R V. The Service Economy［M］. New York: Columbia University

Press,1968.

[9] Heilbrun J. Baumol's Cost Disease [C] //Towse R. A Handbook of Cultural Economics (second edition). Edward Elgar, 2011.

[10] Jarsulic M. Antitrust Enforcement for the 21st Century [J]. The Antitrust Bulletin, 2019, 64 (4): 514-530.

[11] Nordhaus W D. Baumol's Diseases: A Macroeconomic Perspective [J]. The B. E. Journal of Macroeconomics, 2008, 8 (1): 1-39.

[12] Oulton N. Must the Growth Rate Decline? Baumol's Unbalanced Growth Revisited [J]. Oxford Economic Papers, 2001, 53 (4): 605-627.

[13] [美] 乔纳森·休斯, 路易斯·P. 凯恩. 美国经济史 (第7版) [M]. 邸晓燕, 邢璐等译. 北京: 北京大学出版社, 2011.

[14] [美] 威廉·鲍莫尔. 服务业之谜: 激增的成本, 持续的需求 [M] // [荷] 腾·拉加, [德] 罗纳德·谢科特. 服务业的增长: 成本激增与持久需求之间的悖论. 李勇坚译. 上海: 格致出版社, 上海人民出版社, 2012.

[15] [美] 威廉·鲍莫尔. 客观看待"鲍莫尔成本病" [N]. 人民日报, 2013-06-19 (003).

[16] [意] 埃内斯托·费利, 福里奥·C. 罗萨蒂, 乔瓦尼·特里亚. 服务业: 生产率与增长 [M]. 李蕊译. 上海: 格致出版社, 上海人民出版社, 2011.

[17] [英] 彼得·迪肯. 全球性转变: 重塑21世纪的全球经济地图 [M]. 刘卫东等译. 北京: 商务印书馆, 2007.

[18] [英] 多纳德·海, 德理克·莫瑞斯. 产业经济学与组织 [M]. 钟鸿钧译. 北京: 经济科学出版社, 2001.

[19] [英] 亚当·斯密. 国富论 [M]. 胡长明译. 北京: 人民日报出版社, 2009.

[20] 陈维宣, 吴绪亮. 产业互联网是治疗"鲍莫尔病"的"中成药" [EB/OL]. [2021-10-14]. https://baijiahao.baidu.com/s?id=1713552710599324518&wfr=spider&for=pc.

[21] 程大中. 中国服务业增长的特点、原因及影响: 鲍莫尔—富克斯假说及其经验研究 [J]. 中国社会科学, 2004 (2): 18-32.

[22] 江小涓, 罗立彬. 网络时代的服务全球化: 新引擎、加速度和大国竞争力 [J]. 中国社会科学, 2019 (2): 68-91.

[23] 江小涓. 网络时代的服务型经济: 中国迈进新发展阶段 [M]. 北京: 中国社会科学出版社, 2018.

[24] 江小涓. 用数字技术克服"鲍莫尔病" [N]. 北京日报, 2021-10-25 (009).

[25] 江小涓. 服务业增长: 真实含义、多重影响和发展趋势 [J]. 经济研究, 2011 (4): 4-14.

[26] 李建华, 孙蚌珠. 服务业的结构和"成本病"的克服: Baumol 模型的扩展和实证 [J]. 财经研究, 2012 (11): 27-37.

[27] 李晓华. "新经济"与产业的颠覆性变革 [J]. 财经问题研究, 2018 (3): 3-13.

[28] 李晓华. 数字技术推动下的服务型制造创新发展 [J]. 改革, 2021 (10): 72-83.

[29] 刘鹤出席 2021 年世界互联网大会乌镇峰会 [EB/OL]. [2021-09-26]. http://www.gov.cn/guowuyuan/2021-09-26/content_5639418.htm.

[30] 宋健, 王静. "扭曲之手"会加重"成本病"吗: 基于经济增长分解框架下的测算与分析 [J]. 财贸经济, 2018 (2): 136-152.

[31] 宋健, 郑江淮. 产业结构、经济增长与服务业成本病: 来自中国的经验证据 [J]. 产业经济研究, 2017 (2): 1-13.

[32] 谭洪波. 人工智能能够根治鲍莫尔病吗? [N]. 光明日报, 2017-12-19 (14).

[33] 曾鸣. 智能商业 [M]. 北京: 中信出版社, 2018.

[34] 中国信息通信研究院. 全球数字经济新图景 (2020 年): 大变局下的可持续发展新动能 [EB/OL]. [2020-10-14]. http://www.caict.ac.cn/kxyj/qwfb/bps/202010/t20201014_359826.htm.

[35] 左鹏飞, 陈静. 高质量发展视角下的数字经济与经济增长 [J]. 财经问题研究, 2021 (9): 19-27.

数字赋能大中小企业融通发展的理论与现实研究*

李先军**

摘要：作为世界经济发展的新动能和新一轮科技革命的重要引擎，数字经济已成为驱动经济系统效率提升和结构优化的重要力量，并为大中小企业融通发展注入了新的动力。数字经济不仅通过基础设施的要素供给和工具支撑驱动大中小企业信息联通，还通过数字场景营造的机会创造以及促进合作的生态构建来驱动大中小企业的有效融通，形成数字赋能大中小企业的平台融通、链主牵引下的产业链融通以及以创新创业为特征的生态融通等典型融通模式。针对大中小企业融通意愿不强、动力不足、模式不清晰等现实问题，需要畅通数据联通渠道、发挥大企业的牵引作用、提高中小企业主动融通的意愿，构建保障大中小企业有效融通的长效机制。建议进一步强化数字基础设施和数字融通平台建设，优先关注重点产业的融通发展，支持数字融通载体建设，加快中小企业服务体系的数字化转型，强化对数字平台的监管。

关键词：融通发展；数字经济；平台；场景；竞争

党的二十大报告提出，加快建设现代化经济体系，着力提高全要素生产率，着力提升产业链供应链韧性和安全水平，并明确加快建设世界一流企业，支持中

---

* 本文发表于《当代财经》2023年第4期。
** 李先军，中国社会科学院工业经济研究所副研究员。

小微企业发展。以建设世界一流企业为主要目标方向的大企业同广泛散布的中小企业融通发展,是填补我国产业链供应链重要节点"空白",提高我国产业链供应链网络安全性和韧性的重要抓手,有助于推动产业的升级和产业现代化,提升大企业竞争力、中小企业创新能力和专业化水平,协同推进产业高质量发展,完善现代产业体系。现实中,尽管中小企业是经济系统中占据绝对数量优势的市场主体,但中小企业与大企业的融通、协同发展却未得到应有的重视,大中小企业缺乏融通发展的意愿,缺乏有效的机制和模式来牵引大中小企业有效融通。在百年未有之大变局下,我国产业链供应链面临严峻的外部挑战,中小企业以其灵活性、创新性、海量规模等方面的优势,可以成为与大企业协同、提升产业链供应链韧性、保障产业安全的重要载体。

数字经济时代的到来,不仅为大中小企业融通发展创造了新的工具(如数字基础设施建设、工业互联网平台建设),也为大中小企业融通发展创造了新的应用场景(如平台、商业生态、商业模式等),更是形成"小企业铺天盖地,大企业顶天立地"生态的重要驱动力量。本文在阐释大中小企业融通发展内涵的基础上,从理论上探究数字经济促进大中小企业融通发展的内在机制,提出几种典型的模式和可能实现的路径;从现实中分析我国大中小企业融通发展的相关政策及其演进,针对其中存在的现实困难提出相关建议,以为数字经济时代我国大中小企业健康发展、进一步提升产业现代化水平、推动区域经济协同发展和实现国家创新驱动发展战略提供理论上的参照。

一、大中小企业融通发展的内涵

融通的本义是"使融洽、互相沟通",指的是两个或两个以上主体的沟通和协作行为,近年来被广泛应用于经济学和管理学领域,衍生出政企融通、大中小企业融通、融通创新、资金融通等一系列概念。其中以大中小企业融通最为典型,它刻画了大企业和中小企业沟通、协作和共同发展的行为和状态,体现了大中小企业之间的网络和生态关系。已有研究认为,大中小企业融通主要指那些存在供需关系、配套协作的企业之间围绕资本、技术、产品、信息等要素通过一定的组织关系形成的高效互动、互通、融合的发展状态（陈航、刘琳，2018），具体的融通方式包括技术创新协同、管理创新协同、产业链发展协同等（潘望、程惠芳，2019）。2022 年，工业和信息化部等 11 部门联合发布《关于开展"携手行动"促进大中小企业融通创新（2022—2025 年）的通知》，将大中小企业的融通模式总结为创新链、产业链、供应链、数据链、资金链、服务链、人才链七种模式。

现实中，在大中小企业竞争和合作过程中就表现出不同程度的融通行为和状态，这也是市场生态得以形成的基本前提。广义上的大中小企业融通发展，指的是摒弃对企业规模的偏见以及过度竞争的误区，大企业和中小企业之间通过资源要素、产品服务、技术创新、战略部署等方面的有效协同，形成大中小企业共生、共荣、共赢的企业生态。狭义上的大中小企业融通发展，则指的是大企业和中小企业在业务领域的合作，其核心在于平衡大企业和中小企业议价能力和竞争地位的差异，形成两者之间相对平等的合作关系。

从范围和空间来看，大中小企业融通发展表现出从围绕某一产业链、在特定区域上的融通朝着跨行业、跨区域的融通演变。工业时代下大中小企业融通的核心是产业链上的业务融通，与之相伴随的是资源、信息、创新、服务等方面的相互匹配和共享，产业集群是大中小企业融通的最常见载体。进入数字时代后，大中小企业融通涌现出新的模式、表现出新的特征，如运行在网络空间上的平台是承载海量中小企业并与之融合发展的重要载体，数据成为支撑大中小企业融通的关键纽带，跨区域、跨行业和跨平台的融通已成常态。

在具体融通模式上，大中小企业融通发展表现出多要素、多主体交互形成的网络性、复杂性特征，单一的要素或者链状特征难以反映其融通发展的现实。聚集在特定地理或者网络空间上的集群型融通和平台型融通，以龙头企业牵引带动的产业链融通，以及以创新创业生态构建的融通网络是大中小企业融通的基本模式，其中夹杂着多主体、多要素、多产业、多技术的交织和互动，形成现实中复杂的大中小企业融通模式。

二、数字赋能大中小企业融通发展的内在机制

数字经济是继农业经济、工业经济之后的主导经济形态，其已成为世界经济发展的新动能和新一轮科技革命的重要引擎。数字经济的发展不仅表现出以数字技术为核心的新产业、新模式和新业态的出现，更重要的是数字技术融入经济系统的方方面面，成为驱动经济系统效率提升和结构优化的重要力量。数字经济通过基础设施的要素供给和工具支撑、数字场景营造的机会创造以及促进合作的生态构建等机制来驱动大中小企业有效融通。

（一）数字基础设施驱动大中小企业融通发展的要素供给和工具支撑机制

数字经济的发展极大地丰富了基础设施的概念和范围，不仅新的数据感知、传输、存储、加工等需要的大量的传感器、通信设备、网络、数据中心等成为新的数字原生基础设施，而且数据赋能传统基础设施数字化变革也带动了基础设施的升级，数字原生基础设施和升级后的基础设施共同构成了数字经济时代的基础设施内容。对于高度依赖物理基础设施的中小企业来说，数字基础设施不仅是驱动中小企业数字化转型的基础，也为大中小企业融通发展提供了有力的工具支撑。一是数字基础设施为中小企业创业和发展提供了底层要素支撑。数字基础设施是数字经济时代经济增长的基础支撑力量，（移动）互联网、物联网、大数据、云计算、人工智能、AR/VR 等渗透到经济系统的各个角落，且由于其联通的便利性、低边际成本等优势，相关技术和产品成为中小企业尤其是创业企业普遍采用的有效工具，数字基础设施成为数字经济时代中小企业不可或缺的资源基础。二是数字基础设施为大中小企业融通发展提供了有效的连接工具。数字基础设施的表象是各种设备、终端和软件，但其内核是数据资源要素的生产、传输、存储和加工。数字基础设施的推广和运用，使原来孤立在个体、企业、部门中的数据被连接和流动起来了，在明确的权限和交易规则下，大中小企业原来的信息壁垒、数据孤岛问题在数字经济时代可以得到根本解决。在此背景下，大中小企

业之间从传统的局部沟通、事后沟通、"博弈性"沟通转变为系统沟通、实时沟通和对称沟通,大中小企业融通发展的沟通障碍和交易成本将极大程度地得到缓解(赵星,2022)。三是数字基础设施赋能大中小企业融通发展和共同成长。数字基础设施的普惠性极大地降低了中小企业的创业成本和经营成本,且依托数字基础设施发展出的数字服务平台可为中小企业提供普惠性和个性化服务,如供应链金融、共享工厂、数字精准营销、仓储物流等后勤服务,这为中小企业发挥专业化优势和提升竞争力创造了条件。而大企业往往是数字服务平台的建设者和运营者,在支持中小企业发展的同时也实现了自身的成长,大企业与中小企业表现出共生、共荣、共赢的生态融通网络。

(二)数字产业生态驱动大中小企业融通发展的场景营造和机会创造机制

数字经济不是简单的生产方式变革,而是更为复杂的产业生态重塑,数字经济发展过程中构建的产业生态为大中小企业融通发展提供了新的场景和机会。一是产业数字化重构了传统经济发展模式,数字化在改造传统产业的同时也推动了大中小企业更高效的融通。产业的数字化过程是数字技术逐步融入和改造传统产业的过程,这一过程也伴随着商业模式的创新与变革,如共享经济、工业互联网、智能制造等。在数字技术逐步融入和改造传统产业的过程中,数据成为产业发展的内核,其在促进大型平台企业强化优势和中小型企业快速崛起的同时,也强化了大企业和中小企业之间的互联互通,并在网络经济和平台经济导向下促进了大中小企业的共生发展(钞小静、薛志欣,2022)。二是数字产业化发展过程中孕育着大量新的商业机会,催生中小创业企业的涌现和大企业的成长。数字产业是数字时代具有先导意义的产业门类,其成长表现出超越一般行业的超高增速、超广辐射度、超强影响力特征。数字产业孕育了大量的创业企业,在产业发展的内在驱动下,这些企业不断延伸和完善数字产业链和供应链体系,以内生增长驱动数字产业生态的发展(张玉利等,2022)。以数字产业的核心硬件基础集成电路产业为例,根据世界半导体贸易统计组织(WSTS)发布的数据显示,2015~2021年,全球半导体行业销售额从3372.8亿美元增长到5559亿美元,年均增速高达8.69%,远超同期全球经济增速。预期2022年增速将达到16.3%,

市场规模将达到 6460 亿美元①。行业中的龙头企业尽管在一定程度上影响了全球产业发展的格局，但在全球大分工背景下，产业链上游的设备、材料、EDA 软件和 IP 核供应商，下游复杂的应用场景和多元化产品，不仅催生了数百万家新企业，更是在核心企业的主动融通和需求牵引下快速发展，成为支撑数字产业生态完善的关键力量。

（三）数字经济驱动大中小企业融通发展的生态构建机制

与工业时代基于竞争假设的逻辑不同，数字时代下的大企业与中小企业表现出共生合作和颠覆式竞争的关系，这种关系成为数字时代下大中小企业融通发展的主导逻辑。一是中小企业和数字平台协同推动的数据生产、整合、使用、再生产，形成大中小企业的合作共生关系。在多变和高度个性化的生产和应用场景中，海量的中小企业成为数据资源的重要生产者和创造者，而以大企业为主导的数字化平台不仅为中小企业提供数字工具，也需要依赖平台上的中小企业创造数字资源和流量优势，大企业与中小企业从传统上的主导者和追随者关系转变为数据产销者融合关系，使得数字经济下的大中小企业融通发展表现出共生关系。二是大中小企业在数字经济时代表现出更为复杂的网络关系。在传统大中小企业融通发展体系中，中小企业主要通过融入产业链供应链体系来与大企业协同合作，其本质上是专业化分工所带来的外部共生关系。数字经济下，大企业往往是数字基础设施的建设者、供给者和运营者，为中小企业依托数字化平台重塑商业模式、重构商业场景和实现数字创业提供有效支撑，大中小企业融通关系发展为大企业赋能中小企业、中小企业支撑大企业、中小企业之间差异化竞争的复杂关系网络。三是中小企业可能通过技术或商业模式上的创新，以"颠覆者"威胁大企业主导的市场结构。数字经济下的大中小企业竞争难以体现在规模和体量上的竞争，其往往通过技术路线、商业模式的创新，对在位大企业形成颠覆性挑战，中小企业可能成为大企业商业模式的颠覆者甚至毁灭者，"错位式"竞争成为中小企业获取竞争优势的重要选择。

---

① WSTS. WSTS Semiconductor Market Forecast Spring 2022 ［EB/OL］.［2022 - 06 - 07］. https：//www.wsts.org/76/Recent-News-Release.

三、数字赋能大中小企业融通发展的模式选择和路径设计

数字经济以数字基础设施为大中小企业融通提供要素供给和工具支撑,通过数字产业化和产业数字化为大中小企业融通营造场景和创造商业机会,并通过重构商业生态系统中大中小企业传统的竞争关系等多种机制,使其成为支撑大中小企业融通发展的重要促进力量。基于这一逻辑,数字经济促进大中小企业融通发展过程中,存在数字赋能的大中小企业平台融通、链主牵引下的产业链融通以及创新创业为特征的生态融通等代表模式(见图1)。强化大中小企业的数据联通,发挥大企业的牵引作用,提高中小企业主动融通的意愿,构建保障大中小企业有效融通的长效机制,是实现数字经济促进大中小企业融通发展的有效路径。

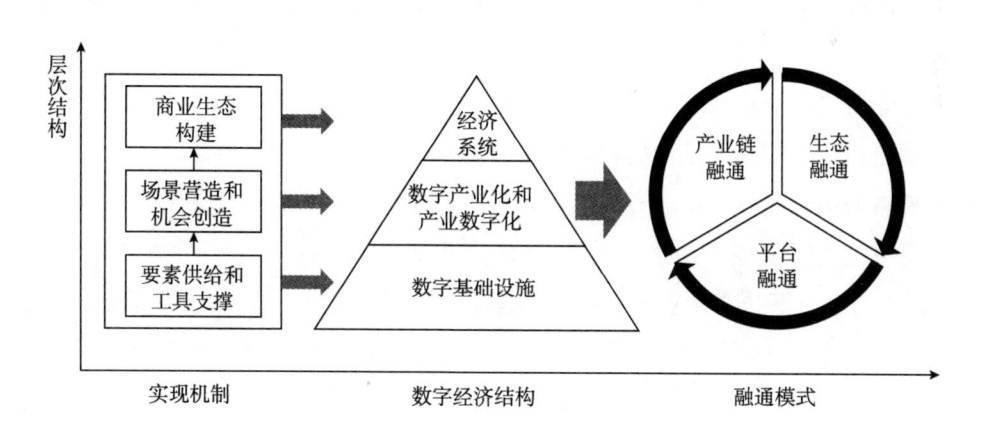

图1 数字赋能大中小企业融通发展的内在逻辑

(一)数字赋能大中小企业融通发展的模式选择

通过要素和工具供给、场景营造和机会创造、商业生态构建,数字经济通过赋能大中小企业、链主牵引以及创新创业生态构建等方式,形成几种典型的大中

小企业融通发展模式。

一是数字赋能的大中小企业平台融通模式。在地理空间上的集聚是工业时代大中小企业融通发展的常见模式，大量中小企业围绕龙头企业的产业链分工和供应链网络形成特色的产业集群和商业生态。数字经济背景下，海量中小企业聚集在数字平台上形成的平台融通模式则尤为典型。其中，大企业是平台的建设者和运营者，平台是催生大量数字创业企业的"温床"，平台的网络经济效应、规模效应和增量市场效应使得其在吸引大量中小企业转型和迁移到数字平台上具有显著优势；中小企业既可利用平台的网络优势获取客户、开展营销活动等，也可利用平台低边际成本优势获得如金融支付、营销推广等专业服务，与大企业平台表现出互益共生的关系。大型平台企业基于其在产业生态中的分工差异，不仅可以避免与中小企业的同业竞争，更重要的是可以利用其强大的数据优势破解企业间的信息不对称难题，为中小企业提供诸如供应链数字金融、共享工厂、共享劳动、定向营销等创新服务，促进中小企业与其形成更为稳固、可持续的协同关系（王永贵等，2022）。但是，数字赋能下的大中小企业融通平台也可能伴随着平台垄断的风险，如平台利用自身的数据、客户、算法优势等，对中小企业的利益造成一定程度的损害（黄浩，2022）。

二是链主企业牵引下的产业链融通模式。中小企业自身的规模属性决定了其对产业链供应链中其他企业的影响极为有限，因此，作为产业链链主的大企业需要发挥自身的牵引作用形成有效的产业链融通模式。数字经济背景下，链主企业往往是掌握上游供应商或者下游客户信息优势的大企业（部分企业是平台企业），它们在产业链中居于核心地位，既可以平衡供应链上下游的供需匹配，也可以引领相关配套企业围绕其有序生产，成为协调产业发展过程中大中小企业过度竞争、无序竞争的重要治理主体（中国社会科学院工业经济研究所课题组，2022）。对于大量的中小企业来说，融入产业链供应链体系可以为其带来稳定的发展预期，缓解了无序竞争所带来的资源耗散问题（吴颖、车林杰，2016）。但是，一些在传统工业时代的链主企业在数字经济时代也面临新的挑战。例如，在汽车数字化、网联化、智能化发展背景下，汽车行业的链主企业如何推动产业链供应链上数以十万计的配套企业协同实现技术变革、产品变革和模式变革将对其维持竞争优势造成重大挑战。

三是以数字创新创业为核心的生态融通模式。数字经济带来的变革催生了大量创新成果和新创企业的出现，尤其是数字技术进一步驱动了共享创新平台和创新载体的发展，不仅为中小企业提供了必要的创新要素支持，也为大企业和中小企业共同创新、共享创新成果创造了条件。一方面，通过共享创新平台和创新载体，可以实现大企业与中小企业的创新协同（贺俊、国旭，2022），破解中小企业创新投入资源约束和大企业创新平台利用率不足的困境；另一方面，依托创新所形成的大量创业行为，企业在数字化创业过程中涌现出大量的内创业行为（李先军，2017），大企业建设孵化平台吸引外部创业主体进入，促进了社会创业活跃度的提升，为构建更加紧密的创新网络注入了活力。

（二）数字赋能大中小企业融通发展的路径设计

数字经济驱动大中小企业融通发展，不仅是数字技术融入大中小企业的数字化转型过程，也是数据连接大中小企业、为大中小企业创造附加价值的过程。在实现路径上，需要通过数据连接打通大中小企业之间的数据壁垒，以数据增值提升大企业牵引和中小企业参与的意愿，并通过商业模式创新、政策激励等多种方式来形成长效机制。

一是以数据联通夯实数字时代大中小企业融通发展基础。把握数字时代机遇，利用数据资源的可复制性、低边际成本等优势，探索大中小企业共建数据平台，大企业支援中小企业加快数字化转型，推动全产业链数字化、物联化、网络化、智能化发展，形成数字牵引下的大中小企业生态网络建设。发挥大企业在产业链上的牵引作用，协同中小企业共同打造数字服务平台，并面向中小企业开发适配、低成本、便捷化的数字工具；通过人员支持、技术辅导、高性价比数字工具供应等，实施中小企业数字化赋能专项行动；加强平台与中小企业数字互联、生产互动、市场互通等，打造大中小企业融通的工业互联网。通过数字平台建设、数字工具开发、数据互联等，形成大企业和中小企业的业务数字化、数字平台化、平台赋能化、赋能增值化目标。

二是以大企业牵引快速推进大中小企业有效融通。大企业在大中小企业融通发展中具有先发的非对称优势，发挥其能动性对于推进大中小企业有效融通意义重大。一方面，要进一步提升大企业的专业化发展能力，尤其是进一步深化国有企业聚焦主业改革，鼓励其根据实际需要进一步深化主辅分离改革，推动更多业务市场化、社会化运作；进一步推进大型民营企业高质量发展和打造世界一流企业，提升其专业化能力。鼓励大企业创新与上下游中小企业合作模式，通过股权投资、技术共享、人才共享、产能共享等方式，提升自身专业化能力和企业生态化运营能力。另一方面，大企业需要进一步优化在引领创新、订单牵引、共性技术供给、行业标准建设方面的能力，利用其在技术、标准、产品、创新、资金、人才等多方面的领先优势，积极打造产业链链长、组建产业联盟等多种产业链治理方式，加快实施"共链行动"，有效牵引产业链上下游及相关企业围绕产业发展目标和国家战略，共同破解产业"卡脖子"问题、产业整体升级问题、供应链保障问题、深度国际化合作问题等。

三是以提升中小企业融通的积极性来推动快速融通。融通发展的本质是沟通、协作和共赢，激发参与主体的积极性是推动快速融通的关键。一方面，要从根本上推动中小企业的高质量发展，尤其是推动强化其在细分领域的竞争力，提升其在产业链、供应链中的地位。中小企业不仅要进一步提升其顾客服务能力和市场化水平，也要强化其产业链意识，注重更加细分的市场定位和更加明确的生态位，主动参与大企业组建的产业联盟等产业链治理组织，结合自身实际，主动在大企业的重大项目中"揭榜挂帅"，围绕细分领域打造"专精特新"，发挥自身在产业链升级和供应链稳定中的促进作用。另一方面，要进一步强化对中小企业的支持，尤其是结合中小企业创新能力较弱的现实，以科学有效的政策工具助推其提升创新能力和在细分市场的竞争力。需要进一步推动共性技术研发、转化机构对中小企业的开放，政府和国有企业加大相关技术对中小企业的转移和扩散，鼓励大企业优先采购中小企业的国产替代类产品并参与到产品的更新过程中，加大政府基金等对创新型中小企业的支援等（锁箭等，2021）。

四是以构建长效机制保障大中小企业的持续性融通。大中小企业融通发展不仅是企业的主动行为，还应当形成长效机制以保证融通的持续性。要提高大企业尤其是国有企业主动推动产业链融通的意愿。行业主管部门负责行业内大企业在推动大中小企业融通发展方面的工作落实、监督与评价，推动国有企业尤其是中央企业主动承担产业链融通主导者角色的发挥。需要进一步促进中小企业提升自身专业化水平，形成对产业链大企业的有效支援。支持中小企业专、精、特、新、优发展，形成在特定领域的独特优势，能够为大企业形成有效的配套和支持能力，促进大企业与中小企业的主动合作。进一步强化"国产替代"的产业链合作机制，鼓励产业链龙头企业、链主企业搭建"产业国产化交流合作平台"，探索揭榜挂帅、众筹众包等多种机制，激发中小企业创新以及大中小企业融通合作。

四、我国大中小企业融通发展的政策演进与现实困境

自2018年11月工业和信息化部等四部委出台《促进大中小企业融通发展三年行动计划》以来，促进大中小企业融通发展成为支持中小企业高质量发展的重要政策内容，各地也不断探索融通模式、推动有效融通，取得了一些成效。例如，新建了一批共性技术研发和中试平台支持大中小企业创新链融通，涌现出一批工业互联网平台支持大中小企业数字化融通，开展中小企业经营管理领军人才"促进大中小企业融通创新"专题培训以促进人才融通，一些龙头企业带动的产业链融通取得新突破，"专精特新""小巨人"企业取得快速发展（四批"专精特新""小巨人"企业认定数量累计8997家）。但是，受企业意愿、政策支持以及融通模式等方面的限制，大中小企业融通存在一些现实问题和新挑战。

（一）我国促进大中小企业融通发展的政策演进

大企业和中小企业自身资源和能力的差异，导致其在市场中的地位不对等，且在面对不同主体时也表现出显著的异质性，这导致大中小企业在市场中表现出竞争性、对立性特征。为进一步构建良好的市场生态，需要利用政府"有形的手"、大企业自主行动、企业间组织的协调等方式，"熨平"大中小企业的不平等地位，以共益目标来引导和强化大中小企业的协同和合作。

受发展阶段的影响，我国对中小企业的相关政策表现出鲜明的时代烙印。出于精准支持中小企业发展的现实需要，我国自2002年《中小企业促进法》出台以来，对中小企业的相关政策主要是通过专项政策来体现，而对大企业的相关政

策主要体现在深化国资国企改革、促进国有企业高质量发展以及建设世界一流企业的相关政策文件中，促进中小企业发展的政策体系与大企业的政策是"隔离"的。近年来，在支持中小企业发展的政策体系中，我国开始将支持大中小企业融通发展纳入其中。

从大中小企业融通发展的相关政策来看（见表1），自2018年《国务院关于推动创新创业高质量发展打造"双创"升级版的意见》《促进大中小企业融通发展三年行动计划》出台以来，关于大中小企业融通发展的相关政策只是零星出现在《关于促进中小企业健康发展的指导意见》《中华人民共和国国民经济和社会发展第十四个五年规划和2035年远景目标纲要》《"十四五"促进中小企业发展规划》等文件中，只有2022年5月工业和信息化部等11部门联合下发的《关于开展"携手行动"促进大中小企业融通创新（2022—2025年）的通知》才真正将促进大中小企业融通发展作为支持中小企业的重要政策内容，这些政策体现了国家在顶层设计上对大中小企业融通发展的总体要求。然而，由于对于大中小企业融通发展的认识尚处于不断完善的阶段，相关政策尚属于短期试点性和激励性政策，大中小企业融通发展政策还缺乏完善的顶层设计及支撑体系。

表1 大中小企业融通发展的相关政策及主要内容

时间	名称	印发部门	大中小企业融通发展主要内容
2018年9月	《国务院关于推动创新创业高质量发展打造"双创"升级版的意见》	国务院	提出"搭建大中小企业融通发展平台"，包括基于互联网的大企业创新创业平台、国家中小企业公共服务示范平台、国家小型微型企业创业创新示范基地、制造业"双创"技术转移中心和制造业"双创"服务平台、产业供应链平台、大中型企业内创业平台、公益性创业基金平台、创新创业平台等
2018年11月	《促进大中小企业融通发展三年行动计划》	工业和信息化部等四部门	明确大中小企业融通发展目标，提出供应链协同、创新能力共享、数据驱动和打造产业生态的四种融通模式，要求大企业共享生产要素、开放创新资源、提供人才资金支持，培育"专精特新""小巨人"企业以及实施"互联网+小微企业"计划，以及建设融通载体和优化融通环境五大行动

续表

时间	名称	印发部门	大中小企业融通发展主要内容
2019年4月	《关于促进中小企业健康发展的指导意见》	中共中央办公厅、国务院办公厅	明确了中央财政支持的大中小企业融通载体，包括大中小企业融通型、专业资本集聚型、科技资源支撑型、高端人才引领型等，并明确了实施大中小企业融通发展专项工程，培育要素汇集、能力开放、模式创新、区域合作的制造业"双创"平台试点示范项目，重点支持制造业
2021年3月	《中华人民共和国国民经济和社会发展第十四个五年规划和2035年远景目标纲要》	十三届全国人大四次会议表决通过	提出"提升企业技术创新能力"，提出"发挥大企业引领支撑作用，支持创新型中小微企业成长为创新重要发源地，推动产业链上中下游、大中小企业融通创新"
2021年12月	《"十四五"促进中小企业发展规划》	工业和信息化部等19部门	聚焦在创新视角下的大中小企业融通发展，提出通过产学研协同实现融通创新及其相关机制
2022年5月	《关于开展"携手行动"促进大中小企业融通创新（2022—2025年）的通知》	工业和信息化部等11部门	提出"引导大企业通过生态构建、基地培育、内部孵化、赋能带动、数据联通等方式打造一批大中小企业融通典型模式"，促进大中小企业创新链、产业链、供应链、数据链、资金链、服务链、人才链全面融通，成为对2018年《促进大中小企业融通发展三年行动计划》的进一步延伸

资料来源：笔者整理。

总体来看，现有中小企业政策体系对大中小企业融通发展的关注度不高，政策对大中小企业融通发展的支撑力度不足。一是未能深刻认识大中小企业融通的价值。改革开放40余年的高速发展过程中，增长是企业的主线，而以融通为代表的结构性议题和共生发展目标受关注度不高，现实中大企业与中小企业竞争多于合作、冲突多于融通。近年来，随着我国高科技领域被美国极限打压，重要产业链中缺乏大量可备份和可替代的国内企业来提供相关的零部件、设备、材料、软件、服务等，而通过强化与国内企业尤其是创新型中小企业的融通，可有效缓解极限条件下的风险。因此，大中小企业融通发展的价值才被关注和重视。二是支持大中小企业融通发展的力度不够。受认识上的限制，关于大中小企业融通发展的政策相对较为滞后，将大企业与中小企业融通发展纳入政策体系尚处于探索阶段。目前只有2018年出台的《促进大中小企业融通发展三年行动计划》和

2022年出台的《关于开展"携手行动"促进大中小企业融通创新（2022—2025年）的通知》两个专项行动方案，其他相关要求零散地分布在支持中小企业发展的政策文件中，缺乏促进大中小企业融通发展的专项政策。三是缺乏有效的政策工具，以制衡大企业权力并营造公平的竞争环境。尽管《中小企业促进法》《反垄断法》《反不正当竞争法》都明确了公平市场环境和促进中小企业发展的方针，但对现实中大企业利用市场势力侵害中小企业利益的种种行为缺乏根治之策，中小企业在与大企业合作过程中缺乏有效的保护措施。例如，大企业设置极高的进入门槛、对产品和服务的压价行为、拖欠中小企业账款、对中小企业"寻租"等，这些问题极大地损害了大企业与中小企业之间的互信水平，而现有政策对相关问题缺乏科学的治理方式，导致大中小企业融通缺乏基本的契约和法制根基。

（二）我国大中小企业融通发展的现实困境

受企业认识和发展惯性的影响，大中小企业融通发展面临意愿不强、动力不足和模式不清晰的现实困境。

一是大企业和中小企业表现出强烈的竞争思维，相互之间协同合作的意识不强，这也是阻碍大中小企业融通发展的主要障碍。一方面，大企业对于与中小企业尤其是国内中小企业融通发展的意愿不强。采购方面，大企业往往愿意采购国际一线品牌或者业内龙头企业的产品，国内中小企业进入其供应链体系极为困难。例如，国有企业为降低采购可能带来的经营风险以及采购过程中可能的责任或者合规风险，在重大设备及其配套产品和服务采购中往往也偏好于国际一线品牌。加之国有企业的预算"软约束"问题（胡洪曙、李捷，2022），其在采购过程中对价格的敏感度不高，在采购过程中偏好于购买质量更高但价格也更高的国外产品；一些民营龙头整机企业为了在产品营销和市场竞争中获取优势，也往往愿意从更为稳定、更为领先的全球领先供应商手中采购零部件，对于新兴的中小企业支持力度有限。创新合作方面，大企业往往会将中小企业作为纯粹的业务合作方，缺乏对其创新和发展的支持，甚至出于保护企业商业秘密的考虑，不愿意对其开放相关的创新资源，配套企业也主要是依托自有资源独立开展创新活动，大企业与中小企业之间缺乏创新融通意愿。从跨行业的协作来看，为降低单个企业的交易成本并提高业务收益，大企业也往往更偏好于与大企业合作，如大型金融机构更多地将客户聚焦在规模相对较大的企业，对中小客户的关注度不够，这也是中小微企业融资难的重要原因。另一方面，大量中小企业也不愿意与国内大企业合作。例如，笔者在调研中发现，国内一些外向型的代工中小企业更加愿意为国外客户供货，尽管面临外部市场压力，但对于回归国内市场意愿不强，其中的关键原因是国内客户的回款周期长、不稳定且成本较高，下游客户也未能为其提供生产经营所需的额外支持。与之形成鲜明对照的是，国外客户的订单相对稳定，其支付时间明确、基本不使用银行汇票和商业承兑汇票，客户甚至会在环保、技术甚至企业运营等方面为其提供支持。此外，由于大企业相对苛刻的进入门槛、压价行为、付款条件等，作为供应商的中小企业与大企业在合作中往往表现出显著的不平等地位，影响相互之间的信任和长期合作。

二是目标和行为的不匹配，导致大中小企业融通发展的动力不足。大中小企业融通发展的前提之一就是企业间能形成利益共享、目标一致的共同体，大企业能在一定程度上支持中小企业发展，中小企业能够成为稳定大企业供应链、提升其效率的重要力量。然而，从现实来看，大企业和中小企业之间未能形成有效的合作机制。一方面，大企业过于关注利润率的提升，未能从长期和生态位的视角来审视行业的发展。而中小企业总体上处于成长阶段，企业偏好于数量增长和规模扩大，在技术能力、产品品质等方面尚存在一定的"短板"，支持和协同大企业发展的能力有待进一步提升。另一方面，中小企业难以获取与大企业协同发展的机会。与部分外向型中小企业不愿意与大企业合作形成鲜明对比的是，定位于国内市场的中小企业难以获取与大企业融通发展的机会，加之我国大企业往往采取高度多元化的发展战略，内部供应成为其供应链的重要特征。例如，尽管国有企业主辅分离改革不断深化（钱勇、曹志来，2008），社会化业务和非相关业务逐步剥离，但产业链上的相关业务表现出"越发强大"的态势，其中复杂的社会关系网络导致国有企业的相关生产性服务对新进入者形成极高的"在位者壁垒"，外部中小企业难以融入其供应链中（钱勇、曹志来，2008）。另外，中小企业与大企业的现代化鸿沟加剧了融通发展的成本。随着数字经济的快速发展，大型企业尤其是制造企业利用自身的优势加速步入数字时代，企业信息化、数字化、网络化、自动化、智能化水平显著提升，但对于数量上占据优势的中小企业来说，受资本限制、知识不足以及工具缺乏等因素的影响，中小企业普遍面临数字技术投入不足、数字化转型迟缓等现实问题。大企业在数字时代的快速发展与中小企业转型进程缓慢形成鲜明对比乃至"数字化鸿沟"，这极大地阻碍了两者在技术上的并行发展和协同共进。

三是典型模式欠缺，未能对融通发展形成良好示范。融通发展是从根本上改变大中小企业过度竞争的状态，属于对市场失灵的"纠偏"，这是从本质上重构商业生态逻辑。现有大中小企业融通发展缺乏典型模式，大中小企业融通发展尚处于探索阶段。近年来，在外部压力驱动下，各地涌现出以链长制、链主制为代表的大企业牵引新模式，也涌现出利用"揭榜挂帅""赛马制"等方式激发中小企业解决产业链关键核心技术突破等创新性举措，但是，以上这些目前尚处于起步阶段，相关政策、机制、成效尚未得到有效验证。与日本"转包"模式、德国"集聚区"模式、韩国系统性融通模式、美国创新支援模式等各国大中小企业融通发展模式不同，现有模式尚处于起步探索阶段，未形成能够进一步推广和拓展的融通模式。此外，难以形成大中小企业互信合作的有效融通模式。融通发展的基础是双方或者多方应具备需求上的互补和认知上的互信，但是，大企业与中小企业之间缺乏信任基础，这既表现出大企业对中小企业和民营企业的不信任问题，也表现出大企业侵害中小企业行为造成的中小企业对大企业合作缺乏信任的问题。因此，尽管可能形成一些出于业务合作上的融通模式，但可能面临基础不稳固、难以持续等现实问题（唐莹、邓超，2017）。再有，促进大中小企业融通发展的支撑力量不足，第三方推动有效融通亟待加强。中小企业自身的协作极为困难，单个企业与大企业之间的谈判和合作更为困难，这就要求在大中小企业融通过程中有第三类组织发挥中介作用牵引大中小企业的融通发展。例如，日本的"转包制度"不仅依赖于大企业和中小企业的强烈合作愿望，还离不开协丰会（成员皆为核心部件供应商）和荣丰会（成员皆为特征部件供应商）等二级供应商合作组织的有效运作以连接大企业和海量的中小供应商（胡欣欣，1990）。我国企业间组织发展相对迟缓，且其自身的服务能力也难以支撑其充当组织者或者引领者来促进大中小企业的融通发展。

五、以数字经济驱动大中小企业融通发展的政策建议

在数字经济驱动大中小企业融通发展的过程中，需要发挥政府在数字基础设施建设、关键产业安全、数字平台建设、服务体系建设、平台监管等方面的功能，切实以有为政府推动有效市场建设，以数字经济发展助推大中小企业融通发展，以大中小企业融通发展促进数字经济高质量发展。

（一）加大数字基础设施建设，牢固大中小企业融通发展的技术基础

数字经济驱动大中小企业融通发展，其基本前提是要强化数字技术对大中小企业融通发展的基础支撑功能。为此，要进一步加大数字基础设施建设，强化对数字经济时代大中小企业融通发展的基础支撑。一是以数字中国建设和全国统一大市场建设为契机，加快推进互联互通的信息基础设施、融合基础设施、数字政府等新型基础设施建设，构建数字社会和数字治理基本网络架构和设施。二是面向智能制造，加快推进工业互联网等新型工业基础设施建设，尤其是进一步加大工业互联网平台、超高速信息传输和通信网络基础设施、大数据、云计算基础设施建设，推进共性技术平台建设，支撑新兴产业和未来产业活力的迸发，形成新的经济增长点。三是加大传统基础设施的数字化升级和改造，助推企业数字化转型，为企业提升竞争力和效益注入数字化能力（周之瀚、杨曦，2021）。在数字基础设施建设过程中，还需要关注数据确权和交易的相关立法工作，为数据安全记录、安全存储、安全流动、安全交易奠定基础，为数据交易、数据增值、数据再生产创造条件。四是利用数字技术推动信用体系建设，打造在数字时代具有领先优势和系统优势的大中小企业信用服务网络。

（二）优先关注重点产业融通，加速数字经济驱动大中小企业融通发展

从产业革命史的发展来看，新技术对传统产业的影响表现出显著的行业差异，对不同产业的组织模式和竞争格局的影响也不尽相同。为此，在百年未有之

大变局下，着眼于提高产业链供应链现代化水平，结合我国的比较优势以及未来经济技术趋势，聚焦电子制造、机械制造、航空航天、半导体、汽车、化工、制药、新能源等行业，实施"大中小企业融通示范工程"，破解行业"卡脖子"问题，推动产业升级和新兴优势产业培育。在数字经济驱动大中小企业融通发展的过程中，要从产业的安全性和竞争力视角出发，优先关注数字技术和相关产业的融合发展，以大中小企业有效融通促进产业链现代化建设。一方面，切实推动相关产业链的龙头企业扮演好产业链"链主""链长"角色，牵引重点产业的大中小企业融通发展；另一方面，要强化行业内"专精特新"企业的培育，形成创新型企业、"专精特新"企业、"专精特新""小巨人"企业、单项冠军、领航企业有序发展的培育路径。

（三）加快数字融通平台建设，打造大中小企业融通发展的有效载体

在推动大中小企业融通发展的过程中，必须强化对数字融通平台的建设，加速中小企业数字化转型，缩小大企业与中小企业的数字化"鸿沟"，推动其在数字化时代的融通发展（曲永义、李先军，2022）。一是把握数字时代机遇，利用数据资源的可复制、低边际成本等优势，探索大中小企业共建数据平台，大企业支援中小企业加快数字化转型，推动全产业链数字化、网络化、智能化发展，形成数字牵引下的大中小企业生态网络建设。二是发挥大企业在产业链上的牵引作用，协同中小企业共同打造数字服务平台，开发中小企业需要的数字工具，打造大中小企业融通的工业互联网。三是数字赋能中小企业，带动中小企业数字化转型，推动产品、车间、店铺、工厂和企业管理模式、运营模式、组织系统的数字化转型，提升中小企业以数字化融入大企业的能力。

（四）支持数字融通载体建设，支持中小企业数字化转型

支持大型企业牵头解决行业共性技术和商业化难题，推动数字技术在现实中的应用；利用好"双创"政策和招商引资政策，推动大中小企业融通型特色载体（指龙头企业直接参与建设运营的开放载体，或龙头企业深度支持的小微企业创业创新基地、众创空间、孵化器、产业园等专业载体）建设；支持大型企业在各地新建数据中心、仓储物流中心支持中小企业发展，为其提供土地、税收等方面的优惠。政策方面，一是加大对中小企业数字化转型的相关政策支持，如将中小企业数字化转型的软硬件、人员支出作为研发费用加计扣除。二是为中小企业购买服务提供必要的经济激励，整合现有支持中小企业发展的专项资金，通过发放服务体验券、服务购买券等方式，支持中小企业采购相关服务，各地支援中小企业的相关资金可用于向本地中小企业发放服务券。三是鼓励中小企业数字化转型中的合作模式创新，如参照能源合同管理模式探索数字化合同管理模式，鼓励中小企业和数字服务供应商共建平台、共担成本和共享收益。

（五）加速服务体系数字化转型，提升对大中小企业融通发展的服务支持

利用数字技术重构中小企业服务体系不仅能够更好地服务中小企业促进其转型升级，更是促进大中小企业在数字经济背景下融通发展的重要抓手。为此，要把握好数字经济发展机遇，加快推进中小企业公共服务机构的数字化升级，支持中小企业商业服务平台发展，完善中小企业服务的公益性网络平台。一是打造网络化公共服务平台。建议由中小企业局牵头，考虑以现有中小企业局网站、小微企业名录、信用中国、企业信用信息公示系统、中国中小企业信息网等为载体，打造中小企业服务体系全国一体化在线平台。平台定位为连接行政审批平台、政府采购平台、人力资源等资源供给者、学习和培训提供者、管理咨询提供商、信用服务平台等可为市场主体界面化操作的信息连接网络。平台总体架构分为企业全生命周期服务、获取政府订单、获取政府补助及资金、专业管理咨询、信用信息查询等大板块，各个板块分别具有不同的功能。鼓励各地依托一体化平台接入子平台，将地方惠企政策、本地产业名录、服务商等集中展示，形成与国家大平台—地方特色平台互联互通的中小微企业服务平台。二是提升网络服务平台的智能化水平。将大数据、云计算、人工智能等技术运用到服务平台中，便于中小企业简单识别、搜索，根据产业、区域和企业特性来精准画像，为中小企业提供通用型和特色化服务推送。三是推动各部门共建服务平台，形成支持中小企业发展的合力，尤其是要改变当前多个平台"各自为政"的局面，建议通过一体化平台整合涉企相关信息和服务，将现有其他平台作为专业功能板块整合其中，便于中小企业"一站式"获取相关服务和支持。

（六）创新数字融通平台监管模式，防范大型平台对中小企业的侵害

注重对数字融通平台的监管，防范融通过程中平台利用市场势力对中小企业利益的侵害。一是建立科学的数字经济反垄断尤其是平台反垄断制度。完善垄断认定法律规范，将社会总福利、创新贡献、国际竞争力等纳入对平台企业反垄断的重要考量因素，鼓励平台企业跨领域经营和引领创新。支持电子商务平台接入后端供应链体系、支持大型工业企业打造工业互联网和行业数字化平台，支持服务型平台发展。对非专业收购行为予以调查，防范大企业利用市场优势收购创新企业抑制创新。二是注重对大企业和中小企业、初创企业的差异化监管。强化对"守门人企业"的审慎监管，参考欧洲《数字市场法案》（Digital Markets Act）针对数字巨头企业这类"守门人公司"的强规制和强监管方式，加强对大型平台企业、行业巨头的重点监管乃至"介入式监管"，加强平台企业沉淀数据监管，规制大数据杀熟和算法歧视，防止数据泄密，且利用其数据中枢地位形成对平台上企业主体的有效监测（张钦昱，2021）。对中小企业数字化转型实施"包容性监管"，与对大企业的"审慎监管"相比，对中小企业实施数字化转型给予更为包容的政策，避免数据过度保护对中小企业的限制。

参考文献

[1] 钞小静，薛志欣．新型信息基础设施对中国企业升级的影响［J］．当代财经，2022（1）：16-28.

[2] 陈航，刘琳．数字经济时代杭州大中小企业融通发展的模式思考［J］．杭州科技，2018（6）：48-52.

[3] 贺俊，国旭．创新平台开放战略研究的最新进展与发现［J］．齐鲁学刊，2022（2）：119-131.

[4] 胡洪曙，李捷．财政竞争、预算软约束与企业税负［J］．经济管理，2022（6）：153-171.

[5] 胡欣欣．关于日本的"下请制"：兼谈日本的企业系列与独立系企业集团［J］．管理世界，1990（6）：168-175.

[6] 黄浩．产业融合视角下数字经济监管的理念与措施［J］．改革，2022

（9）：24-34．

［7］李先军．供给侧结构性改革背景下中小企业内创业研究：模式选择与路径设计［J］．商业研究，2017（10）：107-115．

［8］潘望，程惠芳．推进大中小企业协同发展的思考与建议［J］．浙江经济，2019（21）：30-33．

［9］钱勇，曹志来．资源型国有企业主辅分离改革：辽宁个案［J］．改革，2008（1）：131-136．

［10］曲永义，李先军．创新链赶超：中国集成电路产业的创新与发展［J］．经济管理，2022（9）：5-26．

［11］锁箭，杨梅，李先军．大变局下的小微企业高质量发展：路径选择和政策建议［J］．当代经济管理，2021（10）：9-16．

［12］唐莹，邓超．银企关系中小微企业信任的实证研究［J］．管理评论，2017（9）：37-47．

［13］王永贵，刘冬梅，晏丽．行为定向广告透明度对广告效果的影响［J］．经济管理，2022（7）：159-174．

［14］吴颖，车林杰．耗散结构理论视角下的协同创新系统耗散结构判定研究［J］．科技管理研究，2016（10）：186-190．

［15］张钦昱．数字经济反垄断规制的嬗变："守门人"制度的突破［J］．社会科学，2021（10）：107-117．

［16］张玉利，冯潇，田莉．大型企业数字创新驱动的创业：实践创新与理论挑战［J］．科研管理，2022（5）：1-10．

［17］赵星．新型数字基础设施的技术创新效应研究［J］．统计研究，2022（4）：80-92．

［18］中国社会科学院工业经济研究所课题组．产业链链长的理论内涵及其功能实现［J］．中国工业经济，2022（7）：4-24．

［19］周之瀚，杨曦．数字经济的产业效应：基于数据要素化的理论分析［J］．当代财经，2021（12）：101-114．

NFT 产业：主要特征、市场逻辑与趋势展望[*]

渠慎宁[**]

摘要：作为数字经济领域的前沿热点，NFT 产业近年来发展势头迅猛，已成为发达国家重点打造的未来产业之一。非同质化、区块链支撑和加密资产属性是 NFT 的三大主要特征。从理论上看，NFT 产业的火爆源于其给数字经济特别是数字产权领域带来的革命性改进，构建起了数字创新的激励机制。随着用户的增加和协议的完善，NFT 可以代表资产的范围不断扩大，广泛应用于 Web3.0 和元宇宙、数字艺术、时尚、游戏、体育等产业之中。尽管 NFT 有着广阔的市场空间，但技术本身和平台管理层面的短板、法律层面的风险，以及各国政府部门的监管动向均会影响其发展前景。部分国家已依托管理区块链或加密资产的法律条款对 NFT 产业进行监管。今后，我国在培育 NFT 产业过程时，应通过技术支撑、场景推广、监管保障"三管齐下"，实现 NFT 产业的健康有序发展。

关键词：NFT；数字产权；加密资产；未来产业

非同质化通证（Non-Fungible Tokens，NFT）是唯一且不可互换的数据单元，可以表示相关数字资产（如图像、音乐或视频）的所有权，因此成为一种数字所有权证书。随着数字经济的快速发展及数字商品的不断丰富，NFT 产业近年来发展

---

[*] 本文发表于《改革》2023 年第 4 期。
[**] 渠慎宁，中国社会科学院工业经济研究所新兴产业研究室副主任、副研究员，中国社会科学院国家经济发展与经济风险研究中心秘书长。

势头迅猛。据区块链分析公司 Chainalysis 估计，2021 年全球 NFT 市场规模超过 400 亿美元，用户体量和市场供给量均在百万级以上，已被视为数字经济的未来爆发点之一，且成为欧美发达国家重点推动发展的未来产业之一。然而，NFT 由于其诞生较晚且业态新颖，尚未被学界所重视，国内外相关文献较为稀缺。本文将系统论述 NFT 的主要特征，探讨 NFT 爆发的原因，剖析 NFT 产业火热的市场逻辑，并对其发展前景进行趋势展望，最后给出我国发展 NFT 产业的政策建议。

一、NFT 的主要特征

根据 NFT 的自身属性、底层技术和交易环境，可发现其具备非同质化、区块链支撑和加密资产三大主要特征。

（一）NFT 具有非同质化特征

同质化通证是指通证之间完全相同且可互换，其最大的特点是"可替代"。例如，美元和加密货币等都属于同质化通证，这是因为不同美元和加密货币之间可互换（1 美元硬币可换另 1 美元硬币；一个比特币可换另一个比特币）。然而，由于数字资产多元化和多样性的特点，使得由其形成的通证与货币等传统同质化通证大相径庭，当该通证唯一且不可互换时，就可将其称为非同质化通证，即 NFT。可见，NFT 最大的特点是"不可替代"或不可互换，这往往是由每个通证自身独特的属性所决定的。例如，由一个视频文件构成的 NFT 就不能与不同视频文件构成的另一个 NFT 互换。

（二）NFT 与区块链紧密相连

NFT 的创造和记录与区块链技术紧密相连。从物理层面上看，NFT 本身仅是一串由程序生成的记录在区块链上的数据，而它代表的对象（如数字资产）则通常存储在外部服务器中。一些 NFT 由内容创造者通过使用智能合约编写代码，上传项目的数字文件，将 NFT "铸造"或记录在区块链上，而其他的 NFT 则在市场上出售后才记录在区块链中（Idelberger and Mezei，2022）。记录在区块链上的 NFT 元数据可在网络中的节点之间持续共享、复制和同步，网络中的各个计算机系统或专用硬件相互通信、存储和处理这些信息，无须中央机构或中介机构即可实现防篡改记录保存（渠慎宁，2020）。正是由于区块链底层技术赋予的不可篡改性等特点，NFT 被广泛用于权利证明，表示对未包含在数据本身中的相关数字资产所有权。当前，多数 NFT 都是基于以太坊的 ERC（Ethereum Request for Comment）协议，即 NFT 主要在以太坊上被铸造和销售，并允许以太坊网络上的任何节点读取和提交交易。因此，大多数 NFT 是用以太币（Ether，以太坊网络中固有的加密货币）或其他加密货币购买，而加密货币的价格变化也会导致 NFT 的估值变化，任何节点或个体都可以使用区块链资源管理器搜索访问所有权信息。

（三）NFT 属于一种"加密资产"

在区块链技术的支持下，NFT 成为一种"加密资产"（Cryptoassets）。在区块链网络中，参与者使用公钥加密 NFT 数据，使用私钥解密 NFT 数据，而数字钱包（Digital Wallet）是设计用于存储用户密码公钥和私钥的专业软件（Evans，2019）。参与者还可使用其私钥签署交易，其他用户可使用相应的公钥验证这些签名。由于需要处理 NFT 的加密和解密过程，NFT 的每笔交易都需要支付手续费，如以太坊网络中著名的燃料费（Gas Fee）。若参与者愿意支付更高的手续费，则可更快地处理其交易。例如，以太坊的交易时间为 5 分钟至数小时不等，一旦支付更高的手续费，即可将时间缩短至 30 秒或更短。然而，如果用户群体都为了更快地完成交易而付费，那么由此产生的"燃料费通胀"就会推高所有参与者的交易费用。"燃料费通胀"现象在限量版 NFT 交易争夺中最为常见，因为交易耗时较多的买家可能无法购买到该 NFT。同时，交易过程越复杂，手续费用就越高。若 NFT 相关交易需要智能合约来处理，会比简单的加密货币转账手续费更高。

二、NFT 的市场逻辑

作为一种数字证书，NFT 主要用来代表一个或一组独特的项目资产。然而，随着用户的增加和协议的完善，NFT 可以"代表"的范围不断扩大，已不再局限于数字资产领域。甚至有人提出，理论上"万物皆可 NFT"。

（一）NFT 的市场运行

NFT 可以实现高效地将难以出售或证明所有权的独特资产商业化，以及创新建立起数字产品线与收入流。与许多其他数字资产类似，一些 NFT 提供了"分割"标的资产所有权的能力，以便每个 NFT 购买者按其拥有比例从标的资产增值中受益，以此实现将传统难以交易的项目资产市场化或金融化（Moringiello and Odinet, 2022）。同时，创造和销售 NFT 的过程不尽相同。一些 NFT 内容创作者通常掌握了较为专业的分布式记账（Distributed Ledger Technology, DLT）技术，他们自己发布 NFT，并创建或拥有与 NFT 相关联的基础艺术品或其他资产。同时，即便内容创作者或所有者不是 NFT 的发布者（如社会名人、音乐家、运动员或体育俱乐部或其他企业），第三方也可以代表内容创作者发布 NFT。NFT 通常在 NFT 市场中以固定价格或拍卖金额出售。NFT 市场是一个类似于加密货币交易所的网络平台，专门从事销售和交换 NFT。除了一些少数 NFT 市场接受以法定货币（如美国）支付外，大多数 NFT 市场则仅接受加密货币支付交易。多数 NFT 市场运营商在每次销售后将向内容创作者支付版税，这将使得艺术家和其他内容创作者能够在以其内容为底层标的物的 NFT 转让和转售时获得持续收入。

从市场结构上看，NFT 交易高度集中在少数几个市场平台上。其中，OpenSea 是最大的 NFT 交易平台。仅在 2021 年 12 月，该公司就处理了当月点对点 NFT 交易总额 27 亿美元中的 84%。截至 2022 年 1 月，OpenSea 的市场估值已达到 133 亿美元。同时，NFT 市场中的交易主体也参差不齐，少数 NFT 艺术家和收藏家获得了 NFT 创造的大部分财富。据估计，前 10% 的 NFT 买家和卖家的交易额占市场交易总额比重达一半以上。NFT 市场的这种高集中度也受到其特殊的交易机制影响。由于 NFT 在买卖之前会根据交易主体过往的市场信誉或交易经历划定白名单，通过预先批准进入白名单的交易者可以以折扣价购买新的 NFT，这进一步加剧了市场的两极分化，造成了"马太效应"的出现。

（二）NFT 的应用方向

从产品结构上看，截至 2022 年，大多数 NFT 用于数字收藏品所有权（如数字艺术品）的购买和转让。然而，随着 NFT 技术的不断发展，其独特的去中心化、资产加密和不可篡改的特性可逐步应用于新的场景之中，用于代表更广泛的数字和实体商品所有权。按照目前的发展趋势，NFT 的应用方向将包括以下领域：

1. Web3.0 和元宇宙

作为数字经济的重要风口，Web3.0 和元宇宙已普遍被业界视为互联网的未来业态，而 NFT 则将成为支撑 Web3.0 和元宇宙产业发展的重要组成部分。Web3.0 是指基于区块链技术、协议和应用程序（如加密货币）的去中心化网络架构。在 Web3.0 的架构中，访问某些 Web3.0 平台的数字内容可能需要购买，而 NFT 正可用于代表数字所有权，向内容创作者支付版税，并付费访问应用程序和服务。因此，Web3.0 的商业模式与 NFT 息息相关，在 NFT 的支持下，Web3.0 实现了互联网向"通证经济"的转变。Web3.0 的发展与元宇宙联系密切，元宇宙是一个通过虚拟现实和增强现实等技术实现的高度沉浸式和交互式的在线世界。NFT 可在元宇宙中用于代表虚拟世界中的各种资产，如虚拟房地产、虚拟物品、在线角色、头像设计、虚拟外观等数字产品。此外，鉴于 NFT 原则上可以对任何东西进行标记化并代表其唯一所有权，因此 NFT 可作为 Web3.0 和元宇宙中数字身份的一种形式。在 Web3.0 和元宇宙的身份登记处，可采用 NFT 进行用户的数字身份管理。

NFT 之所以能在 Web3.0 和元宇宙中流行，是因为对于这些虚拟的在线世界，区块链技术提供了一个出色的去中心化环境。在现实世界中，为了对资产进行评估，人们通常需要聘请外部审计师或专业评级机构，这一过程通常较为烦琐且成本较高。即便如此，许多资产一旦超出市场认知范围也仍然会被低估，这将导致资产所有者遭受损失。然而，在 Web3.0 和元宇宙中，所有类型的 NFT 交易都基于区块链技术，因此任何想在虚拟世界购买资产的人都不必担心资产的真实性，因为每次所有权和货币交易的变化都完全记录在以太坊智能合约中，这也防止了道德风险和信息不对称的问题。当前，Decentraland、The Sandbox、Cryptovoxels 等都是积极开发 NFT 的元宇宙项目。以 Decentraland 为例，通过以 NFT 形式买卖游戏中的虚拟地产，Decentraland 证明了元宇宙项目完全可以盈利，能够吸引更多的开发者投入其中。2022 年，Decentraland 的用户数量增长了 3300%，并达到了 120 亿美元的市值峰值，逐步成为 Meta（前身为 Facebook）长期目标的最佳挑战者之一。

2. 数字艺术

数字艺术是指存在于虚拟或数字媒体上的创意内容，包括音乐、电影、绘画、图像等。它可以被艺术家出售，也可以被艺术收藏家和艺术爱好者购买。然而，数字艺术一直存在较为严重的伪造和盗窃现象。对此，NFT 较好地解决了这一问题，通过在每件艺术品上附加一个独特的哈希值，可以使每件数字艺术商品都能够得到标记和区分。特别是对于较为出名的艺术家或作者，其还可以在 NFT 中包含他们的电子签名，从而增强所制作内容的真实性（Whitaker，2019）。传统艺术商品由于难以追踪所有权的变化，一直难以解决版税的问题。而将数字艺术 NFT 化后，艺术家不仅可以从他们的作品销售中获得更多利润，而且每次将他们的艺术品转让给新的所有者时都能获得版税收益，这使艺术家能够在较大程度上扩大收入来源，提高艺术创作动力。尽管数字艺术商品可以复制，但 NFT 确保每个副本完全属于购买者，不能与另一个副本互换，从而增加了数字艺术对艺术爱好者、收藏家乃至投资者的吸引力。2021 年，数字视觉艺术家 Beeple 的一幅 NFT 数字艺术品《每一天：前 5000 天》（*Everydays：The First 5000 Days*）在纽约佳士得拍卖行以 6930 万美元（约 4.5 亿元人民币）成交，刷新了数码艺术品拍卖纪录。这充分显示出 NFT 艺术品的价值已经得到了市场的高度认可。

3. 时尚产业

目前，为了扩大市场影响，许多时尚品牌开始大力发展虚拟服装、首饰、珠宝等数字商品。然而，由于大量假冒和复制数字商品的存在，使时尚品牌遭受了较大损失。NFT的出现给予了时尚品牌修正这一问题的机会，通过利用NFT的所有权可追溯、版税可获取的特点，减少盗版商品的冲击。目前，尽管在时尚产业中使用NFT仍然是一个相对较新的概念，由于时尚产业依赖于实物商品的销售，NFT不太可能完全取代实物商品，但它为时尚企业提供了一个新的经营理念与模式，有助于开发新的消费群体。特别是近年来新冠疫情大流行严重冲击了线下门店的正常经营，时尚产业也正试图通过涉足数字科技来拓宽市场前景。一些时尚设计公司已经开始在实体商品中嵌入含有NFT的数字芯片，用来区分出其所有权和排他性，以此提高商品的附加值。尤其是在高端奢侈品市场，NFT商品已经成为各大公司的必争之地。例如，2021年奢侈品品牌雅各布公司设计的一块NFT数字手表以10万美元的高价出售；虚拟时尚品牌RTFKT以超过12万美元的价格出售了一件NFT数字夹克。这些立足于时尚产业的NFT高估值商品表明，虚拟时尚物品市场有着较大的开发潜力。

4. 游戏产业

游戏产业是当前NFT的主要应用领域之一，得到了大量游戏公司和游戏开发者的关注。NFT可以提供游戏内道具、角色、场景等商品的数字所有权，这不仅能丰富游戏的盈利模式和手段，也提升了玩家的游戏体验和操作便利性（Serada et al., 2021）。目前，通过向玩家出售商品已经成为大量网络游戏和手机游戏的主要利润来源。对于玩家而言，购买的商品仅有消费效用，而无法转化为资产收益。然而，如果购买的游戏商品是NFT，玩家可以在不再需要时通过出售该商品来收回款项。一旦商品价值随着时间的推移而增值，玩家甚至可能会产生利润。即便开发商停止对游戏的运营和支持，玩家累积的商品仍然是他们自己的财产。NFT的这种模式不仅对玩家有利，而且对游戏开发人员也有诸多益处。每次游戏NFT在市场上出售时，开发人员都会获得版税。由此可见，这将产生出一个生产商和消费者互利互惠的盈利生态，所有参与者都可从NFT市场中获利。

5. 体育产业

NFT近年来在篮球、棒球和拳击等体育产业中逐步开始普及，并迅速成为经营者的一个重要盈利来源。2020年，美国国家篮球协会（National Basketball Association，NBA）推出了一个名为NBA Top Shot的商品交易系统。该系统是一款基于区块链架构的NFT收藏平台，它能使球迷能够购买、出售和交换他们最喜欢球员得到官方认证的比赛"亮点时刻"和数字球星卡，一经推出便得到了大量 NBA 球迷的欢迎。传统的实物球星卡存在难以估值、一旦丢失难以寻找等问题，而通过 NFT 平台的网络排名系统，可对这些 NBA 卡的价值进行数字跟踪，实时掌握卡片的估值变化。NFT 不仅创造了这种新的盈利模式，还创造了一种与粉丝建立联系并为他们提供独一无二体验的新颖方法。与广告等传统营销手段相比，它对 NBA 球员和球迷更有利。这也推动了越来越多的运动员、名人和偶像参与 NFT 领域，可以被 NFT 通证化的商品种类不断增加，数字签名头像、贴纸、门票、动画和图画等均可成为 NFT 销售项目。NBA 球队金州勇士甚至还发布了自己开发的各种球队 NFT 产品，使他们成为第一支涉足 NFT 市场的美国俱乐部。

三、NFT 产业的存在问题

尽管 NFT 有着广阔的市场前景和应用领域，但展望其发展前景，若想进一步做大做强，还需解决产业发展过程中存在的一些问题。这些问题既包括技术本身和平台管理层面的短板，也包括法律层面的风险。

（一）区块链外的资产存储存在一定风险

由于数据记录在不可篡改的区块链上，人们可能会认为 NFT 将不会面临任何安全风险。然而，区块链保护的仅是 NFT 元数据，而非其标的资产。受区块链的存储空间有限且网络流量较大等因素限制，将 NFT 标的资产直接存储在区块链上通常成本高昂且效率低下。在大多数情况下，底层 NFT 标的资产如 jpeg 图像或 mp3 音频文件都是离线存储，通常单独存储在外部托管服务器上，包括集中式服务器（如 OpenSea 托管的服务器）、分布式文件系统（如 Inter Planetary File System）以及云存储（如亚马逊 AWS 云服务）等。因此，尽管直接存储在区块链上的 NFT 元数据不可窜改，但存储在区块链外的标的资产却可以被操纵。如果区块链外存储系统脱机或停止运行，NFT 标的资产和任何链外元数据可能会一起消失，从而产生"404"错误的现象，即跟踪区块链上的标的资产链接信息后却返回错误消息，无法找到位于所提供地址的文件（Das et al., 2022）。在这种情况下，区块链上的元数据即使能继续表示 NFT 的所有权，但 NFT 资产本身已不再可用，这就会在较大程度上损害 NFT 的价值。

（二）NFT 资产验证尚待完善

NFT 交易平台对 NFT 的底层标的资产验证机制存在一些缺陷。尽管大多数 NFT 交易平台都声称将违反法律法规或平台条款的 NFT 下架（这将意味着 NFT 已从市场中删除，但仍保留在区块链上），但出于自身利益等多方面因素考虑，其中一些条款和规定随着时间的推移而发生了变化（Chohan, 2021）。例如，OpenSea 最初有一个防止在线滥用的批准程序，但后来取消了该条件。2022 年 1 月，OpenSea 出台规定限制用户创建 50 个以上 NFT，旨在防止诈骗者大量剽窃、伪造或生产垃圾 NFT，但仅 24 小时后在大批 NFT 创作者的反对下，OpenSea 推翻了该决定。同时，NFT 的资产验证手段也存在漏洞。目前，不同 NFT 交易平台的资产验证手段不同，以 OpenSea 和 Rarible 为代表的平台常见的验证要求包括提供卖家的社交媒体账号、联系信息或艺术品草稿文件，以此审查卖家信用，并在经过验证的卖家资料或 NFT 商品上展示特殊徽章，增加其市场可信度。OpenSea 更是引入了一种自动化程序来识别并删除伪造副本，来防止同一资产被重复铸造和出售。然而，在 OpenSea 和 Rarible 上，这种验证过程并不是必须而是可选的。一些不法分子便可通过系统漏洞骗过 OpenSea 和 Rarible 的验证过程，冒充著名艺术家和高信用卖家进行诈骗。此外，NFT 市场也缺乏其他互联网平台的一些基本安全和监督功能。许多 NFT 交易平台不提供双因素身份验证（2FA），也不需要个人身份信息（PII）进行账户验证，导致平台系统安全性存在隐患。相比之下，一些加密货币交易所（如 Coinbase 和 Binance）都提供双因素身份验证，并要求使用个人身份信息创建账户。这些交易所要求用户提供姓名、住址、社保账号和证明文件等信息，以此才可访问交易平台并参与交易。

（三）NFT 的所有权合法性难以维护

一般而言，用户一旦拥有 NFT 就会在区块链元数据中被标识为 NFT 的所有者，并有权将 NFT 转让给其他人。然而，区块链中记录的 NFT 所有权元数据并不一定代表相关数字或物理资产的合法所有权或合法版权。截至 2022 年，大多数 NFT 交易并未明确将标的资产的所有权或版权转让给买方，仅有少数一些外部协议授予了个人商业使用许可（Fairfield，2022）。一些 NFT 甚至不提供关于如何使用数字或物理资产的任何信息。在许多 NFT 交易平台上，诈骗者可以轻松地将并非他们创造的艺术品"标记化"，因为标记通常不需要标的艺术品的合法所有权证明。在此影响下，NFT 市场的增长导致了数字艺术和其他内容产业的版权侵权现象不断增加。2022 年，OpenSea 声称整个市场中约有 80% 的 NFT 存在弄虚作假、抄袭剽窃、质量低下等问题；NFT 艺术交易平台 DeviantArt 通过检查是否有作品未经艺术家们的许可以 NFT 形式出售，结果发现有 25000 个之多。尽管 OpenSea 表示一旦收到满足《美国数字千年版权法》(*Digital Millennium Copyright Act*) 的删除请求，它将及时把问题 NFT 商品下架。然而，这将迫使艺术家们不得不耗费大量时间和精力人工监控 NFT 市场中是否存在违规作品，并提交侵犯个人版权的删除请求。此外，根据现行法律，未获得应支付的 NFT 版税的内容创作者可能几乎没有法律依据来索取这些资金，这也在一定程度上加大了 NFT 所有权的维权难度。

（四）NFT 交易中存在较多非法行为

随着 NFT 市场的火热，其非法交易行为也越来越普遍。美国财政部发现，NFT 等非金融资产容易发生"洗澡交易"的现象，即 NFT 通过同一账户来回交易，以此提高其市场估值。同时，NFT 交易中还存在较多洗钱行为，这是因为 NFT 很容易跨境发送，且不会产生实际运输的财务或监管成本。再加上 NFT 数字艺术品的价格变化很大，这就方便了洗钱者能够在几乎没有历史参照的情况下设定其期望价格（Johnson，2021）。目前，多个国际组织也开始认识到 NFT 可能带来的洗钱风险。全球税务执法联席会议（J5）[①] 发布了关于与 NFT 交易相关的风险公告，为艺术品经销商推荐了 NFT 信息共享、法规培训、监管动向等内容，

[①] 全球税务执法联席会议（J5）成立于 2018 年，旨在打击跨国税务犯罪行为，其成员国包括美国、加拿大、澳大利亚、英国和荷兰五国。

以此帮助艺术品经销商遵守反洗钱要求，并更好地了解客户行为。尽管如此，出于自身利益影响，NFT 的这些非法交易并未受到交易平台的严格限制。对于交易平台而言，促进 NFT 交易的动机要高于核实买卖双方身份的动机，若交易正在快速连续进行，平台容易缺少动力进行尽职调查。例如，OpenSea 从其平台上的每笔交易中都可获得 2.5% 的佣金收益，这就意味着公司会将扩大交易量优先于审查洗钱等非法活动。

四、NFT 产业的监管动向

影响 NFT 产业发展前景的另一大因素是政府部门的监管态度。由于区块链等分布式记账平台可以跨境运营，NFT 在全球范围内均可交易，因此，NFT 的买卖双方和交易平台需要考虑不同司法管辖区的法律法规和监管框架。鉴于 NFT 业态较为新颖，目前全球尚未达成关于 NFT 是否属于适用于现有加密资产监管法规的统一意见。大多数司法管辖区也未制定出专门的适用于 NFT 的监管法规，仅有部分国家依托管理区块链或加密资产的法律条款对 NFT 进行监管（见表1）。

（一）美国的监管措施

NFT 在美国目前尚未受到专属法律条文监管，在美国法律中的地位与监管分类并不十分清晰。尽管纪念品和收藏品通常并不被视为一种"证券"，但从美国证券法的角度来看，作为金融投资对象销售的 NFT，其持有人可从 NFT 创业企业或 NFT 平台交易中获得利润，这就类似于"投资合同"中的"证券"。因此，与其他加密资产类似，NFT 的发行、购买和销售行为仍会受到美国证券法的监督。目前，虽然未有美国联邦监管机构对 NFT 发行人采取执法行动，但已有不少个人提起民事集体诉讼，利用美国证券法指控 NFT 的非法发行。同时，从美国反洗钱法的角度看，NFT 是否能被认定为美国法律中的"可交易资产或虚拟货币"目前尚不明确。与比特币或其他虚拟货币不同，大多数 NFT 并非旨在作为货币替代或交换媒介而存在，真正不可替代的 NFT 或许不应被视为可交易资产或虚拟货币。尽管如此，美国反洗钱法中涉及解释管理"古董"或"艺术"交易的条款却可以覆盖 NFT。2020 年，美国反洗钱法修改了银行保密法中对金融机构包括古董交易从业者的限制，同时要求美国财政部和其他机构对艺术品交易中的洗钱手段进行研究，并定期向国会报告（US Department of the Treasury, 2022）。此外，美国联邦制裁法也可覆盖 NFT 的发行、购买和销售。由于 NFT 交易可以与世界上任何地方的人员开展，因此，涉及 NFT 交易的美国人和某些非美国人，都应确保遵守美国财政部海外资产控制办公室颁布的规定。

（二）荷兰的监管措施

以荷兰为代表的欧盟国家，当前对 NFT 的监管措施主要是将其纳入现有加密资产监督框架之中。根据荷兰的反洗钱法，加密资产被定义为以分布式账本技术存储或交易的一种契约权利，作为加密资产的 NFT 会受到以下监管：首先，如果某类 NFT 可作为金融机构的投资工具（如作为一种股票、债券或其他金融衍生品），那么与其有关的买卖、中介和其他辅助服务可能会触发金融投资企业的从业许可要求。其次，如果某类 NFT 符合电子支付的条件，代表发行人赋予的一种电子消费能力，那么发行人可能会触发电子支付机构的从业许可要求。再次，如果某类 NFT 可被视为一种投资对象，那么就该 NFT 进行的发售或中介行为将可能会触发金融服务提供商的从业许可要求。最后，如果某类 NFT 可被视为一种虚拟货币，即使不附属于合法设立的货币，不具有货币或金钱的法律地位，但被自然或法律接受人作为交换手段，并且可以通过电子方式传输、存储和交易，那么该 NFT 将会触发荷兰的货币注册要求。

（三）日本的监管措施

在日本，股票、加密货币等可替代通证通常是作为安全通证或加密资产在金融法规下监管，在交易过程中会触发某些从业许可要求。NFT 的不可替代性意味着其通常没有结算功能，不符合受监管的加密资产条件。因此，大多数 NFT 在日本并未受到具体监管，交易它们也不会受到任何限制。日本最常见的 NFT 交易品种是区块链上的卡片或游戏内物品，这主要得益于日本是全球在线游戏规模最大、发展最成熟的市场之一。尽管没有被特定法规监管，但作为游戏内物品发售的 NFT 却可能涉及日本国内的反不合理收费和误导性消费法案，以及刑法中关于赌博犯罪方面的法律规定。受此影响，近期日本区块链内容协会和日本加密货币商业协会均制定了关于 NFT 的规范指导意见。

（四）新加坡的监管措施

NFT 在新加坡并未受到专门监管，政府部门对其监管的方法主要是检查其市场交易特征，如果此类特征隶属于现有法律法规的监管范围之中，那么 NFT 将由该法律法规监管。目前，NFT 在新加坡主要被区分为证券通证、支付通证和效用通证三种类型，因此对其监管也就存在以下三种情况：第一，若某类 NFT 被确认为是一种证券通证（即它表现出证券的相关特征，如授予或代表公司、合伙企业或有限责任公司的合法所有权权益），那么它将受到证券监管制度的约束，这就包括遵守证券要约的发行制度和证券交易的许可要求。第二，若某类 NFT 被确认为是一种支付通证（即它是作为商品或服务支付的交换媒介），那么它将受到新加坡《2019 年支付服务法案》（*Payment Serrices Act* 2019）中关于数字支付通证服务条款的监管。目前，针对"数字支付通证服务"的监管范围已经扩展到交易数字支付通证或促进数字支付通证的交易行为。在此类活动中开展 NFT 业务的个人或公司都将触发付款《2019 年支付服务法案》中的许可要求。第三，若某类 NFT 被确认为是一种效用通证（即它主要用于享受商品或服务，且不属于证券通证或支付通证），那么它将不会受到监管。

（五）中国的监管措施

目前，加密资产及与加密货币有关的活动在中国都会受到严格监管和审查。然而，目前中国的监管措施缺乏统一框架，涉及加密资产的规则通常分布在各金融监管机构的临时通知或通告中。其中，最具代表性的是 2017 年由中国人民银行等七部委联合发布的《关于防范代币发行融资风险的公告》，这一公告标志着开始对加密资产开展前所未有的严格监管。在此影响下，2017 年后各种针对加密资产的监督和执法活动开始迅速增加。2021 年 5 月，中国互联网金融协会、中国银行业协会、中国支付清算协会联合发布了《关于防范虚拟货币交易炒作风险的公告》，要求其成员机构（主要为银行或支付平台）不得在中国提供任何涉及加密资产的服务。该公告还进一步阐明了特定限制和风险警报，包括围绕加密货币交易所的各种投资和交易。然而，就 NFT 而言，中国法律法规尚未将其纳入加密货币或加密资产范围之中，《关于防范代币发行融资风险的公告》中也并未明确禁止中国居民交易或投资 NFT，仅是提醒人们注意与加密资产相关的产品风险。但是，倘若 NFT 是为筹资而设立，后续相关监管风险仍会较高。同时，若利用 NFT 产品进行欺诈等违法行为，也会引起监管部门的注意。

主要国家关于 NFT 产业的监管措施如表 1 所示。

表 1　主要国家关于 NFT 产业的监管措施

国家	监管方向	监管措施
美国	主要通过证券法、反洗钱法和联邦制裁法对 NFT 进行监管	作为金融投资销售的 NFT 可被视为证券法的监管对象；作为艺术品的 NFT 可被视为反洗钱法的监管对象；作为跨境交易的 NFT 可被视为联邦制裁法的监管对象
荷兰	将 NFT 纳入现有加密资产的监管框架之中	根据将 NFT 作为投资工具、电子支付、虚拟货币的不同用途，分别从投资公司的从业许可要求、金融服务提供商的从业许可要求及货币注册要求进行监管
日本	未将 NFT 纳入加密资产的监管框架之中，主要将其视为消费类商品进行监管	对涉及反不合理收费和误导性消费法案以及刑法中的赌博犯罪行为的 NFT 交易进行监督和限制
新加坡	根据 NFT 的不同用途，使用现有法律进行监管	若该 NFT 被确定为证券通证和支付通证，将分别受到证券法和《2019 年支付服务法案》的监管；若 NFT 被确认为效用通证，则无须监管
中国	未将 NFT 纳入加密货币或加密资产监管范围之中	尚未有明确措施，主要以提醒 NFT 交易风险为主

资料来源：笔者整理。

五、结论与政策建议

本文系统分析了 NFT 产业的主要特征、市场逻辑、存在问题与监管动向。作为各国重点发展的未来产业之一，NFT 的最大优势在于其通过区块链技术解决了数字资产的产权交易障碍，为推动数字经济尤其是数字资产交易的发展带来了革命性的突破。然而，NFT产业由于业态较为新颖，仍在不断成熟和推广过程中，还有很多有待开发的应用领域，需要解决资产风险、所有权合法性以及非法交易等问题。与此同时，当前各国对NFT产业的监管仍然处在模糊地带，针对NFT的专业法律法规缺失，导致NFT产业尚未得到有序规范发展。

党的二十大报告指出，要"加快发展数字经济，促进数字经济和实体经济深度融合，打造具有国际竞争力的数字产业集群"。习近平总书记也强调，要"把区块链作为核心技术自主创新重要突破口，加快推动区块链技术和产业创新发展"。NFT产业作为区块链技术的重要创新和延伸应用，从广义上看仍然属于区块链产业的一部分，对于推动我国占领数字经济新技术新业态的制高点，具有重要的培育价值和突出的战略意义。就我国现实情况来看，近年来区块链技术的不断创新和业态的不断丰富，使NFT产业已具备了较好的发展基础。特别是在当前各地均把大力发展未来产业作为经济增长和产业转型的支撑点这一背景下，元宇宙、Web3.0、数字娱乐、数字艺术、数字时尚、数字游戏、数字出版、数字音乐、网络视频等未来产业和新兴业态的发展壮大均与NFT产业紧密相连。为加快我国NFT产业发展，抢占全球数字技术创新的制高点，在此提出以下政策建议：首先，加强NFT产业的底层技术的支撑。NFT的创造、发行和买卖离不开区块链技术支持，技术的成熟性和可靠性是NFT产业做大做强的关键。应鼓励互联网企业、行业平台和科研院所等机构研判区块链和分布式记账技术的发展趋势，加快开发处理效率更高、能耗更低、交易更便捷、安全性更高的区块链技术，为扩大NFT产业规模解决技术障碍。其次，加快普及NFT产业的适用场景。鼓励企业在元宇宙、数字娱乐、数字时尚等产业中嵌入NFT商业模式，加快在不同场景下的试点应用，通过丰富业态来扩大NFT的受众对象。对于一些基础条件好、示范应用强的重点方向，加速形成以点带面、点面结合的示范推广效应，以此有效刺激NFT消费需求。最后，完善NFT产业的监管措施。针对NFT可能会产生的非法交易、侵权、假冒等现象，加强国家发展改革委、中国人民银行、文化和旅游部、国家市场监管总局等监管部门的合作联系，尽快出台关于NFT的行业监管法规，建立专业部门加强对这一新兴领域的监管。同时，加快与国外相关机构的合作，联合打击NFT的跨境洗钱等不法行为。通过技术支撑、场景推广、监管保障"三管齐下"，实现我国NFT产业的健康有序发展。

参考文献

［1］Chohan U. Non-Fungible Tokens：Blockchains, Scarcity, and Value ［R］. CBRI Working Papers, 2021.

［2］Das D, Bose P, Ruaro N, et al. Understanding Security Issues in the NFT Ecosystem ［C］. ACM Conference on Computer and Communications Security, 2022.

［3］Evans T. Cryptokitties, Cryptography, and Copyright ［J］. AIPLA Quarterly Journal, 2019, 47（2）：219-266.

［4］Fairfield J. Tokenized：The Law of Non-Fungible Tokens and Unique Digital Property ［J］. Indiana Law Journal, 2022, 97（4）：1261-1313.

［5］Idelberger F, Mezei P. Non-Fungible Tokens ［J］. Internet Policy Review：Journal on Internet Regulation, 2022, 11（2）：1-9.

［6］Johnson K. Decentralized Finance：Regulating Cryptocurrency Exchanges ［J］. William & Mary Law Review, 2021, 62（6）：1911-2021.

［7］Moringiello J, Odinet C. The Property Law of Tokens ［J］. Florida Law Review, 2022, 74：607-671.

［8］Serada A, Sihvonen T, Harviainen J. Cryptokitties and the New Ludic Economy：How Blockchain Introduces Value, Ownership, and Scarcity in Digital Gaming ［J］. Games Culture, 2021, 16（4）：457-480.

［9］US Department of the Treasury. Study of the Facilitation of Money Laundering and Terror Finance Through the Trade in Works of Art ［R/OL］. ［2022-02-10］. https://home.treasury.gov/system/files/136/Treasury_Study_WoA.pdf?source=email.

［10］Whitaker A. Art and Blockchain：A Primer, History, and Taxonomy of Blockchain Use Cases in the Arts ［J］. Artivate, 2019, 8（2）：21-46.

［11］渠慎宁. 区块链助推实体经济高质量发展：模式、载体与路径 ［J］. 改革, 2020（1）：39-47.

专题二

数字经济与全球治理

数字经济背景下全球要素资源重组态势研判

邓 洲[*]

摘要: 在技术进步和经济发展方式转变的推动下,全球主要要素资源供需总体趋于稳定和均衡,但国家间要素资源的竞争加剧。数字经济的发展一方面对资源、劳动力、资本、土地等传统生产要素的供需产生影响,另一方面推动数据要素规模的扩大和影响力的提升。总体上看,数字经济背景下全球产业分工逻辑发生变化、要素供需结构和不同要素的重要程度也发生变化,这导致要素资源重组趋势增强。

关键词: 数字经济;数据要素;要素重组

一、全球和国内要素资源供需基本态势

技术进步和经济发展方式转型促进传统要素资源供需趋于均衡。从需求看,主要传统要素资源需求规模即将达峰或趋于稳定。英国石油公司(BP)发布的《BP世界能源统计年鉴》表明,在经历21世纪头10年的高速增长之后,2010

---

[*] 邓洲,中国社会科学院工业经济研究所工业发展研究室主任、副研究员。

年以来全球能源需求增速趋缓,主要传统能源的需求本世纪中叶以前几乎都会达到峰值。麦肯锡咨询公司发布的《全球能源视角2019:参考案例》预测2035年以后全球一次能源需求增长将趋于停滞,其中,石油需求将在10年左右达到峰值,2050年全球石油需求将减少到目前的一半;煤炭的需求在2030年前达到峰值;天然气是唯一份额增长的化石能源,但也会在2035年之后趋于稳定。除能源外,矿石、资本、土地等资源的供需也趋于平衡。例如,主要矿石资源的价格波动主要是受经济政策的影响;全球资本金充足;从全球范围看,土地稀缺的问题主要集中在极少大城市的中心地带。

技术进步拓宽要素资源范畴,提高要素资源利用效率。"资源"是在工业加工能力范畴内相对于"废品"的概念,技术进步不仅能够提高资源能源的勘探水平和开采水平,还能够提升利用效率,减少浪费。例如,以前不能被利用的伴生矿、贫矿,无法开采的深海矿产能够被开采利用;石油、煤炭、天然气等主要能源的热转化率较几十年前有成倍的提升;新工艺、新结构在机械行业的应用大大降低了钢材使用量;"城市矿山"和再制造的发展提高了资源的循环利用;新能源、新材料的使用更是不断扩大了"资源"的范畴;等等。

所有传统投入要素中,劳动力是真正存在短缺问题的,发达经济体老龄化问题严重,中国人口增速放缓,人口低增长率、老龄化趋势加剧,虽然全球人口仍在增长,但劳动力的跨境流动存在巨大限制,无法实现全球范围的劳动力供需平衡。总体上看,能源、资源、土地、资本等传统要素资源全球供需矛盾表现为短期性、局部性和非经济因素,劳动力是近几年全球要素资源供需匹配最棘手也是最长期的问题。

根据中国社会科学院工业经济研究所课题组的测算,2010年以来,国内资本、技术、土地、能源等主要产业发展投入要素资源的供给并未出现明显的减少且价格总体稳定;资源要素供需变化主要表现为劳动力供给增速放缓,以及要素资源从第二产业向第三产业转移的结构变化。

当然,全球要素资源供需趋于总体平衡的背后是重组趋势增强以及竞争加剧,总体平衡不等同于每个国家不存在要素资源保障风险,更不意味着国家间对要素资源的争夺和竞争会减弱或消失。对于一个国家而言,只有其在主要的要素资源领域技术路线做到全球领先,且与自身要素资源禀赋、全球掌控力契合的情况下,才能够摆脱要素资源供给威胁。尽管传统要素资源(如化石能源)所占比重会不断下降,但仍然占有相当大份额,并且是稳定要素资源供给结构中不可或缺的部分,因此,针对全球油气、矿石资源的争夺还将继续,且激烈程度不会减弱。在新科技革命和产业变革背景下,国家间争夺要素资源的竞争将逐渐从以传统资源要素掌控规模为主的竞争,转变为依靠更新技术和工艺实现更高利用效率的竞争,技术水平成为造成国家间要素资源保障能力差距的根本原因。

二、数字经济发展对传统要素资源供需的影响

数字经济是新科技革命和产业变革下催生的新产业部门,同时也是区别传统大规模制造驱动的新价值创造方式。无论把数字经济理解为新的产业部门,还是新的经济运行方式,都不会改变传统要素资源作为基本投入的地位,但数字经济的发展必然会对传统要素资源的供给方式、交易方式、运输方式、结算和价值分配方式产生深远影响。总体上看,在数字经济的冲击下,传统要素资源能够"扩总量、降成本、促通达、稳价格",而不同的要素资源由于经济特性不同,受数字经济影响和冲击的程度和方式也有所不同。

(一)扩大资源能源供给总量和稳定价格

资源和能源在全球的分布极不均匀,品质和开发难度也存在差距,自工业革命爆发之后其一直是战争、冲突的重要诱因(如两次海湾战争),也极容易因政策原因引发价格波动(如20世纪70年代的石油危机)。虽然数字经济的发展本身并不会增加物质化的资源能源储存总量,但能够扩大资源能源供给并稳定要素价格。首先,数字技术和手段的应用不仅能够加快资源能源的勘探,也能在资源能源开采中提高效率和减少浪费。例如,矿井使用人工智能选矿设备,对矿产进行精细化分类,大幅提高尾矿、伴生矿的利用率。其次,数字技术的应用能够更好适配资源能源供需,减少因供需不匹配造成的损失和价格波动。例如,使用人工智能预测电力需求可以动态调整火电发电量,促进增大风能、太

阳能、水能等清洁能源的使用比重。最后，数字经济创造的新产业和新业态能够改变传统的资源能源利用方式。例如，分布式的能源系统是数字经济与能源经济的融合产物，也只有通过数字经济形成的智能化网络，才能够将不同主体、不同形式的发电和用电单位连接在一起，从而实现能源的"就近利用"，减少中间环节消耗。

（二）破解劳动力流动约束

劳动力流动不仅成本高且受到很强的制度约束，跨国的劳动力流动直到目前为止也是非常困难的。正因如此，服务业的可贸易性远远低于制造业。20 世纪 90 年代，在互联网发展和跨洋电话费用大幅下降的情况下，欧美发达国家开始将需要使用大量人力的电话呼叫中心迁往发展中国家，印度利用语言上的优势承接了大量呼叫中心的转移，奠定了发展服务外包的基础。随着数字技术的发展、基础设施的完善和业态创新，更大数据流量的远距离输送成为可能，研发、设计、法律、财务、人力资源管理等职能已经在很大程度上实现了远程化、平台化、集中化。除了通信技术的发展和通信成本的下降，数字技术应用也使更多的岗位或者业务能够远程开展。例如，德国著名电梯制造商蒂森克虏伯为工作人员配备了微软增强现实眼镜 HoloLens，使后台技术人员能够为世界任何位置的现场工程师或维修人员提供指导和方案确认。我国一些工业装备企业也在利用虚拟现实、增强现实等技术远程培养电焊工。2020 年新冠疫情全球大流行，网络会议、社交媒体、网络办公等数字经济帮助各行各业大大缓解了人员无法流动对业务开展造成的不利影响，疫情在客观上也加速了相关技术的完善，培养了用户习惯，加速了全球以数据流动替代人员流动，进一步破解劳动力流动约束。

（三）资本更加活跃，监管难度提升

资本本身就是流动性很强的要素，金融业也是较早开始信息化变革的行业，在数字经济发展的加持下，资本在全球范围的活动更加活跃。在全球化背景下，金融监管能力弱的国家的金融体系很容易被外国势力操作造成国家经济瘫痪，一个国家的金融问题也很容易波及其他国家引发区域性、全球性的金融灾难。数字经济在促进资本流动的同时也对金融监管提出更高要求，特别是数字货币的出现和发展势不可当，各国都认识到其对经济发展的刺激作用以及其处于传统金融监管的真空地带。一些观点认为数字货币可溯源、不可更改的特性能够有效防止洗钱等金融犯罪，但实际上数字货币的特性却被国际金融犯罪逃避传统监管提供了方便。2020年，二十国集团领导人峰会提出要以开放和包容方式探讨制定法定数字货币标准和原则，足以显示主要国家对加强数字货币监管的重视程度。可以说，在金融业数字化变革的过程中，"道"和"魔"之间的赛跑异常激烈，对传统金融监管体制带来的考验异常巨大。

（四）实现土地的虚拟流动

土地一直是最难流动的要素资源，在很多时候其流动性几乎为零，"极差"地租也是解释地区发展差距的重要理论。土地置换、飞地经济等创新只是在制度上解决了土地使用权和土地产出分成的问题，且其发挥的作用也具有局限性。数字经济的发展虽然没有改变土地的不可流动性，但由于土地无法流动造成的对产业发展的约束却大大得到缓解。一方面，作为新兴产业部门的数字经济核心产业对位置的依赖性不高。在完善的新型信息基础设施的基础上，距离对数字经济产业发展的约束很小，超长距离的数据流通几乎不增加成本，因此，耗电量巨大的运算中心可以建设在电力资源（特别是风能、太阳能、水能等清洁电力资源）丰富的偏远地区，而技术密集型和人才密集型的研发和运维可以布局在大中城市。另一方面，产业部门以及公共和社会管理部门迎来新一轮数字化改造，而是借助互联网、物联网技术，数字化改造不仅不会增加土地需求，反而会减少土地需求。例如，企业不需要建设耗资不菲、占地不少的服务器中心，而是借助于云服务器和云计算实现数字化功能。这表明，数字经济的发展并不会增加土地需求，反而会促进土地的集约使用。

（五）提高研发效率和促进知识传播

技术是特殊的要素资源，且在科技革命的背景下，技术竞争是大国间要素禀赋竞争的主战场。虽然知识和技术本身具有公共产品的属性，但依附于专利、标准、商业秘密就能成为国家或企业的专属性资源，况且很多知识具有缄默特征，不参与技术研发过程的组织难以知其然又知其所以然。因此，即便人才可以跨境流动，技术成果可以跨境交易，但技术所表现出来的能力并没有也不可能跨越国界，数字经济的发展强化和扩大了这一趋势。一方面，数字经济产生新的垄断，技术的国家属性进一步增强；另一方面，数字经济产生新的研发鸿沟，造成发达国家与未能成功进入数字经济发展轨道的发展中国家之间的差距进一步拉大。具体来看，在知识的创造阶段，人工智能在图像识别、语音识别上的成熟应用帮助科学家节约了大量重复性劳动，大大节约了科研人员投入，缩短了研究周期，提高了研究过程的准确性。在知识的传播和应用阶段，数字经济创造更多的知识载体，使得知识和技术的传播速度更快，而且可以有更多的呈现形式。区块链技术的应用使得研发成果在更方便交易和传输的同时，更好地保护知识产权。

三、数据要素的价值创造

数字经济发展在形成新产业和新业态的同时，也创造了新的一类要素资源——数据要素。技术进步和产业升级一次次修正生产函数，但数据要素的出现不仅是增加一个变量，更是对价值创造和分配的一次前所未有的冲击。数据要素完全虚拟化、边际成本为零、流动性无限大，似乎符合很多经济理论的极端假设，但在现实中，正因为这些特性的存在，反而使传统理论指导下的各种经济政策和制度变得无效，给政策制定者带来巨大挑战。无论是数字经济的加速发展还是经济社会的数字化加速转型，数据已经成为经济社会运行的基础要素，具有"通货"的性质，数据不仅是全球要素资源重组的重要内容，甚至决定着重组的基本方向，同时还改变着全球要素资源重组的方式。

（一）数据成为新的要素资源

数据作为生产要素，有两条创造价值的路径：一是数据的使用提高了经济运行体系中原有要素的价值转化效率，这是数据要素的乘数效应。信息化改造是近二三十年产业转型升级和社会变革最重要的方向，数据信息的使用几乎促进了所有行业和领域的效率提升。二是数据本身产生新的价值，这是数据要素的增量效应，大数据产业规模不断扩大，成为数字经济的重要增长极，不断涌现的内容产业业态创新，其本质就是基于数据信息的价值创造。就像在农业经济时代和传统工业经济时代，土地、劳动力和资本是关键生产要素一样，在数字经济时代，数据要素的重要性将不断提升。因此，无论是对于一个国家、一个区域、一个城市、一个企业，甚至个人，是否能够掌握数据并成功转化为生产要素决定了其竞争力水平的高低。平台在数据应用中起到关键作用，平台一方面连接各种数据资源，另一方面为各行各业提供输送处理加工的数据。可以说，数字经济的生态系统以数据为基础要素，但平台才是生态系统的核心。

（二）数据要素价值创造和分配过程

数字经济价值创造是对数据等投入要素的知识价值导入，数据要素价值创造和参与分配必须经过四个步骤：第一步是数据要素的创造，自然界、人类生产生活，国家、城市、集体、个人都在无时无刻发生变化，将这些变化记录下来便形成数据，互联网、移动互联网、物联网等技术的进步和新型信息基础设施的不断完善和升级使得创造数据要素的成本越来越低，覆盖面越来越广。第二步是数据要素的传输与加工，这是数据作为生产要素参与经济活动最重要的一步，原始数据将转变为能够被直接应用的生产要素，一般由专业的信息化公司或机构完成，不同参与主体间的流程、方式和效果存在区别，这也决定了同样的数据资源最终能够产生多大的价值，并以多大的比重参与价值的分配。第三步是数据的价值创造，根据不同需要，经过加工的数据会传输给组织和个人以供使用，从而提高经济运行效率或者直接创造价值。第四步是数据参与价值分配，数据的所有者从效率提升和直接价值创造中获得收益。相对于价值的创造，数字经济价值的分配面临更多障碍和更复杂的问题，数字经济部门对价值增量的贡献测算很困难，同时价值的分配受数据垄断的影响存在不公平和不合理。数据价值的衡量还没有统一标准，数据的产权更是模糊不清，收益是属于创造数据的一方，还是属于数据应用的一方，还是多方共同参与分配，各自所占的比例是多少，这些问题都还没有得到很好的解决。目前，具有垄断势力的环节——通常是数据的传输和处理环节——能够获得最大的收益，这容易造成价值的分配不公、数据资源的违法使用，不利于数字经济长期健康发展。

（三）中国数据要素在全球的基本位势

我国是全球数据要素资源最丰富的国家，是人口大国，也是全球产业体系最完备、制造业规模最大的国家，还是信息基础设施全球领先的国家，是名副其实的数据要素资源大国。国际数据公司（IDC）和数据存储公司希捷开展的一项研究发现，中国每年以超过全球平均值3%的速度产生并复制数据，到2025年将增至48.6ZB；相比较，排名第二的美国到2025年只能增至30.6ZB，这意味着到2025年，全球近1/3的新增数据将来自中国[①]。

我国拥有最完善的大数据技术创新体系和产业体系。随着国内外发展环境的变化，我国传统要素成本优势逐渐消退，取而代之的是以完善创新体系、产业体系和巨大国内市场共同构成的综合优势。中国是全球少有的能够提供与数据要素创造、应用相关的，从技术创新、生产制造、基础设施建设、应用开发全部资源的国家，正是以此为基础，我国在几乎所有与数据要素相关的领域实现了快速发展，并在多个领域达到世界一流。例如，在全球上市互联网公司30强榜单中，中国有10家企业上榜，前30强中，除中国和美国之外只有3家企业。在新兴数据应用领域，中国成功实现从"跟跑""并跑"向"领跑"的角色转变，如在全球人工智能的研发、产业化和商业应用方面已经形成中美两国并驾齐驱的发展态势。

我国经济社会的加速转型形成对数据要素的巨大需求。在产业转型升级、创新驱动发展、"互联网+"、高质量发展、构建"双循环"新发展格局、建设现代经济体系等一系列国家战略和政策引导下，各个地区都出台和实施建设数据相关基础设施、促进数据要素应用开发的政策。我国可以说是对数字化转型要求最急迫的国家，智能制造、智慧城市、智慧农业、智慧政务等都是各级政府在"十四五"时期重点发展的领域，相关战略和政策的落实将保障国内数据要素需求保持高速且稳定的增长。

---

① 参见国际数据公司2019年研究报告"As information increasingly drives economies, China is set to overtake the US in race for data"。

当然，尽管我国数据资源丰富、数据产业发达，但数据作为新的生产要素创造价值并最终参与分配还面临一些体制障碍和技术短板。例如，政府主导下的数据采集模式成本高、范围窄、形式单一，缺乏共享动力，不同部门的标准和口径不同，数据资源量大质低，可利用价值有限，大量数据资源处于"休眠"状态，不能创造价值。此外，在各个环节都存在数据安全保障不足的问题。信息化放大了我国长期存在的对隐私保护不力的问题，个人信息泄露时有发生，不断造成恶劣后果，这不仅是因为技术不够成熟，更是由于相关制度缺失。因此数据采集、转移、使用的相关规章制度，特别是法律制度亟须完善。

四、全球要素资源竞争的决定因素和变化趋势

数字经济发展创造新的要素，也对传统要素资源产生影响，改变各国要素资源禀赋结构，形成新的价值创造和分配规律，要素资源的重组最终影响各国产业竞争优势的变化。

（一）数字经济背景下产业分工和竞争逻辑

新古典贸易理论和新贸易理论都承认一个国家或地区参与国际分工，进行国际贸易都应该选择相对于其他国家和地区具有竞争优势的产业或产业环节进行培育和发展。由于主导产业的更替、贸易模式的调整，产业竞争优势的来源也不断变化。如表1所示，20世纪中叶以前的国际贸易以产业间贸易为主，各国生产具有要素比较优势的产品并进行国际贸易。20世纪中叶以后，跨国公司在全球布局产能，产业内贸易的比重不断提高并成为国际贸易的主要形式。随着数字经济的发展，区域间分工模式将主要依托数据信息交互实现数字协同，一个国家和地区参与数字经济产业分工需要依托的关键性要素禀赋、市场范围大小、产业配套能力和基础设施条件都将发生明显的变化。

表 1　不同发展时期竞争优势的来源

	殖民贸易	全球化贸易	数字经济
要素流动方式	产业间贸易	产业内贸易	数字协同
关键要素禀赋	劳动力、土地、自然资源	资本、技术、企业家	数据、人才
要素流动范围	区域市场	区域市场	全球市场
配套和基础设施	资源能源供应	供应链体系	数据的算力、储量、运力

从要素禀赋看，数据和复合型人才是数字经济发展最关键的要素资源。劳动力、土地和自然资源是传统贸易发展阶段最重要的比较优势来源，在全球化发展阶段，跨国公司全球布局，要素流动更加便利，资本、技术和企业家成为更重要的投入要素。即便出现一些逆全球化的情况，但全球经济一体化的大趋势难以改变，自然资源、资本、技术、企业家等要素的跨境流动成为普遍现象，通过跨国投资和全球布局，劳动力、土地等要素的专属性也在降低。与此同时，区域间新的要素差异也在形成：一方面，数据要素的价值不断被挖掘和开发，"变现"能力增强，掌握数据意味着能够更好地控制数字经济产业链；另一方面，数字经济自身发展和与其他产业的融合需要人才支撑，领军型人才和人才团队对数字经济产业发展至关重要。在数字经济发展中，数据和人才成为一个国家和地区参与产业分工最关键的要素禀赋和竞争优势来源。从理论上看，相对于劳动力、土地等传统要素资源，甚至与资本、技术和企业家比较，数据和人才要素具有更强的流动性，且专属性较弱，这将产生两种截然相反的效果：一个国家和地区能够通过政策性手段聚集关键性要素，这是一些经济欠发达地区在数字经济全球分工中能够抢先布局获得先发优势的重要原因；由于同样的原因，发达地区可以通过更强的虹吸效应从欠发达地区获得数据和人才资源，再次拉大区域间发展差距，形成数字鸿沟。

从要素流动的范围大小看，"有效半径"能够扩大至全球。无论是传统贸易还是全球化发展阶段，都必须要有很好的运输条件才能使工业产品运输到更远的市场，同时以更便宜的价格获得生产要素和中间品，这是造成沿海地区往往是工业化程度较高、经济发展外向型较突出地区的重要原因。"有效半径"是区域产业布局的重要理论基础，只要产业发展建立在实物的运输和人的交流上，都存在一个最佳的市场和供应链半径。与此相比，数字经济依托数据的交流，对实物运输依赖性较小，通过高速互联网，一个地区的数字经济企业能够向全球客户提供服务，并且，不同客户在距离上的差异不会造成明显的成本差异。这一现象使数字经济有更强的聚集性，发展基础和条件更好的地区能够吸引更多的数字经济企业入驻。

从产业配套基础看，数字经济发展依托于数据计算能力、储存能力、传输能力的大小。更好的能源资源供应能力、产业配套能够更好地促进产业的聚集，形成规模经济，这对钢铁、化工等流程型产业的分工布局非常重要。随着分工更加细化，很多产业经历了产业链的水平解体或垂直解体，或两者兼有，规模经济的重要性让位于供应链体系。例如，我国珠三角地区电子信息制造业发展发挥了规模经济优势，但更重要的是当地有全球最完善、反应速度最快的电子信息供应链体系。数字经济提供的产品和服务大多是虚拟化的，边际成本趋近于零，从某种意义上说规模经济无限大，但是对数据处理（包括运算、储存和传输）的要求非常高。因此，高速信息网络、大数据中心、云计算中心是一个地区发展数字经济最重要的配套和基础设施。

（二）全球要素资源重组和竞争的决定因素

数字经济的发展对传统要素资源的供需产生深远影响，同时创造新的数据要素资源，以及改变生产函数，在这种情况下，全球要素资源必然会重组，各国之间的要素资源的竞争格局也会发生变化。决定全球要素资源重组结果，以及各个国家能够最终反映为产业竞争力的要素资源状况的主要因素有三点：

第一，人才、数据、技术及其控制力成为核心要素资源。数字经济和数字技术的发展一方面能够降低传统要素资源在经济活动中的比重，另一方面促进要素的跨境流动。虽然各国在传统能源矿产等传统要素资源上的争夺会持续，但影响未来产业竞争力的核心要素将主要反映在领军型人才、跨界的工程师队伍、高质量的大数据信息、代表新科技革命和产业变革方向的前沿技术上。

第二，人口和产业规模决定数字经济时代一个国家和地区核心要素资源规模的"天际线"。数据的原始产生源是"运动"，人类有意识的社会经济活动产生的数据价值高于自然界产生的数据价值，一个国家或地区数据要素资源丰富程度主要由区域范围内的社会经济活动的多少所决定。因此，数据信息资源的增量的上限由一个国家、地区的人口和经济活动规模所决定，人口众多、产业规模大的国家和地区自然会产生更多的数据信息，人口稀少、产业规模小的国家和地区在获得新增数据信息上必然处于劣势。当数据信息成为最重要的生产要素之后，人口和产业规模对国家和地区的数据要素资源的潜在规模上起到决定性的作用。

第三，新型基础设施建设水平决定了数字经济时代一个国家和地区核心要素资源的"地平线"。无论是挖掘传统要素资源以更有效率地应用，还是更多地将天然的"运动"转化为数据信息要素，都离不开数字化、融合化的新型基础设施。如同第二次工业革命中的电网、交通运输系统等基础设施，包括数据信息网络、云计算中心、大数据中心在内的新型基础设施决定了各个国家、地区和企业能够在何种程度上参与全球要素资源竞争。

必须强调：其一，掌握自然属性较高的资源要素（如能源、矿产资源以及特殊地理位置、气候条件）并不意味着就能获得相应的国际产业分工地位，要素资源优势要转化为产业优势需要具备相应的能力。其二，在全球化背景下，一个国家的要素资源状况也不完全由本国要素资源禀赋决定，更反映在对全球要素资源的掌控能力上。

（三）全球要素资源重组趋势

全球要素资源重组的主要诱因是数字经济的出现和数字技术向各个产业的渗透。尽管 2008 年全球金融危机之后全球贸易保护明显抬头，在发达国家收缩全球产业链导致要素资源供需趋于小区域化的同时，发展中国家发展条件改善，争取更大全球要素资源权益，新冠疫情的暴发和全球大流行进一步强化了全球要素资源的全球化重组趋势，但是，以数字经济发展为代表的技术进步和工业革命是引发全球要素资源重组变化最根本、最持续的原因。尽管从表象上看，2008 年全球金融危机后保护主义是"逆全球化"的导火索，但其背后的根本原因却是在新一轮技术革命的推动下，全球价值链演进出现了新动向、新趋势。

新工业革命中技术发展加速的同时也充满了不确定性。以信息技术为主的一大批主导技术的革命性变革共同推动了新工业革命的到来，这也意味着，中国必须紧紧跟随最先进技术发展步伐，才能在未来产业竞争中不受制于人。在技术高速进步的同时，不可避免的是技术路线的不确定性增强。新工业革命中，受技术禀赋、垄断势力和政策偏好的影响，不同研究机构、企业和政府部门可能会围绕同一目标形成多个技术路线，而在后期的竞争和市场选择中，一般会出现技术路线的收敛，很多耗资巨大的创新最终并不会被市场接受。21世纪以来的20年里，已经经历了多次不同技术路线间的选择和淘汰，如显示技术、移动通信技术、新能源技术等。在这种情况下，技术创新活动不仅需要巨大投入，更需要胆识和担当，在一些关系未来产业发展核心竞争力的技术领域，国家不仅要坚持给予人财物保障，还需要同时关注多条技术发展路线。

新工业革命中，各国加强面向未来的战略布局，发达国家在新兴产业领域推进价值链回缩，全球化的动力减弱，阻力增大。在新工业革命竞争中，各国对供应链的多元化与自主可控高度重视。2008年全球金融危机发生后，世界范围内出现了"新产业政策"实践的热潮。据联合国贸发会议、世界银行等机构统计，2008~2017年，全球有101个经济体（占世界GDP的九成以上）制定实施了产业政策。无论发达国家推动"再工业化"还是发展中国家加快工业化，世界各国普遍、广泛地运用产业政策工具推动实体经济发展，以此实现重要产业供应链的多元化与自主可控。其中，美国、德国、日本等工业强国的政府重新认识产业政策的作用和角色，纷纷通过实施功能性产业政策，发现并识别新兴产业的技术路线，巩固先进制造的竞争优势，引导制造业回流。发达国家制定的大数据、人工智能等专项规划以及《面向二十一世纪欧洲工业政策之法德宣言》、德国《国家工业战略2030》等综合性战略，都传递出清晰的政策信号：工业大国将进一步强化前沿技术和新兴产业等领域的政府作用，加大创新投入、融资支持等正向手段与针对竞争对手的投资审查、高技术出口管制等非关税措施并用，确保赢得新工业革命重点的产业竞争。

参考文献

[1] 陈媛媛，赵晴. 全球治理观下的数据流通与共享机制：数据中介服务[J/OL]. 情报资料工作. [2023-05-24]. http://kns.cnki.net/kcms/detail/11.1448.G3.20230510.1020.014.html.

[2] 荆文君，孙宝文. 数字经济促进经济高质量发展：一个理论分析框架[J]. 经济学家，2019（2）：66-73.

［3］李爱君．数据要素市场数据源供给主体法律制度构建［J］．中国社会科学院大学学报，2022，42（12）：66-78+133-134．

［4］李国杰，程学旗．大数据研究：未来科技及经济社会发展的重大战略领域——大数据的研究现状与科学思考［J］．中国科学院院刊，2012，27（6）：647-657．

［5］李平，邓洲，张艳芳．新科技革命和产业变革下全球算力竞争格局及中国对策［J］．经济纵横，2021（4）：33-42+2．

［6］李晓华．数字经济新特征与数字经济新动能的形成机制［J］．改革，2019（11）：40-51．

［7］刘洋，董久钰，魏江．数字创新管理：理论框架与未来研究［J］．管理世界，2020，36（7）：198-217+219．

［8］裴长洪，倪江飞，李越．数字经济的政治经济学分析［J］．财贸经济，2018，39（9）：5-22．

工业互联网：全球产业格局与中国发展状况

郭朝先　方　澳[*]

摘要： 本文认为工业互联网具有基础设施、应用模式、经济生态的多重概念内涵，涵盖平台、自动化、网络、装备、安全五大功能架构，与特定行业应用需求及技术经济特征深度融合从而推动工业经济和产业生态高质量发展。当前，全球工业互联网正处于产业格局未定的关键期和规模化扩张的"窗口期"，美、中两国保持领跑；发达国家的发展目标由重振制造业转向整体工业生态建设，并形成技术—标准—产业三位一体的发展重心；以领军企业、产业联盟为代表的多元主体共同推动行业发展。我国取得了一系列发展成效，包括工业互联网产业规模不断扩大，行业赋能效应日益凸显；顶层设计不断完善，技术—标准—安全形成合力；区域协同不断深化，创新引领示范作用显著；应用场景不断拓展，推动产业生态高质量发展。与此同时，也面临着一系列制约因素：部分产业赋能发展停滞不前，行业平台发展面临困境；关键技术本土供给能力不足，研发创新主体缺乏协同；产业相关岗位规范化程度低，人才培养体系尚未形成；多层次安全保障体系亟待健全，产业安全风险形势严峻等。本文认为，实现我国工业互联网高质量发展，应发挥应用体量数据场景优势，释放产业发展潜力；健全科技攻关新型举国体制，打破协同创新壁垒；构建完善专业人才供需系统，加强人才队伍建

---

[*] 郭朝先，中国社会科学院工业经济研究所产业组织研究室主任、研究员；方澳，中国社会科学院大学应用经济学院博士研究生。

设；高标准建设产业链安全体系，确保产业全面安全。

关键词： 工业互联网；产业发展趋势；全球竞争

作为新一代信息技术与工业经济深度融合的产物，工业互联网通过赋能工业企业向数字化、网络化、智能化转型，改变传统的工业生产底层架构，孕育出新的生产要素与生产流程并不断优化资源配置，成为促进工业高质量发展的关键力量，同时也是提升工业产业竞争力、维护工业产业安全的战略重点。加快建设完善工业互联网产业体系与生态体系，加强工业互联网创新发展，对我国推进制造强国、质量强国、网络强国和数字中国建设，巩固提升我国在全球工业产业链、价值链、创新链上的优势地位，构建并进一步深化新发展格局具有重要意义。

本文围绕工业互联网这一主题，在梳理分析工业互联网内涵架构的基础上，研判全球工业互联网发展态势，分析我国工业互联网产业发展取得的成效与存在的短板，并提出工业互联网高质量发展的对策建议。

一、工业互联网的概念内涵与功能架构

有关历次工业革命的研究总结认为技术进步通过"现有产业+新技术=新型产业"变革范式引致社会经济的全面革命（吴军，2019）。在新一轮革命性信息技术中，工业互联网被认为拥有赋能现有产业，实现泛在互联，通过"互联+"引致国民经济结构性变革，推动国民经济实现高质量发展的潜力。工业互联网既包含基础设施概念，又涵盖一种技术产业应用模式的概念，还被认为是一种绿色、高效、智能的经济生态。工业互联网产业包括工业平台与软件、工业自动化、工业网络、工业装备、工业安全五大板块，并最终实现对其他产业的渗透赋能。

（一）工业互联网三大概念内涵

工业互联网作为一个技术概念早在2000年就已被提出，但作为一个生产模式的概念则普遍认为是由美国通用电气公司（GE）在2012年《工业互联网：突破智慧与机器的界限》白皮书中首次提出。通用电气认为工业互联网是数据、硬件、软件与智能的流动和交互，即通过先进的传感网络、大数据分析、软件来建立具备自我改善功能的智能工业网络（杨帅，2015）。同期，各国提出了诸多与工业互联网相近的概念，如德国"工业4.0"、美国的智能制造生态系统、日本的工业价值链、我国的智能制造等，这些鉴于国情、发展阶段及目标不同而提出的不同工业互联网模型各有差异，吸引了各国学者的广泛关注。总体上，典型的几类工业互联网模型基本都以工业企业作为基本单元，构建三个维度的发展框架，如德国"工业4.0"聚焦工业生态基础、工业数字化、行业标准；美国智能制造生态聚焦产品、工厂、订单三个生命周期维度；美国工业互联网联盟架构关注工业标准、信息技术基础、平台跨行业能力等。这几类典型工业互联网架构对我国企业尤其是中小企业的情况并不适用，在工业生态基础、管理标准化水平、信息技术水平、跨行业能力、数据质量与建模能力等诸多方面难以符合其规划（见表1）。国际标准化组织将智能制造和工业互联网划归为同类事物，并将国内外常见的工业互联网相关模型进行对比研究（赵敏等，2022），逐渐形成了工业互联网的多层概念内涵（见图1）。

表1 典型工业互联网模型架构对比

模型	制定组织	特点	适用中国企业情况
RAMI 4.0	德国"工业4.0"平台	三维模型，以数字工厂为基本单元，以管理壳为赋能工具，实现纵向、横向、端到端三个方面的集成	要求有较强的工业生态基础，较好的数字化和标准基础，绝大多数企业并不具备；纵向、端到端集成有待完善，横向集成缺乏统一规则
SMS	美国国家标准与技术研究院（NIST）	三维模型，聚焦产品、生产、业务三个生命周期的数字化管理，基于企业系统与控制系统集成国际标准ISA95构建"制造业金字塔"	要求较高的管理标准化水平，强调制造生态，绝大多数企业并不具备
IIRA	工业互联网联盟（IIC）	三维模型，以企业为单元，要求企业具备良好的标准和信息技术基础，平台具有跨行业能力	绝大多数企业的管理标准化水平和信息技术水平欠佳，平台不具备跨行业能力，或尚未建立平台

续表

模型	制定组织	特点	适用中国企业情况
IVRA	日本工业价值链计划（IVI）	三维模型，倡导以人为本，精益管理思想深入人心，强调工厂生态	企业普遍存在一定的管理短板和粗放式经营，工业工程管理技术薄弱，精益管理尚未普及
工业互联网体系架构2.0	中国信息通信研究院	三维模型，要求企业具备良好的功能架构能力与技术体系，且能积累较多数据，有较强数据建模能力	中小企业缺乏企业架构概念，技术体系十分薄弱甚至尚未建立，缺乏数据及数据建模能力

注：杨帅．工业4.0与工业互联网：比较、启示与应对策略［J］．当代财经，2015（8）：99-107.

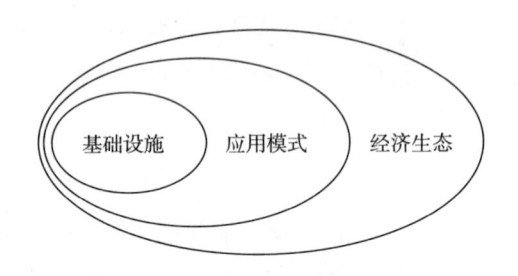

图1　工业互联网的多层概念内涵

工业互联网具有以下几重含义：一是作为基础设施概念，工业互联网通过通信设备、传感设施、内部基站、行业网络、监测系统、各行业工业App等软、硬件基础设施建设，在工业生产过程中实现人、机、物等生产要素的广泛连接，为互联体系内所有企业提供完整高效、响应迅速、安全可靠的生产控制实时网络。二是作为应用模式概念，在建立互联网络基础设施体系的同时，工业互联网将实现联网企业之间跨设备、跨系统、跨厂区、跨地区的全面互联互通，在更大范围内实现各种生产和服务资源更高效、更精准的优化配置，构建起覆盖全产业链、全价值链的制造和服务应用体系，大幅提升工业经济的发展质量和效益。三是作为经济生态概念，工业互联网推动单点环节数字化向全面集成演进，加速创新机制、生产模式、组织形态和商业范式的深刻变革，催生智能化生产、网络化协同、服务化延伸、个性化定制等新模式、新业态、新产业。

本文认为，工业互联网以网络为基础、平台为中枢、数据为要素、安全为保障，既是工业数字化、网络化、智能化转型的基础设施，也是互联网、大数据、人工智能与实体经济深度融合的应用模式，还是一种重塑企业形态、供应链和产业链的产业经济生态。

（二）工业互联网功能架构赋能原理

在国内，中国工业互联网研究院（2020）提出由网络、平台、安全三个部分构成的工业互联网架构，从产业角度较好地界定了工业互联网的发展框架，其中，网络是基础、平台是核心、安全是保障。中国信息通信研究院（2020）将工业互联网核心产业进一步细分为工业装备、工业自动化、工业网络、工业平台与软件、工业安全五大板块。①工业装备板块：针对工业互联网发展特点与要求，在传统工业装备制造中叠加数据采集、终端联接、计算分析等功能形成以设备感知连接、数字化控制、数据分析部分为主的工业数字化装备产业。②工业自动化板块：包括数据感知、工业控制、工业传感等电子信息制造产业，并通过提供靠近现场数据、设备、存储、网络的边缘计算能力，辅助云计算平台更高效配置资源。③工业网络板块：在现有互联网的基础上，通过技术演进升级和叠加新型专网，形成工业系统互联和工业数据传输交换的基础网络，包括企业内网、企业外网、标识解析体系等，推动供应链系统和企业生产系统精准对接，人、机、物全面互联，促进信息资源集成共享。④工业平台与软件板块：在云计算平台技术基础上叠加物联网、大数据、人工智能等新兴技术，实现海量异构数据汇聚与建模分析、工业经验知识软件化与模块化、新型工业软件开发与运行，发挥集聚效应，释放云计算平台的性能潜力，支撑生产智能决策、业务模式创新、资源优化配置、产业生态培育。⑤工业安全板块：涵盖设备安全、控制安全、网络安全、平台安全和数据安全等多个方面的内容，重点关注标识解析系统、互联网平台安全、控制系统安全、大数据安全等核心技术，推动攻击防护、漏洞挖掘、入侵发现、态势感知、安全审计、可信芯片等安全产品研发。

结合工业互联网架构与工业行业生产流程，可以进一步理解工业互联网产业框架以及其渗透赋能工业行业的原理。工业互联网产业通过与特定行业的应用需求及其技术经济特征深度融合，对该工业行业生产流程、产业链、供应链、价值链进行全生命周期的管理优化与要素协同，支持行业生产决策与行业资产管理，并由点带链、由链带面推动工业系统全尺度、全要素和全价值链的融合与协同。

因此，发展工业互联网技术，除了关注传感器及标识技术、云计算及边缘计算、高速高通量及可靠通信网络、工业大数据以及人工智能等通用性技术，还需要基于特定的行业需求、技术经济特征与知识模型，构建专业化工业互联网架构平台，推动"互联+X"深入发展（见图2）。

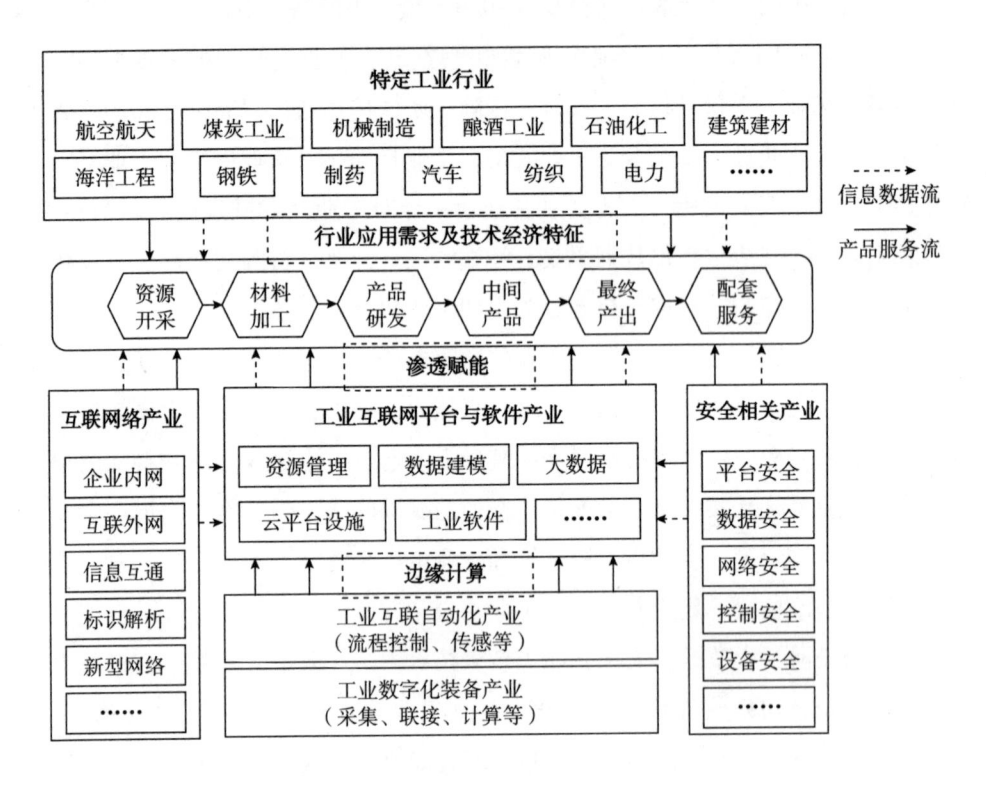

图2 工业互联网架构模型及赋能原理

二、当前全球工业互联网产业发展态势

当前，全球工业互联网正处在产业格局未定的关键期和规模化扩张的窗口期。美国、中国保持增加值规模领跑地位，德国、日本、韩国、法国、印度、巴西等国纷纷加快产业发展步伐。各国因具体国情、优势领域、发展目标等内容的

差异，提出的概念框架与政策内容各有不同，但随着新一轮信息技术革命纵深推进，全球工业互联网呈现出整体性的发展趋势。发达国家的工业互联网发展目标由重振制造业竞争力转向整体工业生态建设，在技术导向之外，标准建设与产业安全越来越重要，并形成了技术—标准—产业三位一体的产业发展重心。以领军企业、产业联盟为代表的多元市场主体正共同推动行业发展。

（一）北美、东亚、欧洲处于全球产业发展主导地位，中等偏上收入国家加速明显

据中国工业互联网研究院（2021）测算，全球59个主要工业国家2020年工业互联网增加值总额为3.74万亿美元，相比2019年规模增加了0.11万亿美元，增速为2.97%；美、中、日、德等制造业大国正领跑工业互联网发展的主赛道（见表2）。2020年美国工业互联网增加值规模以8858.40亿美元排名全球第一，中国以5664.56亿美元位列全球第二；日本、德国位列第三和第四，分别为3055.66亿美元和2475.94亿美元。美国、中国、日本、德国四国工业互联网规模之和占比超过全球规模的50%。

表2 2020年全球工业互联网增加值前十国家及全球占比

国家	收入等级	所属区域	工业互联网增加值（亿美元）	全球占比（%）
美国	高收入	北美	8858.40	23.68
中国	中等偏上收入	东亚及太平洋	5664.56	15.14
日本	高收入	东亚及太平洋	3055.66	8.17
德国	高收入	欧洲及中亚	2475.94	6.62
印度	中等偏下收入	南亚	1898.02	5.07
韩国	高收入	东亚及太平洋	1577.20	4.22
英国	高收入	欧洲及中亚	1328.29	3.55
意大利	高收入	欧洲及中亚	1249.97	3.34
法国	高收入	欧洲及中亚	1152.42	3.08
俄罗斯	中等偏上收入	欧洲及中亚	797.44	2.13
其他49国			9348.46	24.99

资料来源：中国工业互联网研究院. 中国工业互联网产业经济发展白皮书（2021年）[R]. 北京：中国工业互联网研究院，2021.

结合 59 个代表性国家的收入水平与所在地区进行分析,可以进一步明晰全球工业互联网产业的发展趋势与区域特征(见表 3)。东亚及太平洋、欧洲及中亚、北美地区是工业互联网发展的重点区域,其工业互联网规模占总量的比重超过了 90%。其中,日本、韩国等工业强国以及新兴工业化国家中国的崛起带动了东亚及太平洋地区工业互联网的发展,地区增加值为 13198.70 亿美元,占比为35.29%,增速为 5.21%;欧洲及中亚地区工业国家数量多,普遍收入较高,其中德国、英国、意大利、法国四国工业互联网增加值规模超千亿美元,地区增加值为 11272.06 亿美元,占比为 30.14%,增速为 2.37%;北美地区工业互联网增加值为 9503.91 亿美元,占比为 25.41%,增速为 1.51%,其中美国一国就达到了 8858.4 亿美元的规模;此外,南亚、拉丁美洲及加勒比、中东及北非、撒哈拉以南非洲等地区的工业互联网增加值合计占比约为 9%,包括印度、巴西、沙特、南非等国家。

表 3 2020 年全球不同地区工业互联网增加值及全球占比

按地区划分	代表国家数	工业互联网增加值(亿美元)	全球占比(%)
东亚及太平洋	13	13198.70	35.29
欧洲及中亚	32	11272.06	30.14
北美	2	9503.91	25.41
南亚	1	1898.02	5.07
拉丁美洲及加勒比	5	1015.31	2.71
中东及北非	5	343.28	0.92
撒哈拉以南非洲	1	172.28	0.46
按收入等级划分	代表国家数	工业互联网增加值(亿美元)	全球占比(%)
高收入	40	25480.35	68.12
中等偏上收入	13	9428.37	25.21
中等偏下收入	6	2494.82	6.67

资料来源:中国工业互联网研究院.中国工业互联网产业经济发展白皮书(2021 年)[R].北京:中国工业互联网研究院,2021.

根据收入等级组别,40 个高收入国家增加值为 25480.35 亿美元,占比为68.12%,增速为 1.41%;13 个中等偏上收入国家增加值为 9428.37 亿美元,占比为25.21%，增速达到了7.34%；6个中等偏下收入国家增加值为2494.82亿美元，占比为6.67%，增速为1.59%。高收入国家的工业互联网规模远超其他国家，这与其本身工业产业体系发达有较大关系，与此同时中等偏上收入国家的增速远超其他国家，包括中国、俄罗斯、巴西等国正努力抓住"第四次工业革命"的机遇，以期实现"换道超车"。

（二）发达国家产业发展目标由重振制造业竞争力转向整体工业生态建设

21世纪以来，全球经济与贸易环境发生深刻变化。发达国家侧重"去工业化"、虚拟经济、服务经济等发展战略，在2008年全球金融危机冲击下暴露出金融业比重过大、金融衍生品泛滥、第二产业空洞化且外迁严重等问题。2008年全球金融危机后，美国政府推动"再工业化"政策，将其作为美国整体经济复苏的重大国家战略逐步推进，先后推出"买美国货"、《制造业促进法案》、"五年出口翻番目标"等一系列部署措施。欧洲也在危机冲击后开始反思实体经济与虚拟经济、工业与服务业关系，提出将工业占欧盟国内生产总值的比重2020年提升至20%的"再工业化"目标。

工业互联网能够将模拟和集中式的工作流程转换为数字化和分散式的生产流程，从而重组整个生产系统，大幅度提高生产效率。在重振制造业竞争力的发展目标下，发达国家普遍出台与工业互联网相关的政策措施。美国2011年发布的《确保美国在先进制造业的领导地位》、2012年发布的《赢得美国先进制造竞争优势》、2014年发布的《加速美国先进制造业》指出必须实现制造业持续转型。德国2010年发布的《德国2020高科技战略》、2012年发布的《高科技战略行动计划》系列政策支持新技术发展，多部门联合推出"工业4.0"国家战略，直接推动了全球工业产业政策的转型。英国2011年成立英国高价值制造、数字、精准医疗、未来城市、卫星应用等多个弹射中心（Catapult Centres），加强创新体系顶层设计；2013年英国政府发布的《制造业的未来：英国的机遇和挑战新时代》，规划了到2050年的制造业发展蓝图。日本提出"社会5.0"，以期通过充分纳入新工业革命的技术创新，创造借助新技术将网络空间和物理空间结合的"超级智能社会"，2017年"未来战略投资"计划，提出有效利用"工业4.0"。

随着工业互联网产业的发展，发达国家越发认识到工业互联网对重塑整体工业生态与增强国家产业竞争力的重要作用，发展目标逐渐从单一的重振本土制造业转向发挥工业互联网的渗透、赋能、改造效应，提升整体产业经济质量。美国科技企业不断开拓工业互联网的应用场景，美国工业互联网联盟（IIC）为协同各企业间的工业互联网发展、打破知识壁垒、推进标准设立提供了持续支持。美国政府2021财年预算进一步加大政府资金对人工智能、5G、先进制造等产业的扶持力度。德国发布《数字化战略2025》《德国工业战略2030》等系列政策支撑"工业4.0"战略，寻求将信息物理系统纳入制造业，将物联网服务纳入工业，改善价值创造、工作组织和下游服务，提高生产力、效率和灵活性，推动形成多层次工业互联网产业集群。西门子、SAP（思爱普）等大型高新技术跨国企业进行优势整合，加速全球工业转型与布局。日本一方面大力推动工业互联网在无人驾驶、生产制造和机器人、生物素材、智能生活等重点领域的发展，启动"工业价值链计划"，建立本地化互联工业支援体系；另一方面推动中小企业和微型企业生产力提升与变革。日本"2030年未来展望"确定了流动性、供应链、医疗保健和生活四个优先领域（李小妹，2022）。

（三）全球产业发展重心由技术主导转向技术—标准—安全三位一体

随着工业互联网标准建设的重要性及安全问题的特殊性越发凸显，世界各国工业互联网发展重心由早期的以信息技术研发为主，逐步加大标准建设及安全问题政策权重，转向技术—标准—安全三位一体的发展重心。

技术方面，各国陆续推进数字基础设施建设并重视发展智能制造，目标形成先进制造技术体系支撑工业互联网产业发展。2010年美国制定了国家宽带计划，投入40多亿美元用于网络基础设施建设，制定智能电网技术标准并展开技术投资，出台网络和信息技术研究与发展方案，资助高速网络、新一代超级计算机、信息物理系统等领域的基础研究。2014年美国发布了《加速美国先进制造业》报告，强调重点发展先进传感、控制和平台系统（ASCPM），可视化、信息化和数字化制造（VIDM），以及先进材料制造（AMM）三项新兴变革性制造技术。2018年美国发布《美国先进制造业领先地位战略》将智能和数字制造、先进工业机器人、人工智能基础设施，以及制造业网络安全放在优先位置。欧盟2010年的《欧洲数字议程》制定了宽带目标，2016年又制定了2025年长期目标，强调促进基于"超高容量"的光纤网络。2018年欧盟达成建立欧洲电子通信代码协议,激励对高速宽带基础设施的投资。德国2016年启动"德国5G网络倡议",出台一系列加快5G基础设施快速发展的措施;2017年德国政府发布《5G战略》,提出在2025年实现5G连接,推动德国成为5G网络和应用的领先市场。韩国2014年颁布了"制造业创新3.0"战略,确定发展与智能制造相关的八项战略任务,包括CPS、物联网、云计算(云制造)、大数据、增材制造(3D打印)、传感器、节能和全息图。

工业互联网标准建设对于国际工业互联以及实现不同系统之间互操作性有着重要意义。根据欧盟物联网创新联盟的统计,目前共有100多个标准化组织正就工业互联网标准化展开工作,德、美两国处于领先地位(中国工业互联网研究院,2021)。德国采用自上而下的标准化方法,由政府与少数创新型企业共同决定标准化总体方向。2016年成立德国全球工业4.0研究院,旨在制定数字制造标准,并在国内和国际之间协调这些标准。目前,开放标准已被许多德国企业视为集成"工业4.0"的关键要求。美国工业互联网联盟则采取自下而上的标准化建设路线。2015年美国工业互联网联盟发布参考体系架构,其目的是为标准化组织提供指导,而不是创建具体标准。除工业互联网联盟外,美国AllSeen联盟和开放式互联基金会(OCF)均侧重于制定行业标准,其诸多战略和解决办法都得到了大力推广。欧盟的欧洲数字化单一市场(DSM)战略将重点放在数字经济上,包括数据自由流动、责任分配、所有权、互操作性、可用性和访问等,以实现互操作性和标准化。

工业互联网安全问题重要性进一步凸显,各国加强政府在产业安全体系的主导地位,重点强化网络安全、数据安全等内容,监管安全标准趋于统一。工业互联网需要清楚了解信息技术和运营技术系统之间的差异,物联网连通性也在网络安全和数据隐私领域带来了巨大风险。美国2018年成立网络安全和基础设施安全局(CISA),负责网络和基础设施的安全。2019年通过《物联网设备安全法案》《保障能源基础设施法》《利用网络安全技术保护电网资源法案》《供应链网络安全风险管理指南》,全面保障物联网、能源、电力、医疗等关键基础设施的信息安全(工业互联网产业联盟安全级,2020)。欧盟网络与信息安全局(ENISA)发布《工业4.0网络安全挑战和建议》,提出了工业物联网安全面临的7项主要挑战，据此指导工业信息安全建设。其后发布《保护信息时代社会安全战略》《欧盟网络安全战略》《关键基础设施保护计划》《通用数据保护条例》等战略文件和法律法规（张民等，2019）。德国提出以网络物理系统平台为核心的分层次安全管理思路，并出台了《工业4.0安全指南》《工业4.0中的IT安全》《跨企业安全通信》《安全身份标识》等指导性文件。德国联邦信息安全局（BSI）出台了《2019年工业控制系统安全面临的十大威胁和反制措施》等多份工控安全实施建议文件，具体指导工业信息安全工作（工业互联网产业联盟，2020）。日本2016年成立工业网络安全促进机构（ICPA）；2019年日本依托经济产业省（METI）发布了《网络/物理安全对策框架》及其配套的一系列行动计划，以确保新型供应链的整体安全。韩国2019年颁布《国家网络安全基本规划》，指导改善信息通信网络和信息基础设施的安全环境，加强新一代安全基础设施研发和推广，提升关键基础设施的安全性。

（四）以领军企业、产业联盟为代表的多元主体协同推动行业发展

工业互联网概念提出以来，大致存在两类发展模式：一类是以美国为代表的企业主导型模式自下而上地通过企业成立产业联盟的方式，打破行业、区域等技术壁垒，促进物理系统与数字网络融合。另一类是以德国为代表的政府主导型模式自上而下地实现政府指导与利益相关者之间的合作，集聚龙头企业推进标准、开发、试验等工作。两类发展模式存在许多差异，但体现出一个共同趋势，即多元利益相关主体间的合作成为推动行业发展的关键所在。

在美国，AT&T、思科（Cisco）、通用电气（GE）、IBM和英特尔（Intel）于2014年联合宣布成立工业互联网联盟（IIC），发展至今已汇聚了38个国家和地区的270家企业，IIC在政府、产业界和学术界之间围绕工业互联网的优先事项和扶持技术进行促进和协调，推动工业互联网的全球部署与应用。美国政府牵头成立智能制造领导力联盟（SMLC），旨在确保尖端制造能力（中国工业互联网研究院，2021）。德国工业4.0重视利益相关者之间的伙伴关系，包括政府、学术界和私营部门等。政府以教育研究部、经济技术部为代表，学术界以弗朗霍夫学会、国家科学和工程院以及德国人工智能研究中心为代表，私营部门则由IT行业协会、机械行业协会和电子行业协会三个行业协会为主要代表。英国弹射中

心的先进技术和创新中心网络吸引了学术界和工业界人士共同工作。日本成立工业价值链促进会（IVI），以企业联合为主打造开放安全的制造业生态体系。在中国，工业互联网产业联盟（AII）已发展超过2000家成员单位，涵盖工业企业、工业解决方案提供商、信息通信企业、科研院所、政府部门等。其接受工业和信息化部业务指导，中国信息通信研究院是联盟理事长单位。

工业互联网的发展除技术壁垒外，更重要的是在应用领域叠加技术解决实际问题，只有实现工业互联网产业化，才能与实体经济深度融合，改变产业生态。这就要求服务提供商、工厂运营商、机械制造商、平台运营商等多元主体深入合作，共同形成数字生态系统。致力于工业互联网的各类产业联盟之间不仅没有明显的竞争，而且相互建立了各种合作关系。例如，美国IIC、OCF和Allseen联盟超过60%的成员来自北美以外，包括思爱普、博世、西门子等老牌工业企业。2016年德国工业4.0平台与美国工业互联网联盟签署了合作协议，英国标准研究所（BSI）与德国标准化研究所（DIN）则在标准化领域开展合作。

在产业安全领域，自动化企业与传统网络安全企业不断融合发展。自动化企业（如西门子、通用电气、霍尼韦尔、施耐德等）依托原有的工业市场基础，通过收购、合作、自行开发等方式涉足网络安全领域，一方面加强了自身产品、设备的网络安全保障，另一方面对外提供安全产品和服务，开拓了工业安全市场。传统网络安全企业也通过收购或合作的方式，加强对工业互联环境的了解，生产出满足工业企业安全需求的功能安全和信息安全深度融合的产品。

三、我国工业互联网产业发展成效

我国工业互联网经过起步期的发展，取得了显著成效，在各行业的应用逐渐走向纵深。总体来说，我国工业互联网产业规模不断扩大，行业赋能效应日益凸显；顶层设计不断完善，技术—标准—安全形成合力；区域协同不断深化，创新引领示范作用显著；应用场景不断拓展，推动产业生态高质量发展。

（一）产业规模不断扩大，行业赋能效应日益凸显

根据工业互联网的技术经济特征，其产业可以划分为直接产业与渗透产业两类，其中，直接产业涵盖网络、平台、安全三个部分，渗透产业则是指工业互联网从多维度推动形成的全新产业生态和行业应用创造的增长总和。根据测算，2017~2021年中国工业互联网增加值规模由2.36万亿元增长至4.13万亿元，规模增长1.77万亿元，年增速为15.02%，展现出强劲增长潜力。产业增加值占GDP的比重从2.83%上升到3.67%，提升近1个百分点，成为促进我国GDP增长的重要因素。其中，直接产业增加值规模从0.67万亿元增长至1.09万亿元，年增速为12.94%，渗透产业从1.69万亿元增长至3.04万亿元，年增速为15.81%，渗透产业规模显著高于直接产业。渗透产业与直接产业增加值之比由2.52上升到2.79，工业互联网正加速同各行业深度融合，未来将进一步渗透到更多细分行业，加速促进产业融通发展（见表4）。

表4　2017~2021年中国工业互联网增加值规模及结构

年份	2017	2018	2019	2020	2021E
工业互联网增加值规模（万亿元）	2.36	2.79	3.20	3.57	4.13
占GDP比重（%）	2.83	3.03	3.24	3.51	3.67
直接产业（万亿元）	0.67	0.77	0.87	0.95	1.09
占GDP比重（%）	0.80	0.84	0.88	0.93	0.97
渗透产业（万亿元）	1.69	2.02	2.33	2.62	3.04
占GDP比重（%）	2.03	2.19	2.36	2.58	2.70
渗透产业与直接产业增加值之比	2.52	2.62	2.68	2.76	2.79
第一产业（亿元）	351.51	398.09	469.93	561.47	668.42
占产业增加值比重（%）	0.54	0.59	0.64	0.69	0.77
第二产业（亿元）	12697.11	14745.45	16518.97	18166.34	20713.9
占产业增加值比重（%）	3.81	4.02	4.32	4.71	4.58
第三产业（亿元）	10490	12710	14980	16970	19880
占产业增加值比重（%）	2.42	2.62	2.82	3.10	3.29

资料来源：工业互联网数据来自中国工业互联网研究院《中国工业互联网产业经济发展白皮书（2021年）》，其中2021年为预测数据。比重数据根据《中国统计年鉴2021》及《中华人民共和国2021年国民经济和社会发展统计公报》数据计算。

工业互联网对三次产业的赋能带动作用明显。渗透到第一产业的增加值规模从351.51亿元增长至668.42亿元，年增速为17.43%，大大超过工业互联网整体增速，然而第一产业渗透整体水平仍然不高，预计2021年比重为0.77%。第二产业中，部分电子信息制造、专用机械设备制造、传感器制造等行业属于直接产业，对其他制造业、采矿业、能源行业、建筑业的渗透赋能则属于渗透产业。第二产业相关增加值规模从12697.11亿元增长至20713.9亿元，年增速为13.02%，占比从3.81%上升至4.58%，重要性进一步提升。第三产业中部分信息传输、软件和信息技术服务业、科学研究和技术服务业属于直接产业，对其他行业同样存在强烈的渗透赋能作用。第三产业相关规模从10490亿元增长至19880亿元，年增速达到17.33%，在产业中占比从2.42%上升至3.29%。

总体来说，工业互联网对第一产业的赋能效应正逐渐显现，增长速度加快；第二产业带动作用有所回落，但仍是三次产业中最强；对第三产业渗透效果规模与速度兼具，增加值规模有望超过第二产业。

如表5所示，工业互联网对第二产业的带动作用是三次产业中最强的，相关增加值规模最大。其中，拉动制造业增加值从10708.71亿元增长至16808.53亿元，年均增速为11.93%，增速明显低于其他细分行业及第一、第三产业，这导致制造业增加值中与工业互联网相关的比重上涨较慢，甚至在2021年出现下降。在采矿业，相关增加值从1296.55亿元增长至2318.92亿元，年均增速为15.64%。工业互联网在采矿业渗透比重从6.06%增长至9.25%，对采矿开采、运输、冶炼、加工、服务、创新各环节均能提质增效。在能源行业中工业互联网发展十分迅速，相关规模从671.36亿元增长至1549.13亿元，增长一倍有余，年均增速达到23.25%，渗透比重由3.38%增长至5.67%。工业互联网在建筑业中发展较弱，增加值从20.49亿元增长至37.32亿元，2021年占行业增加值比重仅为0.05%，年增速为16.17%。

表5 2017~2021年中国工业互联网带动第二产业增加值规模及结构

年份	2017	2018	2019	2020	2021E
第二产业增加值（亿元）	12697.11	14745.45	16518.97	18166.34	20713.9
占产业增加值比重（%）	3.81	4.02	4.32	4.71	4.58

续表

年份	2017	2018	2019	2020	2021E
制造业（亿元）	10708.71	12408.8	13753	14878.55	16808.53
占行业增加值比重（%）	4.58	4.85	5.21	5.59*	5.35*
采矿业（亿元）	1296.55	1485.03	1717.25	1998.37	2318.92
占行业增加值比重（%）	6.06	6.57	7.25	8.39*	9.25*
能源行业（亿元）	671.36	826.51	1019.36	1256.53	1549.13
占行业增加值比重（%）	3.38	3.66	4.24	5.13*	5.67*
建筑业（亿元）	20.49	25.11	29.36	32.89	37.32
占行业增加值比重（%）	0.04	0.04	0.04	0.05	0.05

注：*表示无直接增加值数据，根据《中华人民共和国2021年国民经济和社会发展统计公报》增速数据计算所得。

资料来源：同表4。

如表6所示，工业互联网对第三产业拉动效果逐渐显现，其相关增加值逼近2万亿元大关，且增长速度明显高于第二产业相关增速，预计很快就将超过第二产业。其中，批发零售业中工业互联网渗透增加值从1732.41亿元增长至2884.27亿元，年均增速为13.59%，2021年行业比重回落至2.61%。交邮仓储业渗透规模从949.82亿元增长至1469.22亿元，年增速为11.52%，行业比重2021年回落至3.12%。信息传输、软件和信息技术服务业与工业互联网相关性极强，占行业增加值比重接近20%，预计2021将达到20.65%，其增加值从4412.47亿元增长至9075.92亿元，规模扩大1倍有余，年增速达到19.76%，发展势头强劲。工业互联网近年来赋能金融业效果显著，增加值规模从1207.95亿元增长至2368.66亿元，年增速达到18.34%，占行业增加值比重2021年将达到2.60%。限于篇幅，对第三产业中其余行业进行整体描述，其工业互联网相关增加值从2187.35亿元增长至4081.93亿元，年均增速为16.88%，整体占比从0.96%提升至1.31%[1]。

---

[1] 2020年、2021年工业互联网带动其余行业增加值：住宿餐饮（280.5亿元、288.7亿元）、房地产（1267.46亿元、1467.03亿元）、租赁商务（1187.71亿元、1300.69亿元）、水利环境（52.85亿元、62.75亿元）、居民服务（228.08亿元、269.31亿元）、教育（38.33亿元、46.71亿元）、卫生社会工作（10.06亿元、12.13亿元）、文体娱乐（115.4亿元、140.38亿元）、公共管理（32.32亿元、39.75亿元）。

表6 2017~2021年中国工业互联网带动第三产业增加值规模及结构

年份	2017	2018	2019	2020	2021E
第三产业增加值（亿元）	10490	12710	14980	16970	19880
占产业增加值比重（%）	2.42	2.62	2.82	3.10	3.29
批发和零售业（亿元）	1732.41	2057.03	2398.86	2601.1	2884.27
占行业增加值比重（%）	2.13	2.31	2.51	2.71	2.61
交通运输、仓储和邮政业（亿元）	949.82	1118.69	1276.56	1354.22	1469.22
占行业增加值比重（%）	2.56	2.77	3.01	3.34	3.12
信息传输、软件和信息技术服务业（亿元）	4412.47	5419.78	6417.69	7440.76	9075.92
占行业增加值比重（%）	18.53	18.86	19.22	19.06*	20.65*
金融业（亿元）	1207.95	1425.74	1668.82	1994.34	2368.66
占行业增加值比重（%）	1.86	2.02	2.19	2.39	2.60
其余行业（亿元）	2187.35	2688.76	3218.07	3579.58	4081.93
占行业增加值比重（%）	0.96	1.05	1.14	1.25	1.31

注：*表示无直接增加值数据，根据《中华人民共和国2021年国民经济和社会发展统计公报》增速数据计算所得。

资料来源：同表4。

（二）顶层设计不断完善，技术—标准—安全形成合力

在党中央、国务院的决策部署下，我国工业互联网顶层设计持续完善，各领域支持政策不断出台。总体上，我国已经形成较为完善的工业互联网产业发展政策体系，在技术—标准—安全三方面逐渐形成合力并取得显著成效，在全球产业创新发展格局中的优势地位越发稳固①。

技术方面，国家高标准制定底层技术创新发展规划，加强基础设施建设，在网络体系、标识解析体系、多层次平台体系、工业App等方面取得进展。网络体系方面，目前高质量企业外网已建成覆盖全国300多个地市，连接18万家工业

---

① 总体层面上，有《关于深化"互联网+先进制造业"发展工业互联网的指导意见》《工业互联网发展行动计划（2018—2020年）》《工业互联网创新发展行动计划（2021—2023年）》等。技术方面，有《工业互联网网络建设及推广指南》《关于印发"5G+工业互联网"512工程推进方案的通知》《工业互联网标识管理办法》《工业互联网平台建设及推广指南》《工业互联网App培育工程实施方案（2018—2020年）》等。标准方面，有《工业互联网综合标准化体系建设指南》等。安全方面，有《加强工业互联网安全工作的指导意见》《"工业互联网+安全生产"行动计划（2021—2023年）》等。

企业。企业加速内网改造升级，IPv6规模部署不断推进，移动、电信、联通互通宽带增长迅速，新型互联网交换中心支撑数字化流通体系进一步发展（中国工业互联网研究院，2021）。标识解析体系方面，武汉、广州、北京、上海、重庆五大国家顶级节点建成并稳定运行，其中武汉顶级节点累计标识注册量已从2020年7月的4.4亿迅猛增至76亿。截至2022年6月1日，国家顶级节点标识解析量超1381亿，日均解析量超过1亿次，二级节点达197个，覆盖29个省（自治区、直辖市），接入标识解析体系的企业达126944家[1]。多层次平台方面，截至2021年，我国具备一定行业、区域影响力的平台数量超过100个，连接工业设备数达7686万台（套），工业机理模型数量达58.8万个、服务企业160万家。工信部共遴选出15个综合型平台、104个特色型平台、28个专业型平台，其中，综合型平台平均接入工业设备达到243万台（套），服务企业超1万家；特色型平台覆盖装备、消费品、能源、电子信息等多个重点行业；专业型平台覆盖数字孪生、工业智能、工业大数据分析、边缘计算、远程监控等多个特定领域。中联重科"ZValleyOS"、中国电子"中电云网"、北汽福田"北汽云"等优秀企业私有云平台建设案例不断涌现[2]。工业App方面，根据工信部2020年数据显示，全国有影响力的工业互联网平台超过70个，连接工业设备数量达到了4000多万台（套），服务企业数超过40万家，工业App数量超过25万个。不同App应用环节分布上，产品设计类、工艺工装类、生产制造类、设备监控类、产品运维类、经营管理类占比分别为11.97%、9.69%、19.15%、8.93%、8.87%、35.62%[3]。

标准方面，由企业、政府部门、研究机构等多元主体推动工业互联网标准体系建设稳步发展，基础共性标准、网络联接标准、标识解析标准、数据计算标准、应用标准、安全标准等构成的标准体系框架逐渐成熟，一批国内成果达到国际领先水平。目前，我国已发布294项网络安全相关国家标准，416项制定中（胡琳等，2021），信息技术相关国家标准发布949项，969项制定中。2021年3月，国际电信联盟标准化局（ITU-T）在第13研究组（未来网络与云）的全会

---

[1] 国家顶级节点标识解析量超1381亿 工业互联网如何进阶？[EB/OL].[2022-06-10]. https://baijiahao.baidu.com/s?id=1735201585531634439&wfr=spider&for=pc.
[2][3] 中国工业技术软件化产业联盟,工业互联网产业联盟.工业APP白皮书（2020）[R].北京：中国工业技术软件化产业联盟,工业互联网产业联盟,2020.

上通过了由中国信息通信研究院技术与标准研究所主导制定的首例工业互联网国际标准——ITU-T Y.2623《工业互联网网络技术要求与架构（基于分组数据网演进）》，其聚焦于工业互联网定制化、协同化、服务化和智能化的生产/服务，首次明确工业互联网定义并写入 ITU-T 名词术语数据库，规范了通用组网技术要求、工厂内/外网组网技术要求，定义了网络组网框架，规范了网络互联、数据互通的主要功能部件和相互关系[①]。2022 年 5 月，由卡奥斯 COSMOPlat 联合机械工业仪器仪表综合技术经济研究所牵头制定的全球首个工业互联网系统功能架构国际标准 IEC PAS 63441《Functional Architecture of Industrial Internet System for Industral Autornation Applications》通过国际电工电子标准权威机构 IEC/TC65（工业测控和自动化）投票，预计于 2022 年底正式发布[②]。我国正通过标准引领驱动全球产业生态建设，不断完善全球工业互联网标准体系，以跨行业、跨领域、跨区域立体赋能能力，为全球工业转型贡献了"中国方案"。

安全方面，我国工业互联网安全政策和安全保障管理体系日益完善，工业企业安全意识全面增强，工业信息安全保障技术水平显著提升，推动了工业互联网安全产业的全面发展。目前，全国 31 个省份累计出台近 50 项属地工业互联网相关政策部署安全保障工作，跨部门协同、政府指导、企业主体、第三方支撑的工业互联网网络安全管理格局基本形成。《工业互联网安全标准体系（2021 年）》涵盖三大类别、16 个细分领域、76 个具体方向的安全标准建设指引。同时，积极推动《应用工业互联网的工业企业网络安全防护规范》《工业互联网平台企业网络安全防护规范》等四项国家标准立项，研制发布工业互联网平台安全防护、安全评估、安全测试等 30 余项行业标准。预计 2021 年我国工业互联网安全市场规模达到 228 亿元（李阳春等，2021）。

（三）区域协同不断深化，创新引领示范作用显著

当前，全国已有 30 余个省份明确"工业互联网"支持政策，因地制宜推动工业互联网发展。长三角、粤港澳、京津冀、成渝圈等地工业互联网区域协同发

[①] 中国信通院主导完成首个工业互联网网络领域国际标准 [J]. 智能制造, 2021 (2): 7.
[②] 全球首个工业互联网系统功能架构国际标准通过投票 [J]. 模具工业, 2022, 48 (6): 9.

展不断深化,初步形成系统推进、梯次发展、优势互补的产业发展格局。在创新引领上,工信部依托"5G+工业互联网"工程等政策发力,开展公共服务平台建设、系统解决方案供应商培育,财政资金引导带动总投资近700亿元,覆盖原材料、装备、消费品等制造业大类及30余个重点行业,形成了一批具有示范带动效应的试点示范项目、产业基地、大数据中心,试点示范成效显著。

(1) 长三角地区加速推动"工业互联网一体化发展示范区"建设。2020年沪苏浙皖经信部门签署了《共同推进长三角工业互联网一体化发展示范区建设战略合作协议》,2021年四地信通管理局联合发起成立"长三角工业互联网标识一体化建设专班",旨在推进长三角工业互联网一体化建设。浙江印发《长三角区域一体化发展信息化专题组三年行动计划(2021—2023年)》及重点工作清单,安徽通过《安徽省工业互联网创新发展行动计划(2021—2023年)》等,江苏发布《江苏工业互联网平台"强链拓市"专项行动方案》,上海印发《工业互联网创新工程实施方案》等。

(2) 粤港澳大湾区重点发力"5G+工业互联网"。粤港澳大湾区兼具制造业基础和信息通信技术产业优势,其中广东先后推出《广东省深化"互联网+先进制造业"发展工业互联网的实施方案》《广东省"5G+工业互联网"应用示范区试点方案(2020—2022年)》等政策,以"网络先行、标杆引领、分类措施、以用促建"的推进思路,围绕家用电器、电子信息、装备制造、生物医药等重点行业,开辟"5G+工业互联网"发展新空间。

(3) 京津冀地区头部带动效应显著。京津冀三方现已签订《关于打造京津冀工业互联网协同发展示范区的框架合作协议》,共同推进工业互联网协同发展示范区建设。北京印发《北京市加快新型基础设施建设行动方案(2020—2022年)》,精准优化工业互联网创新发展环境。天津着力培育工业互联网标杆示范,发布了《推动工业互联网创新发展实施"智汇天津"三年行动计划(2021—2023年)》等。河北注重打造工业互联网应用场景,出台了《2021年河北省两化融合工作要点》等。

(4) 成渝地区合作推进产业建设。两地充分发挥政策、产业、资源等方面优势,签署《成渝工业互联网一体化发展示范区战略合作协议》,构建一张"工业互联网",支撑成渝地区双城经济圈建设。两地各自则发布《成都市加快工业互联网发展支持政策》《重庆市深化"互联网+先进制造业"发展工业互联网实施方案》《重庆市推进工业互联网发展若干政策》等推进政策。

工信部目前遴选出上海松江区国家新型工业化产业示范基地，北京顺义、海淀、朝阳、石景山四区工业互联网特色国家新型工业化产业示范基地，"工业互联网·湖北武汉"国家新型工业化产业示范基地，深圳宝安区工业互联网产业示范基地4个工业互联网产业基地，作为引领工业互联网产业集聚、区域协同发展的重要抓手。与此同时，国家工业互联网大数据中心按照"1+N"的总体格局，即1个国家工业互联网大数据中心和N个区域分中心、行业分中心的体系，已形成覆盖长三角、粤港澳、京津冀、成渝圈的全面布局，汇聚约29亿条工业互联网数据，覆盖约703万家企业，全国"一盘棋"的工业互联网大数据中心体系基本建成。

（四）应用场景不断拓展，推动产业生态高质量发展

随着我国工业互联网在不同领域的融合应用潜力逐步释放，应用广度和深度不断拓展，应用模式创新活跃，新模式、新业态接连涌现。不同规模企业融通发展得到加强，推动产业链上下游协作水平快速提升，产业生态实现高质量发展。在应用创新方面，工业互联网已渗透到钢铁、机械、电力、交通、能源等国民经济重点行业，形成平台化设计、智能化制造、网络化协同、个性化定制、服务化延伸、数字化管理等新模式、新业态。不同模式业态之间的界限并非十分清晰，其相互受力、协同融通，共同促进产业整体向高端化、智能化、绿色化发展。

（1）平台化设计。依托工业互联网平台会聚人员、算法、模型、任务等设计资源，实现高水平高效率的轻量化设计、并行设计、敏捷设计、交互设计和基于模型的设计。一方面，工业互联网推动传统产品研发设计加速转型，提供数字化功能组件、技术手段、软件工具，大大降低研发成本，优化设计结果。另一方面，工业互联网推动云设计领域专业型平台发展，流程、文件、工具的协同管理模式加速形成，工艺一体化、制造一体化和运维一体化实践应用深化，支撑起跨企业、跨部门、跨区域、跨学科的多主体协同设计平台。华为平台化设计、上海外高桥"供应链协同云"、长安汽车的全球协同设计研发云平台都是平台化设计的优秀案例。

(2) 智能化制造。在制造业领域创新应用互联网、大数据、人工智能等技术，实现材料、设备、产品等要素与用户之间的连接和交互，并逐步实现机器代替人生产。设备数字化应用范围不断扩大，同时深化过程智能化控制能力，通过工业现场总线、工业以太网、工业 5G 等通信技术，以及工业数字孪生、工业互联网平台等前沿技术，实现工业现场全要素全环节的动态感知、互联互通、数据集成和智能管控。基于企业现场数据集成整合的生产制造智能化应用不断涌现，海尔沈阳冰箱互联工厂、中国商飞等都通过应用智能化制造大大缩短研发周期、提高产能、降低运营成本；老板电器茅山"黑灯工厂"实现无人化 24 小时运作，生产效率与产品质量大幅提升。

(3) 网络化协同。通过跨部门、跨层级、跨企业的数据互通和业务互联，推动供应链上企业和合作伙伴共享客户、订单、设计、生产、经营等各类信息资源，促进资源共享、能力交易以及业务优化。在资源共享能力上，多主体协同形成动态的生产组织，实现资源高效利用，缩短产品交付周期。企业内部协同制造模式持续深入，设计、生产的柔性不断提高，企业的制造敏捷性不断提高，"平台接单、按工序分解、多工厂协同"的共享制造模式整合，不断降低企业生产和交易成本。

(4) 个性化定制。企业能够准确获取和分析消费者个性化需求，实现用户在产品全生命周期中的深度参与，实现产品个性化设计、生产、销售及服务的制造服务模式。企业依托平台开发客户服务、物流跟踪等工业 App，及时响应用户需求，利用人工智能、大数据等技术，建立"客户中心化"营销服务体系，提供个性化服务。通过对客户、用户行为进行分析，促进供给与需求精准匹配，强化企业市场预判、精准营销能力，构建定制化、柔性化的生产制造系统，进行生产计划排程和资源优化配置，保持规模经济的同时满足市场多样化需求。目前个性化定制在服装业等市场应用广泛。

(5) 服务化延伸。企业从原有制造业务向价值链两端高附加值环节延伸，以"制造+服务""产品+服务"实现生产与服务的融合发展，当前已涵盖设备健康管理、产品远程运维、设备融资租赁、分享制造等。一方面，服务向产品效能提升延伸，利用大数据等技术，构建优化预测预警、故障诊断、远程运维等模型，开展设备健康管理、远程诊断、预测性维护、设备融资租赁等延伸服务。另一方面，服务向产业链高端化延伸，助力传统制造企业从单一的生产加工向现代供应链管理、共享制造、互联网金融等产业链增值服务延伸，推动原有制造业务与产业链条向价值链高端迈进。

（6）数字化管理。企业从内部打通数据链并挖掘数据价值，优化战略决策、经营管理、研发制造、市场服务等业务，构建数据驱动的运营新模式。工业互联网实现设备、车间、物流等数据的泛在采集，推动企业资产、运营、组织等数字化管理创新，数据要素价值不断释放，业务流程实现标准化、精细化、可视化，最终提升企业资源管理能力和运营管理效率。与此同时，这种模式也可以由企业外溢到整体产业，基于平台实现供给侧与需求侧的精准匹配，推动供应链上下游企业数据、技术、人才等资源共享和配置优化，实现企业对产业链供应链的数字化管理能力。数字化管理应用的优秀案例包括三一集团根云平台、美的全球供应链云平台、鞍钢集团精钢云平台等，通过开展供应链管理，提升供应商、经销商资源配置能力，大大缩减生产周期与库存成本。

四、我国工业互联网产业制约因素

我国工业互联网产业目前存在以下制约因素：部分产业赋能发展停滞不前，行业平台发展面临困境；关键技术本土供给能力不足，研发创新主体缺乏协同；产业相关岗位规范化程度低，人才培养体系尚未形成；多层次安全保障体系亟待健全，产业安全风险形势严峻。

（一）部分产业赋能发展停滞不前，行业平台发展面临困境

我国工业互联网产业2021年将达到4.13万亿元的规模，但在部分行业，工业互联网渗透产业规模比例出现下降，制造业赋能比重从2020年的5.59%下降至5.35%，批发和零售业由2.71%降至2.61%，交通运输、仓储和邮政业由3.34%降至3.12%，产业赋能发展陷入瓶颈。以汽车制造业为例，工业互联网平台大多是由行业数量占比不足1%的整车厂主导构建，无法有效满足汽车行业复

杂细分领域的众多差异化需求，占绝大多数的零部件企业与经销商等主体又大多处于"低、散、弱"阶段，零部件专业化平台发展相对滞后（邵明堃等，2021）。

事实上，开放、全覆盖、共创共享是工业互联网创造价值的基本要求，而封闭、差异化、自我保护却是工业企业作为以营利为目的的市场主体所做出的必然经济决策，对于发展成熟、细分领域众多、经验可复制的产业，这个矛盾尤为严重。厂商为了确保自身在行业细分领域的可持续竞争优势，对核心技术、知识、经验的保护是合乎理性且客观存在的，尤其在知识产权保护、商业合作模式尚未明确的环境下，平台推广面临很大的困境。不同领域、规模的不同企业对平台应用的个性化需求强烈，但项目实施的成本与项目落地的效益不明晰，也导致工业互联网平台发展陷入停滞。

（二）关键技术本土供给能力不足，研发创新主体缺乏协同

我国高端工业软件和工业控制系统领域几乎全部被国外企业垄断，网络、标识解析、云计算、平台等关键技术国内本土供给能力不足，领先企业、上下游企业、硬件、通信设备、运营、互联网公司、政府、科研院所和高校等多种主体协同共享创新的格局还未建成，供应链创新链竞争力不强。从 2000 年至 2018 年 10 月，全球工业互联网未合并同族专利申请近 5 万件，其中美国占比达到 48%，排名全球第一，中国以 25% 排名第二。在全球工业互联网专利排名前十的申请人中，仅华为一家排名第八，其余全部是 IBM、Microsoft、Oracle 等国外信息行业巨头，其中 IBM 以近 7000 件专利排在全球第一，数量接近其余九家企业的总和。

在网络互联技术方面，中国整体技术创新能力不俗，但领先的专利申请人基本以外企为主。现场总线、工业以太网、OPC 统一架构三项技术全球专利数分别为 9500 个、5776 个、763 个，来自中国的比例分别达到 62%、58%、57%，领先全球，但德国西门子在这三项技术都是数量第一申请人，中国国家电网、中国科学院沈阳自动化研究所、东北大学进入全球前十，但都排名靠后。时间敏感网络 TSN 技术专利全球共 536 个，美国以 33% 排在全球第一，中国以 19% 排在第二，华为在申请人中排名第五，其余全部为外国企业。网络标识解析技术中，中国在对象标识符 OID（23%）与物联网统一物品编码 Ecode（93%）两项技术上表现

尚可，而在对象名解析服务 ONS、Handle 系统等技术上缺乏竞争力，中国在这两项技术专利的全球占比仅分别为 14%、5%。工业云技术专利方面，边缘计算/雾计算技术美国占比 33%，中国为 31%，华为排在全球申请人第一；平台即服务 PaaS、多租户技术中国专利占比仅分别为 11%、15%（工业互联网产业联盟，2019）。

（三）产业相关岗位规范化程度低，人才培养体系尚未形成

工业互联网的发展既需要 OT、IT、CT 复合型人才，也需要企业管理人才、行业领军人才、专业技术人才、产业工人等多维度、多层次人才，既需要具有拔尖创新能力的学术型人才，也需要实践能力强、在工作中能够解决问题的应用型人才。目前我国工业互联网人才需求与供给两端都存在问题，企业对工业互联网人才的需求较大，但是岗位规范化程度较低。目前，工业互联网相关岗位没有行业统一的命名规范，不同企业对岗位能力描述差异化较大，相同岗位的岗位能力需求也各有侧重，不利于高校相关专业根据工业互联网岗位能力需求制定培养方案，导致人才供需两端匹配度不高。

同时，健全完善的人才培养体系尚未形成，人才培养面临诸多困难。部分高校积极探索工业互联网人才培养，但由于缺乏课程、教材、师资及专门的实训环境，教学过程面临很大困难。人才培养产教融合不足，产业和教育深度合作的人才培养方式尚未形成。相关专科专业占比较低，专业调整灵活度高，但基础能力不足。相关本科专业覆盖面广，新增专业意愿强烈，但仍需国家政策引导。继续教育对工业互联网产业人才培训进行积极探索，但系统性尚显不足。

（四）多层次安全保障体系亟待健全，产业安全风险形势严峻

由于工业互联网渗透到国民经济各个产业赋能发展的特殊性，其产业安全保障问题极其重要。目前我国涵盖工业互联网设备、主机、数控设备、机器人、物联网设备、互联网网络、标识解析系统、5G 网络、工业 App、工业数据等多层次的安全保障体系还未健全。工业主机保有量大，操作系统相对陈旧，安全防护相对不足；高端工控系统以国外品牌为主，存在远程维护后门风险，同时难以及时升级换代，2020 年工控系统漏洞数量创新高；工业互联网平台内生安全不足，

大部分平台尚未按照标准形成体系化的安全防护机制，只是叠加一些安全防护设备；工业数据种类繁多，在采集、存储、通信、权限控制等方面都存在安全隐患。

随着全球工业互联网产业的发展，网络攻击手段逐渐多变，包括干扰软件开发、测试、部署、维护环境或工具；设备预装恶意软件，感染合法应用；盗用合法证书签名恶意软件等手段。我国安全厂商在工业信息安全、工业互联网安全等领域的产品积累和服务经验不足，多数企业存在应对网络攻击意识不强、安全管理制度不完善、安全检测评估机制不健全、对工业企业网络安全的引导不够等问题。仅2020年上半年发现的针对我国工业互联网的恶意网络攻击行为就高达1356.3万次，涉及企业达2039家，攻击方式以异常流量、非法外联、僵尸网络三类为主，均超过300万次，安全隐患不容忽视[①]。

五、工业互联网高质量发展的对策建议

（一）发挥应用体量数据场景优势，释放产业发展潜力

基于我国超大规模、多层次、多元化的内需市场，发挥我国工业门类齐、产业体量大、应用场景多、数据种类全的优势，打通产业瘀点和堵点，促进国内各个环节、各个产业、各个区域之间的畅通。进一步推进工业企业内网改造升级，推进IP化、扁平化、柔性化技术改造和建设部署，打通信息孤岛、"数据烟囱"，为更广泛的互联互通打下良好基础。加快工业企业外网建设，加快推进宽带网络基础设施改造，扩大网络覆盖范围，优化升级国家骨干网络，为实现产业链各环节的泛在互联与数据顺畅流通提供保障。降低中小企业的信息网络服务成本，支持大中小企业融通发展。加快探索、运用5G、MEC、TSN等新型网络技术，推

---

① 中国信息通信研究院，工业互联网产业联盟. 2020年上半年工业互联网安全态势报告[R]. 北京：中国信息通信研究院，工业互联网产业联盟，2020.

出更多紧密贴合制造企业转型升级需求的网络解决方案。同时，高标准推进国内国际相互促进的新发展格局建设，带动高价值、高水平、系统性的供需循环，构建完整、安全、可靠的工业互联网供应链体系。

（二）健全科技攻关新型举国体制，打破协同创新壁垒

健全关键技术攻关新型举国体制，发挥有效市场活力，强化企业的技术创新主体地位，高效配置科技力量和创新资源，强化跨领域跨学科协同攻关。支持行业组织、产业联盟和专业机构编制发布领域知识产权布局指南，支持引导龙头企业贯彻实施相关知识产权管理标准，提升创新主体知识产权战略意识和能力。发挥政策引导作用，促进产学研用相结合，建立健全政府、企业、行业组织和产业联盟、智库等的协同推进机制，加强在技术攻关、标准制定等方面的协调配合。坚持研发攻关、产品应用和产业培育"三位一体"，营造良好的工业互联网创新生态，打通不同创新主体之间的创新资源流通渠道，推动工业互联网创新链高质量发展。

（三）构建完善专业人才供需系统，加强人才队伍建设

建立知识产权专家咨询制度，设立知识产权专家委员会和专家库，遴选培养一批制造业知识产权领军人才。鼓励支持相关高校加强制造业知识产权应用型人才培养，推动建设制造业知识产权在职人才培养基地。面向行业龙头企业开展知识产权战略与技能培训。建设国家级工业互联网人才数据平台，汇聚各区域工业互联网基建投入、岗位招聘、相关专业毕业生等数据，支撑产业人才供需系统建设。制定职业和岗位调研制度，定期开展面向工业互联网领域各类企业的调研。开展工业互联网人才认证工作，针对典型岗位建立认证体系，包括认证课程、认证考试、认证授权点等。协同研究院所、企业、高校、社会团体、供应商等，共建全国性工业互联网人才培养生态，各方优势互补、分工协作，共同构建完善工业互联网人才供需系统，提高人才培养质量与效率。

（四）高标准建设产业链安全体系，确保产业全面安全

重点针对基础较好的行业和安全需求迫切的领域，开展安全技术、产品和解

决方案的试点示范和推广应用。构建工业互联网设备、网络和平台的安全评估认证体系，依托第三方机构开展安全防护能力不断提升。建立工业互联网全产业链数据安全管理体系，明确相关主体的数据安全保护责任和具体要求，加强数据收集、存储、处理、转移、删除等环节的安全防护能力。建立工业数据分级分类管理制度，形成工业互联网数据流动管理机制，明确数据留存、数据泄露通报要求，加强工业互联网相关企业落实网络安全主体责任，引导企业加大安全投入，加强安全防护和监测处置技术手段建设，开展工业互联网安全试点示范，提升安全防护能力。充分发挥国家研究机构和社会力量作用，增强国家级工业互联网安全技术支撑能力，着力提升隐患排查、攻击发现、应急处置和攻击溯源能力。

参考文献

［1］工业互联网产业联盟．工业互联网关键技术专利态势分析［R］．北京：工业互联网产业联盟，2019．

［2］工业互联网产业联盟．工业互联网平台安全白皮书（2020年）［R］．北京：工业互联网产业联盟，2020．

［3］工业互联网产业联盟安全组．中国工业互联网安全态势报告（2019）［R］．北京：工业互联网产业联盟，2020．

［4］胡琳，杨建军，韦莎，等．工业互联网标准体系构建与实施路径［J］．中国工程科学，2021，23（2）：88-94．

［5］李小妹．主要发达国家工业互联网政策的演变与启示［J］．区域经济评论，2022（4）：32-44．

［6］李阳春，王海龙，李欲晓，等．国外工业互联网安全产业布局及启示研究［J］．中国工程科学，2021，23（2）：112-121．

［7］邵明堃，雷晓斌，马冬妍，等．工业互联网平台在中国汽车行业的应用现状、制约因素及对策建议［J］．科技和产业，2021，21（10）：260-264．

［8］吴军．浪潮之巅（第四版）［M］．北京：人民邮电出版社，2019．

［9］杨帅．工业4.0与工业互联网：比较、启示与应对策略［J］．当代财经，2015（8）：99-107．

［10］张尼，刘廉如，田志宏，等．工业互联网安全进展与趋势［J］．广州

大学学报（自然科学版），2019，18（3）：68-76.

　　[11] 赵敏，刘俊艳，朱铎先. 工业互联网生态系统模型研究与应用［J］. 中国工程科学，2022，24（4）：53-61.

　　[12] 中国工业互联网研究院. 工业互联网创新发展成效报告（2018—2021年）［R］. 北京：中国工业互联网研究院，2021.

　　[13] 中国工业互联网研究院. 中国工业互联网产业经济发展白皮书（2020年）［R］. 北京：中国工业互联网研究院，2020.

　　[14] 中国工业互联网研究院. 中国工业互联网产业经济发展白皮书（2021年）［R］. 北京：中国工业互联网研究院，2021.

　　[15] 中国信息通信研究院. 工业互联网产业经济发展报告（2020年）［R］. 北京：中国信息通信研究院，2020.

数字经济竞争与新基建高质量发展[*]

贺俊 李伟[**]

摘要： 现有研究未能厘清数字经济发展的底层理论逻辑、核心驱动要素和战略要点，无法深刻洞察发达国家数字经济战略部署的内在逻辑，很难有效支撑我国数字经济战略和政策制定。从技术—经济范式理论入手，认为数字经济本质上是数字技术变革引起技术—经济和社会—制度范式协同演变的过程，其战略核心是数字技术创新和应用以及相匹配的制度体系重构。当前，数字经济革命与中美战略竞争相互交织，这就决定了以美国为首的发达国家数字经济战略部署主要围绕两条主线展开：一是主动顺应数字经济发展的技术—经济范式要求；二是全力遏制中国数字技术和数字经济的发展。基于这一战略逻辑，美欧日韩等发达国家正从数字技术研发、数字技术应用以及配套的制度体系构建三个方面强化政策供给。对此，建议我国应以"技术领先、应用领先、制度领先"为核心构建中国特色的数字经济发展战略，加快推动顶层制度设计和部门协同机制建立，推动关键核心数字技术研发应用和自主可控，有效应对数字革命挑战及发达国家竞争。

关键词： 数字经济；新基建；技术—经济范式；数字技术；数字化转型

---

[*] 本文部分内容发表于《中国软科学》2023年第5期。
[**] 贺俊，中国社会科学院工业经济研究所研究员、博士生导师；李伟，中国社会科学院工业经济研究所副研究员。

一、问题提出

以数字化、网络化、智能化为特征的数字经济正在全球范围内加速拓展，成为重塑科技、经济和社会形态，重构国家间竞争格局的关键力量。党的十八大以来，党中央高度重视发展数字经济，将其经济上升为国家战略，提出做强做优做大数字经济，围绕数字经济战略规划、新基建发展、数字技术自主可控、数字化转型等数字经济重点领域出台了大量政策措施。特别地，鉴于其支撑数字经济发展的重大战略意义，以5G、人工智能、工业互联网、大数据中心等为代表的新型基础设施（简称新基建）受到了国家和地方政府的广泛关注，自2019年以来国家和地方层面都出台了大量新基建规划战略和支持政策。数字经济和新基建的快速发展也带动了理论研究的繁荣，目前学术界对数字经济和新基建进行了多角度的研究。

综合分析数字经济和新基建的政策实践和理论研究可以发现，现有研究未能厘清数字经济发展的底层理论逻辑、核心驱动要素和战略要点，缺乏一个角度分析数字经济发展内在动力机制的适宜的理论工具，未能构建起数字经济发展的一般性理论。理论研究的不完善降低了当前我国数字经济的政策效能，一方面数字经济理论分析工具的缺乏导致无法深刻洞察发达国家数字经济战略部署的内在逻辑，降低了我国应对全球数字经济竞争的政策能力；另一方面也使我国无法构建起完善的数字经济政策体系。

鉴于此，本文从技术—经济范式理论入手，构建数字经济发展的一般性理论框架，一方面用这一理论透视发展国家数字经济和新基建战略逻辑和内在动机；另一方面以理论为参考标准，揭示当前我国数字经济和新基建战略和政策部署存在的问题，提出促进我国数字经济国际竞争力提升和新基建高质量发展的政策建议。本文认为数字经济本质上是数字技术变革引起技术—经济和社会—制度范式协同演变的过程，其战略核心是数字技术创新和应用、数字新基建投资建设以及相匹配的制度体系重构。当前，数字经济革命与中美战略竞争相互交织，这就决定了以美国为首的发达国家数字经济战略部署主要围绕两条主线展开，一是主动顺应数字经济发展的技术—经济范式要求；二是积极遏制中国数字技术和数字经济的发展。基于这一战略逻辑，欧美等发达国家正从数字技术研发、数字应用和新基建系统发展以及配套的制度体系构建三个方面强化政策供给。对此，我国要以"技术领先、应用领先、制度领先"为核心构建中国特色的数字经济发展战略，加快推动顶层制度设计和部门协同机制建立，推动关键核心数字技术研发应用和自主可控，统筹推进新基建国际竞争力和国内投资效率提升。

二、当前研究缺口

数字经济涉及面广、渗透性强，是经济结构和社会形态的系统性变革。面对如此复杂的变革，迫切需要一个理论分析工具，从纷繁复杂的数字经济现象中提炼数字经济发展的底层理论逻辑、动力机制和战略要点，以支撑数字经济发展的战略部署，提升数字经济政策效能。

总体上看，既有数字经济的研究沿着三条脉络展开：一是数字经济的内涵、特征和规模测算。自从 Tapscott（1996）提出首次提出数字经济概念以来，伴随着数字技术的快速发展和广泛应用，数字经济的内涵和特征发生了巨大变化，成为继工业经济之后的一种新的经济形态（姜奇平，2020）。虽然学术界对于数字经济概念、内涵、结构、特征和规模测算等问题进行了系统研究（Barefoot et al.，2018；Kobilov et al.，2022；李晓华，2019；许宪春、张美慧，2020），但尚未形成一致的观点。目前引用较为广泛的数字经济概念是《二十国集团数字经济发展与合作倡议》提出的，认为数字经济是指以数据资源作为关键生产要素、以现代信息网络作为重要载体、以信息通信技术的有效使用作为效率提升和经济结构优化的重要推动力的一系列经济活动（张文魁，2022）。二是研究数字经济产生的经济社会影响和作用机制。数字经济是一场重大的技术变革、产业变革和经济变革，目前学术界探讨了数字经济在技术创新（李健等，2022）、产业结构转型升级（费越等，2021）、城乡均衡发展（樊轶侠等，2022）、企业组织和产业组织

（戚聿东、肖旭，2020；张文魁，2022；Troise et al.，2022）、交易成本（Goldfarb and Tucker，2019）等众多方面的影响及作用机制。三是数字经济发展政策的研究，这类研究主要从实践层面切入，或是分析不同国家数字经济发展现状和战略（陈昭锋、张红倩，2022；江鸿、贺俊，2022），或是研究我国数字经济发展面临的问题以及对策（谢康、肖静华，2022），或是从区域经济的角度探讨我国不同区域数字经济高质量发展的政策（郭敏、杨康，2022）。与前一类研究侧重数字经济影响的学理分析和理论机制不同，这类研究多是从现实情况出发探讨数字经济发展的具体政策问题（吴静、张凤，2022）。

近年来，以5G、工业互联网、物联网、人工智能为代表的新型基础设施受到了广泛的政策关注和市场青睐。在国家层面上，自2018年中央经济工作会议提出"加快5G商用步伐，加强人工智能、工业互联网、物联网等新型基础设施建设"后，新型基础设施逐渐受到重视。2020年后，推动新型基础设施建设的政策和步伐加快提速。2020年3月4日，中央政治局常务委员会会议提出，要加快5G网络、数据中心等新型基础设施建设进度；4月28日，国务院常务会议提出，要创新投资建设模式，加快推进新型基础设施建设。新基建是党和国家立足短期经济下行压力、夯实数字经济发展基础、抢抓新一轮产业变革先机而提出的重大国家战略。目前，学术界主要从以下两个方面对新基建进行了理论研究：一是探讨新基建的概念、特征和范围以及投资建设模式等（赵全厚、马丽君，2020；盛磊、杨白冰，2020；马荣等，2019；胡仙芝、刘海军，2022）。二是从理论上探讨新基建对经济增长、产业升级的作用（郑世林等，2014；王文彬、廖恒，2022；李海刚，2022）。例如，郑世林等（2014）实证分析了电信基础设施对经济增长的作用，马淑琴和谢杰（2013）研究了网络基础设施与出口产品技术的影响，郭凯明等（2020）探讨了新型基础设施对产业结构转型升级的作用。

总结现有研究可以发现，虽然目前学术界对数字经济和新基建进行了大量的理论研究，但这些研究或是揭示数字经济规模、特征，或是探讨数字经济推动经济结构变革的微观机制，或是从现实问题出发研究促进数字经济发展的政策，缺乏对数字经济自身发展底层经济逻辑、核心驱动因素以及动力机制的理论性洞见，未能厘清数字经济和新基建的战略关系以及新基建支撑数字经济发展的战略着力点，也未能准确揭示促进数字经济发展的战略要点，进而降低了理论研究对数字经济实践的指导作用。鉴于此,本文试图从以下三个方面弥补现有文献缺口:一是从宏观层面剖析数字经济发展的底层经济理论逻辑,从微观层面揭示数字经济发展的核心驱动因素和一般动力机制,进而提炼数字经济发展的战略要点,分析新基建在数字经济发展和国际竞争中的战略作用,构建数字经济发展的一般性理论;二是在理论研究的基础上,引入国家间竞争因子,对不同国家数字经济发展的战略进行比较研究,借助理论视角透视各国数字经济战略和政策背后的逻辑和动机;三是在以上研究基础上,更加针对性地提出我国数字经济和新基建高质量发展的战略和政策建议。

三、数字经济竞争的底层理论逻辑和新基建的战略作用

新熊彼特学派代表人物佩蕾丝提出的技术—经济范式理论揭示了技术变革驱动经济社会系统性重构的过程和机制,为理解数字经济发展提供了一个独特的理论视角。技术经济范式理论认为,历次产业革命都是新兴技术快速涌现并向经济社会广泛渗透、带动社会—制度发生适配性变革和耦合性调整,最终形成技术—经济和社会—制度良性循环发展的过程(Perez, 1983, 2003, 2010)。基于技术—经济范式的理论观点,本文认为,数字经济是数字技术的创新和产业化,以及数字技术向经济社会各领域渗透带动传统产业升级,同时引发社会制度适配性变革,最终形成技术—经济与社会—制度协同演变的过程。数字技术、数字新型基础设施以及配套的制度体系是支撑数字经济发展的关键,具体地,数字经济发展的底层逻辑和一般机制(见图1)如下:①数字技术簇的集中突破催生新产业、新模式,同时,数字技术向传统产业渗透,带动传统产业转型升级;②数字技术形成数字经济的新型基础设施,新型基础设施为新兴产业发展和传统产业升级提供必要的支撑;③新技术、新产业以及传统产业升级对原有的制度体系提出新的要求,牵引产权制度、创新制度、企业治理模式等制度体系进行适配性重构;④制度体系的重构进一步反作用于数字技术创新、新兴产业发展,形成技

术—经济和制度体系双向互动耦合的过程。

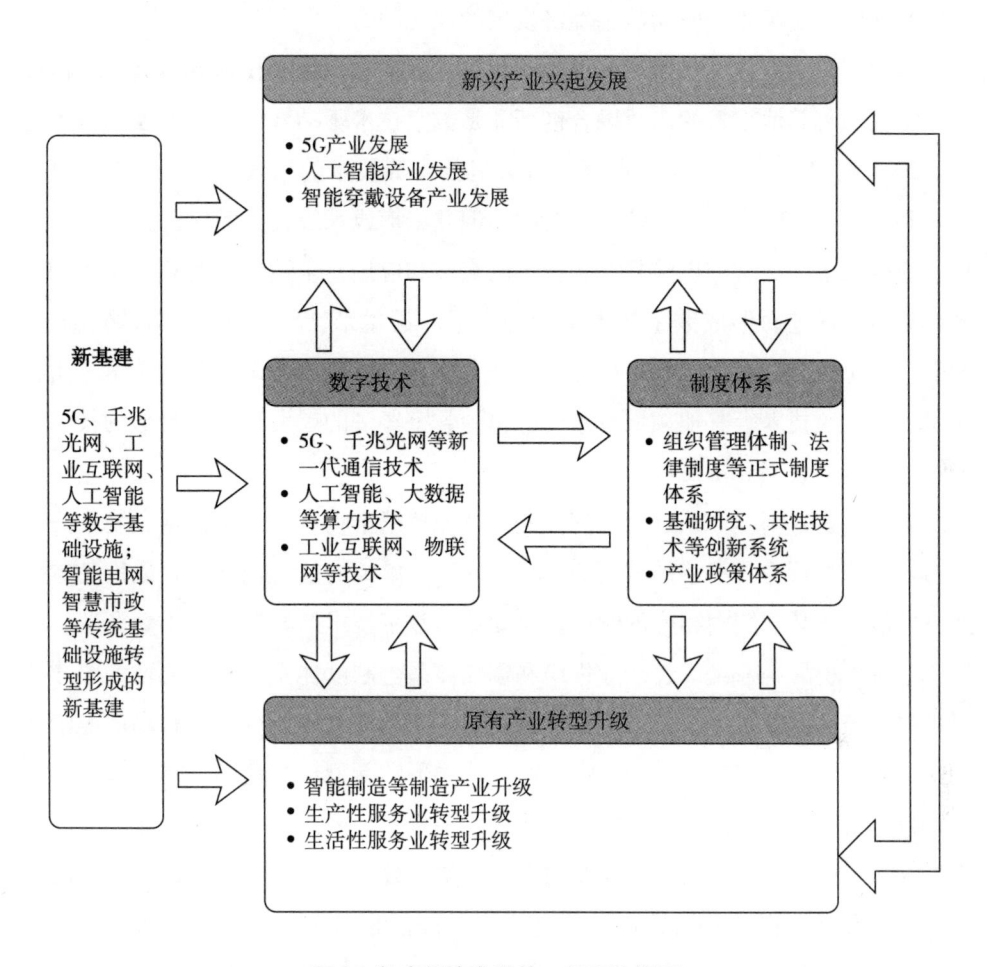

图1 数字经济发展的一般理论模型

新基建：5G、千兆光网、工业互联网、人工智能等数字基础设施；智能电网、智慧市政等传统基础设施转型形成的新基建

新兴产业兴起发展
- 5G产业发展
- 人工智能产业发展
- 智能穿戴设备产业发展

数字技术
- 5G、千兆光网等新一代通信技术
- 人工智能、大数据等算力技术
- 工业互联网、物联网等技术

制度体系
- 组织管理体制、法律制度等正式制度体系
- 基础研究、共性技术等创新系统
- 产业政策体系

原有产业转型升级
- 智能制造等制造产业升级
- 生产性服务业转型升级
- 生活性服务业转型升级

基于上述数字经济发展底层逻辑可以发现，技术和制度是驱动数字经济发展的双轮，新型基础设施为数字经济发展提供战略支撑，推动数字经济关键核心突破和应用、构建与数字经济技术特征相匹配的制度体系、促进新型基础设施建设是数字经济发展的三大战略要点。近年来，随着5G、千兆光网、工业互联网、人工智能、大数据、云计算、区块链等新兴数字技术的突破和发展，数字经济受到了广泛关注，这种背景下数字经济的研究容易陷入"技术决定论"的误区（姜奇平，2020）。数字技术是数字经济的核心驱动力的普遍共识并不意味着数字

技术是数字经济的唯一驱动力，本文认为数字技术相关的技术簇集中突破以及配套的制度体系变革才是驱动数字经济发展的双元动力。

首先，个别的数字技术不足以带动数字经济变革，数字技术簇的集中突破以及数字技术与其他技术的广泛融合创新才是数字技术驱动数字经济发展的技术特征。20世纪70年代，互联网技术、计算机技术等技术的出现和应用虽然促进了生产和生活方式向自动化、信息化转型，但并未形成系统性的数字经济变革，其核心原因在于这一时期仍然是个别技术的突破和应用，未达到彼此相互交织的技术簇集体涌现进而形成数字技术革命的水平。近年来，5G、工业互联网、人工智能、区块链等新兴数字技术簇集中突破，以及数字技术与增材制造技术、生物技术、新能源技术等其他领域技术的融合为数字经济的爆发积累了足够的技术势能，成为推动数字经济发展的核心动力。

其次，只有制度体系进行适配性变革才能持续推动数字经济创新。制度决定了市场主体的行为和经济绩效（Coase，1998），单纯的技术创新不足以推动数字经济发展，还必须配套相应的制度体系变革。数字技术的发展催生了新产业、新模式，对传统的企业组织、产业组织和创新体系等制度体系进行适配性调整才能促进数字经济新模式的发展。例如，数字技术变革催生产业组织形态和产业治理模式的深刻变化，迫切需要构建数字经济背景下的新型反垄断制度体系。平台模式是数字技术催生新商业模式的典型代表，随着平台模式的兴起，企业之间的组织形态和企业消费者之间的交易结构发生了根本性的变化：一方面，平台的网络效应和锁定效应使得少数具有先发优势的平台企业率先积累起足够的消费者规模，获取平台垄断地位，并借助网络效应构筑起更高的进入壁垒，对新企业创业和新兴发展形成了严重的抑制效应；另一方面，平台企业可以掌握充足的消费信息，并借助强大的计算和分析技术优势，对终端消费者实施更加精准和更深程度的价格剥削。针对数字经济平台企业垄断现象的不断发展，需要加快推动数字经济反垄断制度体系的完善。再如，数字技术变革不断强化技术标准竞争和信息安全管制的战略地位，需要强化产业安全制度体系重构。对于这一轮以数字化、网络化、智能化为核心的技术竞争，如何构建集网络连接、标识解析、边缘计算、平台数据等一体化的标准体系是国家争夺未来产业制高点的重点。数据的加速聚合和流动大大强化了信息安全、产业链安全甚至国家安全问题。如何在信息安全和产业加快发展之间形成动态的平衡和约束，已经成为各国数字经济发展面临的首要政策问题。总结来看，数字经济背景下的制度调整主要涉及三个方面：一是宏观层面制度体系调整，包括数据所有权制度体系、产权制度体系、教育体系；二是产业层面制度体系调整，包括产业标准、竞争政策、创新政策等；三是企业层面制度体系，包括企业组织模式等。

最后，新基建是支撑数字经济发展的核心基础设施。工业发展历程表明，每次产业革命的爆发和发展都需要与之相配套的基础设施作为支撑，18世纪60年代的蒸汽机革命离不开交通基础设施以满足货运运输的需求；19世纪70年代的电力革命需要电网等能源基础设施；20世纪70年代的信息革命离不开卫星通信等通信基础设施，以满足产业革命的需求。当前，以数字化、网络化、智能化为特征的数字经济正在加速拓展，智能制造成为产业变革的方向，这一类产业革命所需的基础设施即是新型基础设施。与以往历次工业革命相比，此次工业革命的核心在于通过万物互联实现数字化，进而使机器学习、智能决策实现智能化。因此，此次产业革命所需的基础设施是围绕数字化、智能化而产生的基础设施需求，既包括更高性能的网络基础设施，比如5G、千兆固网等，又包括大容量的存储和计算设施，比如数据中心、人工智能、区块链等，同时还包括传统基础设施数字化转型形成的新基建。

四、发达国家推动数字经济和新基建发展的战略部署和战略逻辑

基于上文构建的数字经济发展理论模型可以看出，数字经济发展的核心就是推动数字技术创新、加速数字技术的应用和产业化、加快新基建投资部署，同时，促进与数字技术和产业发展相匹配的制度体系构建。借助这一理论工具去透视欧美等发达国家数字经济战略部署可以发现，发达国家正是围绕推动数字技术创新、推动新基建和数字应用协同发展、构建与数字经济相适应的制度体系三个层面展开。但略有不同的是，随着中美战略竞争关系的深化，美国等发达国家在

推动本国数字经济发展的同时，将遏制中国数字经济发展和领先纳入战略框架，从而形成以应对数字革命和遏制中国发展为核心的数字经济战略体系。

（一）基于不同竞争态势采取差异化战略推动关键核心技术领先

5G、人工智能、集成电路、区块链、云计算、大数据等新兴数字技术是数字经济的先导技术，也是欧美等发达国家数字经济战略部署的重点。根据关键核心数字技术竞争态势的不同，欧美等发达国家已经形成差异化战略部署：

（1）在5G等中国具有领先优势的新兴数字技术领域，欧美等发达国家通过"另起炉灶"开辟新型技术轨道的方式，颠覆中国领先地位。5G、工业互联网、千兆光网等数字经济核心技术具有技术路线多样、代际演进明显的特征，同时，这些先导技术目前都处于多样化技术路线探索期，主导技术路线尚未完全确立，这导致技术领先地位很容易被竞争性技术颠覆。美国等发达国家正利用数字技术特征以及主导技术路线确立的"窗口期"，加快推动多样化技术路线探索，颠覆中国5G等关键技术领域领先优势。自2018年以来，美国不断升级开源5G技术路线（ORAN技术），通过联合研发、政府采购、研发补贴等多种方式加快推动ORAN技术路线发展。目前，ORAN技术路线已经成为美国颠覆中国5G领先的国家战略，在政府、产业界以及智库等多方中获得了罕见的一致共识。类似地，在千兆光网、云计算等其他中国具有领先优势的领域，欧美等发达国家也加快推动替代技术路线发展，如近年来美国通过推动大规模宽带网络建设，加快培育开源光通信技术，颠覆我国具有优势的一体化光通信技术路线。美国企业具有颠覆式创新的优良基因和行为惯性，可以预测，在美国积极配套有利于颠覆式创新的制度环境建设的情况下，必然会对我国数字经济核心技术领先造成空前竞争压力。

（2）在人工智能等中美竞争优势相当的技术领域，欧美等发达国家通过"联盟合作"形成相对于中国的先发优势。与以往历次技术革命和产业革命不同，在以数字化、网络化、智能化为核心的数字经济革命中，中国与欧美等发达国家的差距明显缩小，在人工智能、区块链等技术领域与欧美等发达国家处于同一起跑线，共同引领技术和产业的深化拓展。在这些竞争优势相当的领域，美国以意识形态为纽带，强化联盟研发合作，积极争取先发优势。2021年6月，美国—欧盟贸易和技术委员会（Trade and Technology Council，TTC）成立；9月，

TTC 在美国匹兹堡举行了第一次峰会,明确提出强化美国在关键技术领域的合作。此次峰会还成立了高级别的委员会主席团,建立了包括人工智能在内的10个工作组,一方面强化了顶层领导和政策协调沟通的力度,另一方面夯实了基层务实的工作机制,为美欧务实推动人工智能等技术研发合作、赢得对华竞争优势奠定制度基础和工作条件。

(3)在集成电路等中国竞争优势不足的技术领域,美国等发达国家加快构建"对华封锁圈",全面钳制我国技术赶超。当前,我国在集成电路制造、光刻机等关键技术领域竞争能力较弱,存在被欧美等发达国家"卡脖子"的风险。美国在这些领域采取了从单边禁运到联合盟友共同封锁、再到控制全球产业链不断升级的遏制战略。2021年9月23日,美国商务部部长雷蒙多和国家经济委员会主任狄斯再次召集台积电、三星、英特尔、通用、福特等企业高管召开芯片短缺及应对会议,要求企业在11月8日之前向商务部提供芯片销售、库存、用户、市场需求等商业信息。表面上看,这是美国应对本国芯片短缺的应急管理行为,但持续跟踪研究表明,美国根本目的是要通过商业信息收集构建产业监测体系,人为干预并控制全球集成电路产业布局、市场竞争和发展格局,推行"集成电路霸权主义",在对华禁运等打压战略基础上,进一步升级对华封锁战略,遏制中国在关键技术领域的发展。

(二)推动新基建和数字应用协同发展,遏制中国数字技术和应用"走出去"

历次产业革命的经验表明,产业革命竞争首先是支撑新产业、新技术的基础设施竞争,作为数字经济时代的核心基础设施,全球新基建竞争主要体现在三个方面:一是覆盖竞争,即通过提升5G、人工智能、数据中心等新型基础设施的覆盖范围、覆盖质量,全面夯实数字经济发展土壤,为数字经济领先奠定基础;二是技术孵化竞争,即通过大规模新基建投资牵引5G、人工智能等数字经济底层根技术孵化和培育,构筑数字经济时代核心技术的领先优势;三是国际市场竞争,即通过向发展中国家输出新基建,依托数字经济网络效应和互联互通效应抢占国际数字产业市场。近年来,欧美等发达国家不仅加快强化新基建(美欧主要用"Digital Infrastructure"表述)高质量覆盖,而且加快发挥新基建技术孵化作用、推动新基建国际输出和国际竞争力提升。从竞争战略来看,数字经济发展的战略要点之一就是推动数字技术在经济社会领域的应用，应用发展水平直接决定了数字经济发展水平，而数字应用发展的关键又在于数字经济新基建的投资建设速度。基于这一逻辑，欧美等发达国家主要采取了协同推进新基建与数字应用发展、遏制中国数字技术和数字应用"走出去"的战略。

（1）欧美等发达国家通过补齐数字新基建短板、放松管制、增加政府购买等多种手段加快构建"数字应用创新友好型政策体系"，促进数字新基建和数字经济垂直应用协同发展。新基建是孵化数字经济应用创新的沃土，长期以来数字新基建建设滞后被认为在一定程度上阻碍了欧美等发达国家数字经济应用创新。近年来，欧美等发达国家加快国家层面战略部署，补齐数字经济新基建短板，为数字应用创新提供空间。2021年11月15日，美国总统拜登签署《基础设施投资和就业法案》，总计投入1.2万亿美元用于基础设施建设，其中投资650亿美元用于宽带等数字基础设施建设。2021年3月，欧盟委员会正式发布《2030数字罗盘：欧盟数字十年战略》，提出加大安全可持续的数字基础设施建设；同年12月1日，欧盟委员会发布"全球门户"计划，支出3000亿欧元用于全球基础设施建设。此外，美国还通过放松管制、实施审慎监管的策略为数字经济创新提供宽松、有利的制度环境，激发市场创新活力。2022年2月，美国众议院审议通过《2022年美国竞争法案》，进一步强化了5G、集成电路等核心技术的部署。

（2）美国以意识形态为抓手，通过盟友联合向发展中国家输出"数字应用"，形成与我国数字"一带一路"建设针锋相对的格局，推动全球数字经济"去中国化"。2021年4月，美国战略与国际问题研究中心（CSIS）连续发布了两份主题相关的报告：《全球网络2030：发展中经济与新兴技术》和《美国在数字发展中的领先机会》，报告指出，亚洲、非洲、拉丁美洲的发展中国家将是未来十年全球数字经济加速增长的重点区域。CSIS建议，为进一步增强对发展中国家的号召力，美国不仅应当继续增加对外经济援助，而且应当改变将发展中国家简单视为客户的传统思路，转而将其视为技术合作伙伴并提供实质性技术援助，打造一个发展中国家能获得恰当收益的全球数字经济格局构想，以共同发展的愿景，将更多发展中国家吸纳到以美国为首的数字经济联盟之中。从欧美有关数字新基建的投资动向来看，美国政府显然已经采纳了CSIS有关"通过基建投资援助吸引发展中国家、互利开发通信与数字经济新兴市场"的战略思路,而欧盟也认可这一主张并将其付诸共同行动。2021年6月的七国集团(G7)峰会上,各国同意采取共同战略,并设立"基础设施与投资伙伴计划",支持发展中国家加快缩小基础设施投资差距,加快向发展中国家输出数字经济应用创新。2021年12月1日,欧盟公布的"全球门户"计划将在2027年前支出3000亿欧元用于支持"一带一路"为核心的发展中国家数字经济基础设施和数字应用发展。欧美等发达国家这一战略的核心一方面在于扩大数字创新的应用市场规模,通过大规模应用持续牵引数字创新;另一方面在于扩大美欧数字经济阵营规模,推动全球数字经济"去中国化"。2021年4月,美国两党共同提出的《2021年战略竞争法案》也加大了"蓝点网络计划"的部署实施,通过对外援助、贷款融资等在发展中国家建设信息基础设施,并导入所谓透明、可持续的信息基础设施标准。

(三)对内重构适配数字经济发展的制度体系,对外以意识形态为抓手打造独立于中国的数字治理体系

数字经济高质量发展不仅需要数字技术的持续创新,并向经济社会各个细分领域广泛渗透,还需要社会制度领域进行适配性重构,构建符合数字经济特征、适应数字经济发展的经济管理体系和制度规范。充分享受了历次科技革命红利的欧美等发达国家自然深谙制度体系变革和调整的战略意义,纷纷加快推动政府组织机构、规制政策体系以及教育体系等调整。

(1)美国等发达国家推动政府组织机构重构和调整,一方面补齐数字经济背景下政府管理职能缺位,另一方面强化跨部门协同,构建一体化的数字经济管理体系。曾任美国国家创新和竞争力战略顾问、白宫科学和政策办公室中美创新政策联合专家组组长的罗伯特·阿特金森(Robert Atkinson)在2022年12月的一篇研究报告中建议美国在商务部下设立"国家竞争力委员会",通过多样化成员和深入的研究制定促进美国在5G、人工智能、云计算等先进技术领域实现领先的政策。在此之前,美国商务部部长雷蒙多也提出设立一个专门的办公室,负责关键技术和供应链安全问题,以提升美国在关键技术领域的全球领导力。除了新设立机构补齐数字经济管理职能外,日本、韩国等国家还加快推动政府组织机构改革，促进数字经济的跨部门协调，提升数字创新力和竞争力。例如，日本 2021 年 9 月设立"数字厅"，并由首相直接管理；韩国在 2020 年成立"数字贸易应对专班"以应对后疫情时代急剧变化的全球数字贸易巨浪，评判韩国的数字竞争力状况，并制定扬长补短的发展方案。

（2）美日等发达国家加快推动教育制度改革，培育数字创新人才、提升国民数字素养。数字经济竞争的核心是技术创新，根本是人才。因此，美国、日本等都加快推动教育制度改革，一方面加快培养具有数字创新能力的新型人才，另一方面着力提升国民数字素养，促进数字技术对经济社会的全面变革。日本的政策具有较强的代表性，与我国在高等教育体系中增设人工智能、集成电路等新兴专业不同，日本全面推动数字思维、数字教育和数字创新在整体教育体系中广泛渗透：一是"从小学到大学"贯通性连续开展数字思维教育和数字创新能力培养，在"新学习指导要领"将计算机编程列入小学必修课程内容，创造计算机和信息教育环境，从小学开始培养学生程序化、联动性的逻辑思维，引发儿童对 IT 的好奇心；二是高等教育阶段实行所有大学生不分文理必修 AI 通识课程，并在此基础上培养具备一定专业知识的 AI 应用人才。

（3）欧盟积极主导构建数据隐私保护、平台企业垄断、数字技术兼容标准等全球数字经济治理规制；同时，美国与欧盟在数字技术应用规范领域强化合作，构建"以人权、民主为核心"的技术应用规范，打造独立于中国的数字治理体系。欧盟历来具有较强的向其他国家数字标准、治理规制的能力（学术界称之为"布鲁塞尔效应"）。虽然欧盟数字经济企业数量较少、竞争力较弱，在全球数字经济占比较低，但欧盟在数据隐私保护、平台企业垄断、数字技术兼容标准等数字经济治理领域具有较强的全球影响力，2018 年欧盟通过的《通用数据保护条例》（GDPR）已成为全球应用最为广泛的数据治理规制。近年来，美欧在 5G、人工智能等新兴技术应用标准和规范领域的合作逐渐强化。目前，美欧已事实主导人工智能全球性组织（GPAI），正全面加速构建"去中国化"的人工智能标准体系和治理体系，宣称构建所谓"以人权、民主为核心"的技术应用标准，以对抗中国利用所谓"'扭曲的技术'威胁公民自由的行为"。

五、当前我国数字经济和新基建发展存在的问题

（一）数字经济关键核心技术突破缺乏统一的协调机构和明确的战略优先级

数字经济关键核心技术的突破和自主可控是当前我国数字经济发展的战略重点，关键核心技术评估是实现技术突破和自主可控的前提，尽管工业和信息化部、发展和改革委等政府机构以及中国科学院等研究机构都对关键核心技术的对外依赖进行了评估，给出了关键核心技术以及"卡脖子"技术清单，有效推动了我国关键核心技术突破。但当前关键核心技术国家层面战略以及与之相配套的组织管理体制尚未建立，大大制约了我国关键核心技术长期突破效能。

第一，我国还缺乏关键核心评估、识别和战略制定的统一协调机构。从美国等发达国家推动数字经济关键核心技术评估和突破实践来看，美国形成了由国家科学技术委员会以及美国国家安全委员会主导，多部门协同的"高层协调型"的技术评估体制；日本则形成了各主管部门构建各自关键核心技术战略以及单个技术战略，再上升形成国家层面关键核心技术顶层战略的"自下而上"的技术评估和突破体制。不管是美国还是日本，都需要一个牵头协调机构统筹负责国家层面关键核心技术的识别、评估以及战略制定，这样才能有效协调政府、行业、社会组织等各方面力量，形成关键核心技术评估和突破的合力。

第二，我国还缺乏国家层面关键核心技术清单，这种清单的缺失会从以下几个方面制约我国关键核心技术突破的效率：一是由于关键核心技术突破缺乏明确边界和优先级，会引发"运动式"突破、"潮涌式"攻关风险。各地区、各产业纷纷强化关键核心技术突破的现状值得肯定，但如果对关键核心技术的界定缺乏明确的标准，会泛化关键核心技术的范围，易造成"运动式"突破、"潮涌式"攻关风险，从而会大大降低投资效率，导致真正需要重点突破的领域无法突破。二是不能明确区分政府在不同关键核心技术突破中的作用。当前社会普遍存在一种认识，即只要是关键核心技术应用就由政府通过补贴、税收等优惠政策进行支

持。但实际上，技术的经济范式、技术特征决定了政府在不同关键核心技术攻关中应相机扮演协调者、补贴者、领先用户等多样化角色。通过明确关键核心技术范围和优先级，可以更好地界定政府在不同类型技术攻关中的作用，更加高效地推动技术突破。

（二）以标准为核心的数字经济制度面临美欧联合竞争压力

标准是数字经济发展最为重要的制度支撑体系。数字经济高度全球化的特征决定了国际标准话语权的获取是提升数字经济全球竞争力的关键，但当前美国加快推动数字经济国际标准合作，对我国形成数字经济制度体系形成较强竞争压力。2022年5月16日，美国—欧盟贸易和技术委员会召开第二次峰会，并发布联合声明，对美欧合作的实施情况、实际成效以及未来合作内容进行了较为全面的总结阐述。其中技术标准工作组的总结报告显示，美欧已在技术标准领域取得了重要合作成果，不仅制定了关键和新兴技术标准协调与合作方法以及战略标准化信息（SSI）机制，还建立了人工智能技术安全风险评估标准体系。美欧在数字经济标准领域的实质性、战略性合作将深刻改变全球标准竞争格局，对我国数字经济发展和国际竞争力提升构成较为严重威胁，具体表现在以下两方面：

第一，美欧标准合作将推动全球标准竞争格局从中、美、欧"三方制衡"走向"美欧联合对抗中国"，严重制约我国数字经济标准话语权提升。美国因为其强大的技术研发和创新能力一直在国际标准制定中具有强大话语权；欧洲虽然在数字经济领域技术能力不如美国，但在标准组织、标准制定规则、标准制度等方面能力较强，一直是国际标准的输出方，学术界甚至用"布鲁塞尔效应"形容欧洲强大的标准制定和输出能力。正因如此，美欧在很多领域标准制定都存在较强的竞争关系。虽然我国标准制定能力整体较弱，由于我国超大规模市场和技术能力的提升，近来国际标准竞争力也不断提升，由此形成了美、欧、中"三足鼎立"和"三方制衡"的国际标准竞争格局。这种国际标准竞争格局为我国根据实际利益相机联合美国或欧洲，推动国际标准朝着有利于我国的方向发展创造了条件。例如，在3G时代，我国具有自主知识产权的TD-SCDMA标准之所以能够成为国际标准，很大程度上是因为欧洲为了在美欧标准竞争中取胜支持了我国的标准。如果美欧在国际标准制定中从竞争走向合作，必然会深刻改变全球标准竞争格局，这将对我国数字标准以及数字经济造成严重的负面影响。

第二，美欧正在推动的人工智能技术安全标准体系会对我国数字经济形成严重的威胁。人工智能、5G等数字技术的数据安全、个人隐私等属性使其更容易被意识形态化，从中美经贸摩擦开始，美国就以5G安全为借口推动科技问题意识形态化，以遏制我国数字技术发展和领先。当前，人工智能已成为美国以意识形态打压遏制我国技术发展的又一重点领域，且在两方面实现了持续升级：一是以标准体系建设为抓手，构建更加常态化、制度化的打压机制。美国对我国5G进行打击主要采用捏造安全风险、游说盟友放弃中国设备等方式，但在人工智能领域，美国正推动与欧洲合作，构建技术安全风险评估标准体系，如美国—欧盟技术和贸易委员会正在制定的"可信赖人工智能和风险管理评估和测量工具的联合路线图""人工智能风险管理标准"等。通过技术安全风险评估体系的建设，美国可以假借人权、民主、安全等借口将中国企业列入所谓的高风险供应商，从而对我国数字经济国际化发展和领先形成制度化障碍和打压。二是当前正处于人工智能标准形成的关键期，美欧在人工智能等根技术领域的标准合作会深刻影响我国在全球数字经济竞争格局中的地位。人工智能是数字经济最核心的底层根技术之一，智能驾驶、智慧社会等重要数字应用都是建立在人工智能技术的基础之上。当前，正处于人工智能技术、应用等标准形成的关键期，虽然我国人工智能技术水平显著提升，是仅次于美国的人工智能技术大国，但如果美国联合欧洲推动人工智能标准体系朝着不利于我国的方向发展，不仅会削弱我国人工智能技术竞争力，而且会改变全球数字经济格局，制约我国数字经济竞争力提升。

（三）新基建面临投资效能低和新型数字鸿沟凸显的双重内部压力

第一，传统基础设施建设的"光环效应"和"行为惯性"制约了新基建投资效率。改革开放以来，传统基础设施大规模建设使得我国积累了一套基础设施规划建设、项目管理、融资筹资、运营管理等全流程高效管理体制。但与传统基础设施不同，大数据、云计算、人工智能等新型基础设施具有显著消费的排他性和竞争性，因而其公共物品属性相对较弱，加之多数新型基础设施产业的技术路线和商业模式尚未完全成熟，因而投资的技术风险和市场风险较高。在这种情况下，新型基础设施建设宜采用更加市场化、差异化、多元化的投资模式。单从北京、上海、广东、山东、河南等多个省份出台的新型基础设施建设规划来看，各地政府已经将这种政府主导、强化补贴为核心的传统基础设施建设经验应用到新基建中，政府在传统基础设施建设中的角色和定位未能根据新基建的特征进行适配性调整是当前新基建面临的首要问题。

第二，不同区域新基建建设差距逐步凸显，由此带来的新型数字鸿沟风险加大。基础设施投资的经验表明，前瞻性防范潜在的基础设施鸿沟是提升建设效率、促进包容性发展的重要前提。数字鸿沟是信息化、数字化时代影响包容发展和民生福祉提升的最为重要因素，在党中央、国务院"宽带中国"等战略牵引下，我国通信基础设施普遍服务基本实现全覆盖，由信息通信网络接入机会差异造成的接入型鸿沟基本消除。但随着数字经济的深度发展，网络基础设施的质量以及对新型业务的支撑能力成为影响地区经济和民生福祉提升的重要因素，成为需要着力防范的新型数字鸿沟。一方面，高质量的5G、千兆光网、人工智能等数字基础设施决定了能否高质量实现数字化转型，享受数字化的巨大红利；另一方面，远程教育、远程医疗等新型数字应用成为解决区域差距的重要抓手，而这些应用需要大带宽、低时延等高质量网络基础设施的支撑。从当前新型基础设施建设现状来看，东部发达地区在高质量新型基础设施建设方面仍然具有领先优势，可能会进一步拉大发达地区和欠发达地区的数字鸿沟。根据赛迪发布的研究报告，在5G、数据中心、工业互联网等新型基础设施中，上海、浙江、江苏、广州、北京等发达地区占比一半以上，欠发达地区的占比较低。以工业互联网为例，北京、江苏、上海、浙江四地的工业互联网平台占比超过50%。

第三，新基建应用创新发展缓慢，制约了新型基础设施的可持续发展。新型基础设施建设的根本目标是推动整个经济体系的数字化、网络化、智能化转型，新型基础设施建设成效评估的一个重要维度是新型基础设施对下游产业的孵化培育规模。然而，新型基础设施技术路线、商业模式和应用场景都不明确，尤其是缺乏可复制、重量级的应用场景，导致基础设施建设和下游应用无法形成良性互动。从ToC端来看，当前最具发展前景的是高带宽视频、AR/VR和无人驾驶三大领域，但由于高带宽视频和AR/VR欠缺强交互、沉浸式的优质内容资源以及轻质、舒适、便携高质量的终端，无人驾驶缺乏配套的应用标准和法律规范造成商业化应用滞后，均导致这些产业无法快速规模化发展。从ToB端来看，由于多样化、碎片化的行业需求使得 5G 无法在垂直行业中快速规模化推广，工业互联网、物联网等关键下游应用的技术成熟度和市场成熟度较低。

六、推动我国数字经济和新基建高质量发展的战略选择和政策建议

综合分析数字经济发展的底层逻辑、欧美等发达国家数字经济战略部署以及我国数字经济发展现状，建议从以下几个方面强化我国数字经济战略部署，优化数字经济制度和政策体系。

（一）强化数字经济整体战略部署，推动数字经济部门协同

第一，构建以"技术领先、应用领先、制度领先"为核心的数字经济发展战略。数字经济是未来一段时间推动我国经济高质量发展、构建新发展格局的重要战略抓手。技术和制度是全球数字经济竞争的两大核心，在推动 5G、人工智能等新兴技术研发之外，美国加快尝试构建与数字经济相适应的经济管理体系建设，目前已正式确立以部门协同、政策协调为核心的"整体政府"（Whole-of-Government）数字经济战略。反观我国，虽然在 5G、人工智能等前沿技术领先实现了一定程度的领先，但由于数字经济体系治理体系还不完善，尤其是部门协作不充分、政策协调力度不足，导致局部竞争优势无法转化为数字经济全面领先优势。对此，要依托举国体制优势和经验，并根据数字经济技术范式进行适配性重构，加快构建"数字经济新型举国体制"，形成以"技术领先、应用领先、制度领先"为核心的数字经济发展战略体系。

第二，研究制定《数字经济中长期发展规划》，进一步强化数字经济发展的顶层制度设计和牵引；同步推动政府组织体系变革，打造主体明确、协调有力的数字经济监管体系。数字经济是未来一段时间推动我国经济高质量发展、构建新发展格局的重要战略抓手，虽然国家"十四五"规划以及大数据、人工智能、新基建等专项规划都对数字经济发展进行了部署，但目前我国仍然缺乏数字经济

顶层专项规划，这一方面会导致数字经济发展缺乏顶层统一的牵引和指导，另一方面也增加了各部门协调难度，降低了协调效率。2020年2月，欧盟委员会发布《塑造欧洲数字未来》，作为欧洲数字经济发展的纲领性文件，围绕这一文件欧盟制定了"数字欧洲项目""欧洲数字10年"等系统性文件，为欧洲数字经济发展提供了立体化政策支撑和完善的制度环境。借鉴欧盟经验，我国在《"十四五"数字经济发展规划》之外，应尽快研究制定《数字经济中长期发展规划》，同时要创新政策制定方式，强化政府部门、产业界、智库等多方利益相关者在政策制定中的参与度和话语权，提升政策的有效性和可操作性。

（二）构建数字经济领域关键核心技术攻关突破的系统性战略体系

第一，构建关键核心技术分类分层的差异化攻关战略，提升数字经济核心技术攻关效能，维护关键技术领域的领先优势。5G、集成电路、人工智能等关键核心技术领先是实现我国数字经济领先发展、高质量发展的前提。针对当前关键核心技术领域的竞争态势和发达国家战略部署，我国一方面要加快集成电路等"卡脖子"技术领域攻关突破，另一方面要坚决维护5G、千兆光网等具有领先优势的技术路线，防止技术路线分裂以及对我国领先技术的颠覆。对内加快数字经济底层技术（根技术）部署，加快5G、工业互联网、车联网等平台层技术的推广应用，加快核心技术形成事实标准的步伐。此外，为了提升数字经济领域关键核心突破效能，建议构建分类分层的差异化攻关战略。关键核心技术的多样性、复杂性、竞争性、渗透性等特征决定了任何一个国家都不可能在所有核心技术中实现领先，最优策略是根据技术经济范式、技术发展现状、产业发展战略等因素综合制定关键核心技术国家战略，在不同技术领域制定差异化战略。韩国根据技术特征将关键核心技术战略分为先导型（包括5G、6G、二次电池等）、竞争型（包括人工智能、氢气等）和追赶型（包括量子技术、航空航天、先进生物技术等）。建议结合我国经济发展战略以及关键核心技术特征制定如下四类关键核心技术突破战略：一是持续领先战略，对于5G和千兆光网等我国在数字经济根技术领域目前已经虽然已经具有优势，但仍然面临发达国家颠覆（如美欧近来通过ORAN技术路线颠覆我国5G领先地位），其战略核心是通过持续投入和产业化保障领先竞争优势。二是构建非对称竞争优势战略，对于人工智能、量子计算、智能驾驶等与发达国家处于同一竞争水平的关键领域，战略重点是要保障我国在技术竞争中不被落下，同时结合我国产业发展特征、技术水平构建与发达国家差异化的竞争优势。三是集中突破战略，对于集成电路制造、工业软件等涉及产业安全和国家安全、美欧发达国家对华进行遏制的技术领域，必须通过举国体制等方式实现突破。四是候补替代战略，对于某些落后但安全风险相对较小的技术领域，可以通过自主研发实现候补替代，但并不一定要完全替代和实现本土化。这一战略的目的在于在保障关键技术安全的同时又充分融入全球创新体系，防止过度本地化替代引发的国际社会集体性排斥。需要指出的是，以上四种战略中列举的技术只是少数代表性技术，在战略制定过程中，需要根据国家和部门关键核心技术清单，形成国家层面技术战略，牵引、指导地方政府以及市场主体的技术攻关行为。

第二，完善与关键核心技术配套的人才支撑体系。关键核心技术突破的根本还在于人才。近年来，美国等发达国家不断推动工作签证、留学等人才政策改革，加大从国外吸引集成电路、人工智能等关键核心技术高端人才。根据美国智库安全与新兴技术中心（CSET）的评估，在《芯片和科学法案》（CHIPS）等政策刺激下，美国新建芯片制造厂约需雇佣27000名劳动力，未来几年美国至少需要从国外引进3500名经验丰富的高技能芯片人才，来源地主要是中国台湾和韩国。2022年1月，全球重要的半导体储存及影像产品制造商——美国美光科技解散150人左右的上海研发中心，并为40多位核心研发人员提供技术移民美国资格。这些动向表明，人才竞争已经成为各国关键核心技术竞争的核心，且我国高端人才存在流失的潜在风险。在关键核心技术突破中，高端人才、领军型人才具有重要的战略作用，这些人才背后往往是一个强大的人才团队，人才的流动不仅是个人的流动，更是人才团队的整体流动，对国家和地区的技术发展具有举足轻重的作用。因此，关键核心技术的突破要以建立有效的人才管理机制为前提。鉴于此，建议建立与"关键核心清单"相配套的"人才库"，以人才库牵引关键核心技术人才体系和人才制度的完善，夯实技术突破的人才基础。具体地，人才库需要分为两部分：一是国内人才库；二是国际人才库。建立国内人才库的目的一方面在于对国内集成电路、人工智能、量子计算等关键领域高端人才进行摸底评估，同时有效跟踪人才发展动向，定向提供人才成长所需要的服务支撑，另一方面在于防止国外企业挖墙脚和人才流失。此外，在国内人才库建设的基础上，要成立人才服务委员会，由委员会定期收集高端人才关于技术发展动向的跟踪信息，提取高端人才关于支撑技术创新的政策建议，并向国务院相关领导汇报，直接打通决策层与产业界的信息通道，更好地利用人才支撑关键核心技术突破。国外人才库建设的主要目的是搜寻、跟踪国外人才的现状和动向，为企业精准招引能够为我国所用的高端人才提供便利条件。国外人才库建设工作本身是产业情报工作，可以由情报部门和产业组织部门协同组织。鉴于人才问题的敏感性，关键核心技术"人才库"的建设都应该采用非公开的方式进行。

（三）加快建设与数字经济发展需求以及国际竞争相匹配的制度体系

第一，以数字标准、数据治理、数字人才等领域为重点，加快推动适应数字经济发展规律的制度体系改革，促进"技术—经济—制度"螺旋式发展。在数字标准方面，要加强对我国在国际通信、人工智能等标准组织中工作人员的制度化支持力度，形成向国际通信标准组织持续输送、长期培养我国人才的机制，为未来我国能够获得可持续的国际通信标准影响力奠定人才基础。加强对国际标准组织中关键席位合理格局的统筹谋划，提升在国际标准制定中的话语权。在数据治理方面，强化与欧盟的合作，加快探索工业数据、消费数据、公共数据分级分类治理规制。在人才制度方面，加快高校和公共科研机构的科研体制改革，形成符合国际治理和激励规范的科研制度体系，大力提高科技人才引进制度与居留环境的包容性，吸引全球数字经济高端人才来华、留华。同时，加快国内教育体系改革，全面培养并提升数字思维和数字素养。

第二，加快推动科技管理体制改革、积极加入国际多边贸易体系，以超大规模市场和制度改革提升与欧洲合作吸引力，确保中欧数字技术创新体系、数字经济标准体系和数字产业体系深度融合。当前，强化中欧合作需要消除欧洲两方面的顾虑：其一，未来我国应在充分保护知识产权的基础上，围绕少数战略性领域，构建创新体系和"不对称竞争优势"，以开放创新、合规合作为原则深度融入全球产业链。其二，在国际多边贸易体系中仍然存在不利于中欧合作的规定，因此应对照世界贸易组织改革要求和《全面与进步跨太平洋伙伴关系协定》（CPTPP）等多边规则标准，加快对国内不合理产业政策的清理调整，确保我国符合继续深度融入全球新一轮多边体系的条件。

第三,以国家科技重大专项改革为突破口,加快构建适应数字经济发展的项目管理体制。在项目决策层面,吸纳更多来自行业领军企业和核心节点企业的战略性科技领军人才进入战略决策机构,为提升新型举国体制下的战略部署能力提供坚实的战略性人才基础。在项目实施层面,明确主要权利人和责任人职责,导入成熟的项目管理流程,进一步提升重大项目的组织实施效率。在国际竞争层面,提高新型举国体制下国家重大科技和产业化项目组织实施政策的合规性以及项目领域选择的战略性,确保我国在新型举国体制下的科技创新活动持续融入全球创新体系。在应急响应层面,导入正式的、"由上而下"和"由下而上"相结合的快速反应、决策和应急工作机制,提升新型举国体制对美国常态化、策略性打压的快速反应和调整能力。在投融资体制方面,建立鼓励地方政府财政资金参与新型举国体制建设的机制,严格推动地方财政资金落实到位,发挥中央财政资金和地方财政资金的协同增效作用。建议在重大专项决策层(即"重大专项领导小组")中引入牵头组织单位所在的省级领导人(可以为副省长),让地方政府深度参与到重大专项的决策和实施过程中,一方面提升地方政府参与重大专项的积极性和资金支持力度,形成中央和地方协同推进的发展格局;另一方面也通过省级政府的参与在地方形成自上而下的推进机制,提升地方政府参与重大专项的资金保障。此外,还可以在决策层层面明确中央政府和地方政府以及地方政府之间的财政配套比例,制定财政资金的设立、拨付、使用、监管等全流程管理体制,提升资金拨付的及时性,强化财政资金的使用效率。

第四,加快推动数字经济应用创新,促进关键技术和垂直应用良性互动,打造技术和应用"双重领先"的格局。针对全球数字技术应用创新不足的困境,充分发挥我国超大规模市场、丰富应用场景的优势,通过制度改革、政府采购等方式牵引数字应用规模化、创新化发展。一是针对数字应用服务化、无形化的特征,对政府预算和采购政策进行适配性改革,为政府、国有企业采购云计算服务等数字应用创造条件。二是加快推动基于5G和千兆光网的数字经济应用发展,推出一批我国数字经济自立发展的样板,实现"网络强国"向"数字强国"的跃迁。加快推动双千兆信息基础上与工业、汽车、医疗、媒体、教育等各行业更大范围、更深层次的协同创新,不断丰富应用场景,推广普及典型应用,构建广泛的应用生态。加快推进智慧市政、智慧交通、智慧能源等智慧城市基础设施领域建设，通过政府投资的需求效应，拉动人工智能、区块链、无人驾驶等新兴产业的投资和技术迭代。推动VR游戏、VR教育、超高清视频等领域监管政策改革，促进5G、F5G与垂直应用协同发展。

（四）统筹推动新基建国际竞争和国内投资效率提升

第一，在强化新基建多样性技术路线探索的同时，在5G、千兆光网、工业光网等存在技术路线竞争，我国具有领先优势的领域，通过引导大规模新基建投资培育并增强我国独特的技术优势。新基建一方面要强化政府引导作用，孵化培育我国具有领先优势的新兴技术；另一方面在新基建技术路线不清晰、商业模式不成熟的背景下，要强化多样化的路线探索，通过市场化机制筛选具有竞争力的技术。面对这两方面的矛盾，要在5G、千兆光网、工业光网等当前存在多技术路线竞争且我国具备一定技术优势的领域，摒弃"技术中性"观念，通过政府引导新基建牵引我国的技术路线发展。例如，在5G方面，要加快我国软硬件一体化的封闭5G网络，对抗欧美推动的ORAN开源技术路线；在千兆固网方面，要以我国具有领先优势的千兆光网技术路线对抗美国基于Cable的技术路线；在工业互联网方面，要加快培育我国具有优势的扁平化工业光网技术路线，对抗欧美具有主导地位的封闭工业互联网技术路线。在人工智能、区块链等尚处于技术路线探索初期、主导技术路线竞争尚不明确的领域，要充分发挥市场机制作用，通过研发补贴等功能性产业政策鼓励国有企业、民营企业进行多样化的技术创新和应用。

第二，明确提出数字"一带一路"全球倡议，强化新基建国际竞争战略部署。针对中东、非洲、东南亚、拉美等地区发展中国家新基建现实需求，充分利用我国在信息基础设施和面向消费者数字应用领域的技术优势和成本优势，在5G、千兆光网等数字基础设施以及电子商务、移动支付、数字媒体等我国已经形成先发和示范效应的领域，通过为这些地区和国家提供一揽子的金融援助和技术支持，加强网络安全和数字治理合作，扩大与广大发展中国家在信息技术和数字经济领域合作的广度和深度。

第三，制定新基建投资的优先次序，为地方投资提供明确的指引和规范。新基建应从以下三个方面设定投资优先次序：一是经济增长拉动作用强、对先进技术孵化带动作用强的领域，如5G、千兆光网、人工智能等信息基础设施领域；二是本身投资规模相对较小，但拉动作用强、对先进技术孵化带动作用大的领域，主要是传统基础设施数字化转型形成的融合基础设施；三是投资规模较大、对经济增长带动作用强，但技术相对成熟，带动技术增长相对较小的领域，主要是水利、交通等传统基础设施等。

第四，强化西部地区、农村地区高质量的新型基础设施建设，防止出现质量型数字鸿沟。新一轮基础设施建设要着力保障农村5G、千兆光网等基础设施的质量，打造城乡一体、标准一致的新型基础设施体系，防范潜在的质量型数字鸿沟。一是建立乡村数字基础设施投资基金，鼓励互联网企业、大型科技企业通过基金的方式助力农村网络基础设施建设，促进农村地区5G、千兆光纤网络深度覆盖，全面提升农村地区网络基础设施质量。充分利用互联网企业支撑乡村振兴的热情以及向农村地区进行业务延伸的强烈动机，通过成立数字乡村发展基金的方式，引导大型互联网企业通过捐款的方式在农村建设高质量、体验感强的5G和千兆光纤网络，破除可能出现的质量型数字鸿沟。二是加大政府普遍服务基金的支持力度，推动普遍服务范围从覆盖向高质量覆盖转变，构建城乡一体的高质量新型基础设施体系。

参考文献

［1］Barefoot B, Curtis D, Jolliff W, et al. Defining and Measuring the Digital Economy［R］. BEA Working Paper, 2018.

［2］Coase R H. The New Institutional Economics［J］. The American Economic Review, 1998, 88（2）：72-74.

［3］Goldfarb A, Tucker C. Digital Economics［J］. Journal of Economic Literature, 2019, 57（1）：3-43.

［4］Kobilov A U, Khashimova D P, Mannanova S G, et al. Modern Content and Concept of Digital Economy［J］. International Journal of Multicultural and Multireligious Understanding, 2022, 9（2）：375-378.

［5］Perez C. Structural Change and Assimilation of New Technologies in the Economic and Social Systems [J]. Futures, 1983, 15 (5): 357-375.

[6] Perez C. Technological Revolutions and Financial Capital [M]. London: Edward Elgar Publishing, 2003.

[7] Perez C. Technological Revolutions and Techno-economic Paradigms [J]. Cambridge Journal of Economics, 2010, 34 (1): 185-202.

[8] Tapscott D. The Digital Economy: Promise and Peril in the Age of Networked Intelligence [M]. New York: McGraw-Hill, 1996.

[9] Troise C, Corvello V, Ghobadian A, et al. How Can SMEs Successfully Navigate VUCA Environment: The Role of Agility in the Digital Transformation Era [J]. Technological Forecasting and Social Change, 2022, 174: 1-12.

[10] 陈昭锋,张红倩. 美国数字经济发展的经验与启示 [J]. 经济研究导刊, 2022 (23): 61-63.

[11] 樊轶侠,徐昊,马丽君. 数字经济影响城乡居民收入差距的特征与机制 [J]. 中国软科学, 2022 (6): 181-192.

[12] 费越,张勇,丁仙,等. 数字经济促进我国全球价值链地位升级:来自中国制造业的理论与证据 [J]. 中国软科学, 2021 (S1): 68-75.

[13] 郭凯明,潘珊,颜色. 新型基础设施投资与产业结构转型升级 [J]. 中国工业经济, 2020 (3): 63-80.

[14] 郭敏,杨康. 内蒙古数字经济发展现状与对策研究 [J]. 北方经济, 2022 (8): 31-33.

[15] 胡仙芝,刘海军. 包容审慎监管:论新基建监管框架构建的过渡性和开放性 [J]. 管理世界, 2022, 38 (2): 116-128.

[16] 江鸿,贺俊. 中美数字经济竞争与我国的战略选择和政策安排 [J]. 财经智库, 2022, 7 (2): 75-92.

[17] 姜奇平. 数字经济学的基本问题与定性、定量两种分析框架 [J]. 财经问题研究, 2020 (11): 13-21.

[18] 李海刚. 数字新基建、空间溢出与经济高质量发展 [J]. 经济问题探索, 2022 (6): 28-39.

[19] 李健,张金林,董小凡. 数字经济如何影响企业创新能力:内在机制

与经验证据[J]．经济管理，2022（9）：1-18．

[20] 李晓华．数字经济新特征与数字经济新动能的形成机制[J]．改革，2019（11）：40-51．

[21] 马荣，郭立宏，李梦欣．新时代我国新型基础设施建设模式及路径研究[J]．经济学家，2019（10）：58-65．

[22] 马淑琴，谢杰．网络基础设施与制造业出口产品技术含量：跨国数据的动态面板系统GMM检验[J]．中国工业经济，2013（2）：70-82．

[23] 戚聿东，肖旭．数字经济时代的企业管理变革[J]．管理世界，2020，36（6）：135-152．

[24] 盛磊，杨白冰．新型基础设施建设的投融资模式与路径探索[J]．改革，2020（5）：49-57．

[25] 王文彬，廖恒．新型基础设施如何影响粤港澳大湾区经济一体化发展：基于空间溢出效应的视角[J]．财经科学，2022（8）：93-105．

[26] 吴静，张凤．智库视角下国外数字经济发展趋势及对策研究[J]．科研管理，2022，43（8）：32-39．

[27] 谢康，肖静华．面向国家需求的数字经济新问题、新特征与新规律[J]．改革，2022（1）：85-100．

[28] 许宪春，张美慧．中国数字经济规模测算研究：基于国际比较的视角[J]．中国工业经济，2020（5）：23-41．

[29] 张文魁．数字经济的内生特性与产业组织[J]．管理世界，2022，38（7）：79-90．

[30] 赵全厚，马丽君．积极利用专项债券助力"新基建"[J]．改革，2020（11）：84-97．

[31] 郑世林，周黎安，何维达．电信基础设施与中国经济增长[J]．经济研究，2014，49（5）：77-90．

中美数字经济竞争与我国的战略选择[*]

江 鸿[**]

摘要： 随着美国对我国数字经济的抑制策略快速升级，美国传统盟国以及越来越多的发展中国家开始倒向美国主导的、"去中国化"的数字经济阵营。本文详细分析了 2018 年以来美国抑制中国数字经济发展的战略思路，指出其一方面通过推动数字基础设施技术路线调整、夯实通用技术与平台领先优势以转变中美实力对比，另一方面推广意识形态优先的数字安全治理模式以孤立中国技术与中国企业。在此基础上，本文进一步剖析了美国在加强政府协同、提升政府能力、完善保障体系、支持技术研发、争取外交支持等方面打造"去中国化"全球数字经济新生态的具体措施，进而提出了"发展与反制并重、自主与联盟并重"的应对思路，以及我国在这一思路下加强内部协同、对美竞争和多边合作的具体措施。

关键词： 数字经济；中美竞争；去中国化

近年来，美国针对我国的数字经济竞争战略不断升级，抑制力度持续增大，从对中国数字经济企业封锁市场、联合禁运，发展到将科技问题意识形态化、与发达国家共建孤立中国的数字经济联盟，进而演进到通过强化经济援助和技术标准导入、将广大发展中国家拉入"去中国化"的数字经济生态。对此紧迫态势，我国应从中美数字经济可能走向割裂、竞争烈度大幅升级的底线设想出发，尽快

---

[*] 本文发表于《财经智库》2022 年第 3 期。
[**] 江鸿，中国社会科学院工业经济研究所副研究员。

形成国家层次总体战略，更好地发挥我国在举国体制方面的制度优势，统筹部署各领域措施，以更高的行动效率和协同性，抗衡并反制美方抑制。

一、美国对华数字经济抑制战略的思路与重点

2018年以来，美国逐步构建起技术、产业、安全相协同的对华数字经济抑制战略，以推动全球数字基础设施技术路线调整、夯实通用技术与平台领先优势作为转变中美数字经济实力对比态势的两大突破口，以意识形态优先的数字安全治理作为孤立中国技术和中国企业的"护城河"，试图打造"去中国化"的全球数字经济新生态并掌握主导权。

（一）调整数字基础设施技术路线，弱化我国技术和产业链优势

数字基础设施是数字经济的基石，是否掌握其主导技术路线和关键技术直接关系到国家数字经济的竞争力。过去十余年，我国在固定宽带、移动通信等领域实现了主导技术路线下的技术赶超。以移动通信为例，在"软硬件一体化"的主导技术路线下，华为已成为全球市场份额最大、5G标准必要专利[①]最多的设备商。朗讯和摩托罗拉则在3G、4G换代期退出市场，致使美国面临本土5G设备商断档的窘境。对此，美国积极推动移动通信技术路线调整，试图以"开源"路线取代"软硬件一体化"路线。"软硬件一体化"路线指的是通信设备商自行开发专用软件和硬件，采用专用接口集成软硬件，提供一体化解决方案。"开源"路线指的是采用开放的标准化接口，将来自不同企业的开源软件和通用硬件集成为解决方案。在这一路线下，通信网络不再由一体化设备商定义，而是由提供接口标准、核心软件和底层芯片的企业定义，产业生态将随之向有利于美国发挥其基础软件和芯片技术优势的方向重构，使我国在"软硬件一体化"路线下

---

① 标准必要专利（Standard Essential Patent，SEP）是指为实施某一技术标准而必须使用的专利。随着技术标准被行业接受并实施推广，标准必要专利实际上也随之具有了一定的强制性。

培育的技术优势和完整产业链丧失原有的价值。

美国正从技术研发、供应链建设和市场培育入手，加快推动开源5G路线成熟和落地部署（见表1）。在技术研发上，2020年1月，美国国防高级研究计划局（DARPA）启动"开放、可编程、安全的5G"（OPS-5G）计划，预期通过软件开源化、软件和关键硬件自主化、军版网络民用化"三步走"，到2024年实现开源路线下的5G商用和6G标准卡位。该计划确定了四大技术领域，提供数倍于研发成本的资金实施招标，发动社会力量参与研发。在供应链建设上，思科、英特尔、高通、谷歌、IBM等利用2018年成立的O-RAN联盟[①]，积极牵引构建开源供应商体系，并于2019年开始与日本乐天合作启动建设首张全开源4G/5G网络。为强化美国企业的供应链控制力，美国政府更在2020年5月推动建立了没有中国企业成员的Open-RAN政策联盟。在市场培育上，从2021年3月美国重要智库战略与国际问题研究中心（CSIS）发布的报告看，美国政府将通过政府采购、一揽子基建计划、转移频谱拍卖收益等多种手段，激励本土运营商及其他数字经济主体采用开源5G路线；同时与发达国家盟友共建加速器基金，聚焦于新路线下的网络试点项目投资，双管齐下，尽快催熟规模化的国内外市场。2021年6月，七国集团（G7）提出"重建更好世界伙伴"计划，提出为发展中国家新建基础设施提供投资，并将数字技术列为四大重点领域之一，显然是为培育争取发展中国家市场做出更广泛的努力。

表1 美国推动5G技术路线转换的部署

	相关组织/项目/文件	具体部署
技术研发	《2020财年国防授权法案》（2019年底通过）	批准2.75亿美元专项资金，资助国内军事设施5G网络技术研发和测试场建设
	DARPA"开放可编程安全5G"计划（2020年1月启动）	用4年时间推动5G技术路线转向"以软件统领硬件"的开放可编程路线：①用18个月时间完成"开源化"，实现网络硬件与软件解耦，通过扎根美国的开源社区控制软件；②用18个月时间完成"军控化"，实现由美军掌控的5G开源软件和部分关键硬件自主；③用12个月时间完成"融合化"，推动军版开源5G网络架构的军民融合发展，以IT/CT协议栈的融合统一实现美国IT技术优势向通信技术领域延伸，实现开放可编程安全5G网络商用和6G标准渗透

---

① O-RAN及后文的Open RAN均指"开放式的无线接入网"，也即开源开放网络。

续表

	相关组织/项目/文件	具体部署
技术研发	DARPA 与 Linux 基金会合作协议（2021 年 2 月签署）	为"开放、可编程、安全的 5G"计划下的技术创新活动共同建立广泛的"保护伞"，允许美国政府项目、相关生态系统、开放社区参与 5G、边缘计算、人工智能等领域的技术创新与安全保障创新，旨在鼓励生态系统参与者支持开发美国政府推崇的最新技术软件（包括 5G 开源软件）
供应链建设	Open-RAN 政策联盟（2020 年 5 月成立）	Open-RAN 政策联盟由 31 家运营商和技术公司组成，但其组建有着很强的政府影响色彩，由前美国国家电信和信息管理局（NTIA）代理行政长官 Diane Rinaldo 担任首任执行董事。该联盟未吸收任何中国运营商和中国 5G 设备商作为成员，旨在争取政策支持，为开源 5G 技术路线扶持通用设备供应商与供应链
市场培育	美国战略与国际问题研究中心《全球网络 2030：发展中经济与新兴技术》和《美国在数字发展中的领先机会》报告（2021 年 3 月发布）	战略与国际问题研究中心在通信和数字经济领域对美国政府决策具有重要影响，有关清洁互联网和开源 5G 的多项政策建议被联邦政府采纳。在这两份报告中，该中心为推行有利于美国的通信技术路线、扩大美国产品与服务市场提出了面向国内与国外、循序渐进的三个方面的可行措施：①在联邦层面建立集中协调机构，通过政府采购、一揽子基建计划、转移频谱拍卖收益等多种渠道，激励美国运营商及其他数字经济主体采用开源 5G、低轨卫星星座等有利于美国的新技术路线，加快催熟新技术路线下的国内产业链。②与发达国家盟友共建新技术加速器基金，为新技术路线下的产业链上下游培育规模化市场。该基金应聚焦于在新兴市场开展美国主导技术路线下的试点项目，发现并解决新技术路线及其产业链可能面临的技术挑战和商业化挑战，展示其对新兴市场数字经济发展的价值。③美国及其盟国应将印度、巴西等大型区域市场内的发展中国家作为新技术路线下的供应链合作伙伴，通过投资本地化生产等方式，使其成为新技术路线的利益相关方，推动其主动以新技术路线下的美国设备替代中国设备
	"重建更好世界伙伴"计划（2021 年 6 月启动）	七国集团（G7）将在气候、健康和卫生安全、数字技术、性别平等和平 4 个重点领域内加强协作，动员私有资本，调动各国的发展金融机构，为中低收入国家基础设施建设提供资金。预计 2022 年 1 月，美国将开始投资全球 5~10 个大型基建项目，作为"重建更好世界"计划的一部分

资料来源：笔者整理。

（二）确保数字经济关键通用技术和战略性平台企业绝对领先

集成电路、通信技术、人工智能、数据安全等通用技术是利用通信基础设施、赋能数字经济发展的底层技术。我国虽然在通信技术、人工智能应用等少数领域占据了领先位置，但美国仍在整体上保持优势，并将确保数字经济通用技术对华持续领先作为压制我国数字经济影响力的战略重点。2020年10月，美国白宫发布《关键和新兴技术国家战略》（*National Strategy for Critical and Emerging Technologies*），确定了20项美国应掌握技术领导力的关键新兴技术，其中有9项与数字经济直接相关（见表2）。该文件从国家安全优先级出发，将新兴技术分为三类，明确了不同优先级领域内的技术领先战略、风险管理方法和相关支撑体系。拜登上任后，采纳了新美国（New America）智库2018年提出的"小院高墙"式对华科技竞争思路，即在避免与中国科技全面脱钩的同时，继续加大国家安全相关技术领域（"小院"）的对华科技封锁力度（"高墙"）。根据这一思路，拜登任命了美国历史上首位负责网络和新兴技术的国家安全顾问，推动"小院"内的新兴通用技术领先发展。各知名智库也纷纷发声，对美国应在哪些数字经济通用技术领域实现对华领先，以及如何领先的问题给出意见，美国政府的战略部署也因此越来越精准。

表2 美国《关键和新兴技术国家战略》提出的20项技术清单

与数字经济直接相关的技术	其他领域技术
先进计算；人工智能；自动系统；通信和网络技术；数据科学和存储；分布式记账技术；人机交互；量子信息科学；半导体和微电子技术	先进常规武器技术；先进工程材料；先进传感；先进制造；航空发动机；农业技术；生物技术；化学、生物、辐射和核减弱技术；能源技术；医学和公共卫生技术；太空技术

资料来源：笔者整理。

在领先发展数字经济关键通用技术的同时，美国还特别重视对数字经济生态核心的控制力，其战略要点是壮大本国数字平台企业、遏制中国平台企业。在电子商务、社交网络、数字金融等领域，中国数字平台企业的经营规模、业务范围和集成创新速度已经对美国竞争对手构成了严峻挑战。在特朗普政府封禁 Tiktok 的风波后，美国各界压制中国平台企业的思路正朝着更具系统性、策略性的方向发展。2021 年 1 月，中国战略组（China Strategy Group，CSG）智库发布报告《非对称竞争：应对中国科技竞争的战略》，从战略（平台的安全威胁）和价值（平台的经济价值）两个维度出发，将平台企业分为四类，建议对不同类型的中国平台企业分别施策。对于所谓"高度危险"的中国平台企业，应联合盟国，彻底禁止其进入西方市场。对于战略属性强、经济价值高的中国平台企业，可以允许其进入西方市场，但应整合运营审查、技术限制、技术改造等手段消除其威胁。特别地，美国可以强制性要求进入西方市场的中国平台企业采用由美国企业掌控的加密、路由等根技术标准，牵引平台底层技术向美国优势技术领域转移，侵蚀中国平台企业的底层技术研发能力，甚至反向威胁我国数据安全。

（三）构建政治化数字安全体系和"去中国化"数字经济多边体系

推广政治优先的数字安全治理原则，以意识形态理由将中国技术和中国企业彻底隔离在全球数字经济闭环之外，是美国重塑世界数字经济发展格局的又一战略要点。2019 年 5 月，美国联合北约、欧盟、日本、韩国等 32 个国家代表，在捷克召开 5G 安全会议并发布《布拉格提案》，提出"网络安全不是纯粹的技术问题"以及"第三方国家对供应商影响的总体风险"，矛头直指中国企业。鉴于《布拉格提案》的非约束性，美国政府又在 2020 年 4 月发布"清洁 5G 路径计划"，明确要求盟国清除中国 5G 设备。同年 6 月，"清洁 5G 路径计划"被升级为"清洁网络计划"，8 月初再次更新，"清洁"对象由通信基础设施扩展到覆盖运营商、应用商店、应用程序、云服务的整个数字经济生态，显示出美国以安全理由全面封堵我国数字经济企业的强烈决心。此后，美国大力倡议各国共建所谓"清洁网络联盟"，并在 2020 年 9 月第二届布拉格 5G 安全会议全程推销这一观点，产生了切实影响。多个欧洲国家已与美国签订了关于"清洁网络计划"的联合声明，对我国数字经济技术和产品的打击面迅速扩大（见表 3）。

表3 美国构建"去中国化"数字经济全球生态的递进措施

时间	相关行动/计划/文件	具体举措
2019年4月	《5G生态系统：国防部的风险与机遇》	美国国防部国防创新委员会发布报告，将中国5G发展的威胁从军事领域放大到商业领域，引导国际舆论焦点从5G技术安全转向基于属地的5G供应链安全
2019年5月	美国政府宣布成立"网络空间日光浴委员会"	该委员会得名于对苏冷战的"日光浴计划"，负责确立"全政府"的网络空间战略及支撑性法律与政策，成立当月发布的报告全面引入了敌国、盟国、威慑等冷战概念，以此为基调构筑对华网络威慑战略与行动计划
2019年5月	《布拉格提案》	美国、德国、日本和澳大利亚等32国的代表在捷克布拉格召开了"5G安全大会"，会后共同发布了《布拉格提案》，从政策、技术、经济和隐私四个方面对5G安全进行阐述，但刻意弱化安全技术方面的客观因素，强调应用环境、供应商国别来源、融资渠道等非技术因素，全面渗透了政治化的网络安全观
2020年3月	《保障5G安全及其他法案》《保护5G安全国家战略》	把5G安全新原则与美国推崇的开源5G技术路线绑定，明确将制定全球5G安全标准、开展供应链风险评估、推动全球5G供应商审查，明确政府应在盟国推行符合政治化的网络安全原则，将数字经济安全风险无差别归因于意识形态差异，并给中国企业打上基于意识形态的"不可信"标签，推动政治化5G安全原则进入标准开展和推广实施的快车道
2020年4月	"清洁5G路径计划"	将中国明确指为网络空间中的恶意行动者和敌对国家，要求盟国清除中国5G设备
2020年8月	"清洁网络计划"	在"清洁5G路径计划"的基础上，推出了五项新措施，从而将网络"清洁"对象从通信管道扩展到整个数字生态闭环，试图全面排斥中国企业、中国产品和中国服务：①清洁运营商：确保中国运营商不与美国电信网络连接；②清洁商店：从美国移动应用商店中删除不受信任的应用；③清洁应用程序：防止所谓不受信任的中国智能手机制造商在其应用商店中预装（或以其他方式使之可供下载）受信任的应用程序；④清洁云：防止美国公民敏感个人信息和企业知识产权在百度、阿里巴巴、腾讯等可被外国对手访问的基于云的系统上进行存储和处理；⑤清洁电缆：确保连接美国与全球互联网的海底电缆不被所谓中国大规模破坏并进行情报收集
2020年9月	"清洁网络联盟"	美国国务卿蓬佩奥借访欧和第二次布拉格安全会议召开契机，大肆"推销"所谓"清洁网络计划"，意图拉拢其他国家共同打造排斥中国的"清洁网络联盟"

资料来源：笔者整理。

值得注意的是，与特朗普政府对华单边打击的战略不同，在美国政界、智库和产业界的呼声下，拜登政府正在突破以往主要围绕安全话题推行"去中国化"战略的做法，试图在民主与科技的大旗下，构建"去中国化"的多国数字经济联盟和数字经济多边体系。早在2020年11月，美国国会"中国特别工作组"下设的中美科技关系工作小组已在政策报告《如何应对中国的挑战：美国的科技竞争新战略》中提出，美国应与科技领先的民主国家共建遏制中国的"新技术联盟"。2020年12月，欧盟在《欧盟—美国全球变化新议程》中加以回应，指出欧盟和美国具有相同的民主理念，可以强化在人工智能等新兴技术领域的标准和合作，打造科技民主联盟，并向欧洲议会提议成立"跨大西洋贸易和技术理事会"。虽然2020年特朗普政府即希望通过扩大化的"清洁网络计划"，构筑起阻碍中国数字经济企业出海发展的安全壁垒，但其"美国优先"的经济战略实际上阻碍了西方数字经济联盟的形成。拜登政府重回多边关系的外交战略，则为美国与其盟友在更大范围内就"去中国化"战略形成合力，将我国阻挡在新的全球数字经济体系之外创造了良好的政治条件。

二、美国抑制我国数字经济发展的关键措施

在前述战略引导下，美国政府以构建数字经济"举国体制"为统领，从加强政府协同、提升配套智能、完善保障体系、支持技术研发、争取外交支持等方面入手，动用政治、财政、税收、司法、外交等措施，试图以"全政府、全社会"的方式，阻碍我国将现有技术优势和供应链优势转化为数字经济的产业优势和经济优势，打造"脱华"数字经济阵营。

（一）全方位加强政府协同，构建数字经济"举国体制"

过去几年，美国政府内部、政府与国会之间、两党之间的对华数字经济竞争思路趋于统一，在行政组织和法律制度两方面同步推进，积极构建数字经济"举国体制"。

从组织协同来看，2019年以来，美国行政系统发展数字经济、实施对华抑制的动员和整合水平持续提高，呈现出越来越鲜明的"举国协同"特征。2019年5月，美国联邦政府组建"网络空间日光浴委员会"，负责制定"全政府"网络空间战略及支撑性政策。2020年3月，《保障5G安全及其他法案》要求联邦政府各部门围绕《保护5G安全国家战略》制定具体的组织协调和资源支持方案，所涉机构和人员不仅包括行政线的总统、联邦通信委员会主任、商务部部长、国土安全部部长、国家情报总监、司法部部长、国务卿、能源部部长、国防部部长等，而且包括立法线的参议两院情报、商业、科技、交通、外交、军事、国土安全、政府关系和特别调查等专门委员会，动员范围之广、层级之高远超2014年同样针对中国的《美国制造与创新复兴法案》。2021年，拜登政府延续了动用"举国体制"开展对华数字经济竞争的思路，在负责相关政策国际沟通的专职副国务卿之外，又新设了负责网络和新兴技术的国家安全顾问职位，以及负责整合各部门网络安全政策、直接对总统汇报的国家网络主管职位。

从法律保障来看，自2020年起，美国立法系统提出、通过数字经济相关提案的力度明显增加，在财政、国防、监管、科研、外交等方面为落实数字经济"举国体制"提供制度支撑。2020年3月，美国网络空间日光浴委员会提交报告，以敌国、盟国、威慑等冷战概念为基调，构筑对华网络空间威慑计划，与其六大威慑支柱相对应的建议全部被纳入2021财年立法提案。同月，《保障5G安全及其他法案》出台，要求联邦政府在3个月内制定《保护5G安全国家战略》实施方案，确定扶持和协调本国与盟国通信设备商的激励计划、与盟国共同防控5G安全风险的外交计划，以及引导国内外主体联合制定国际标准并测试的研发计划。拜登上任至今，对华数字经济抑制更是深度渗透了美国参议院的最新立法提案。由于此类提案过多，民主党议员将《无尽前沿法案》《2021年战略竞争法案》《迎接中国挑战法案》及其他相关提案整合为一揽子的《2021年美国创新与竞争法案》。该法案于2021年5月底通过美国国会参议院投票，内容包括为集成电路和开源5G提供大规模财政支持、冻结中美基础研究和通用技术人才流动与科技合作、建立半导体和光传输通信设备"脱华"供应链、加强新兴技术国际标准制定和竞争规则构建等为遏制中国数字经济发展"量身定制"的措施（见表4）。

表4 《2021年美国创新与竞争法案》中数字经济竞争相关的重要条款

战略方向	关键举措
为集成电路和开源5G提供大规模财政支持	计划拨款约2500亿美元,以应对所谓来自中国的"科技威胁":①芯片和开源5G紧急拨款:投资520亿美元,用于有关芯片生产、军事以及其他关键行业的相关项目;投资15亿美元,用于电信领域,以加强美国在5G竞争中的创新。②其他数字经济关键技术研究与教育培训:未来5年投入大约1200亿美元,用于包括人工智能、半导体、量子计算、先进通信、生物技术和先进能源在内的关键技术领域的基础和先进研究、商业化、教育和培训项目
冻结中美基础研究和通用技术人才流动与科技合作	在联邦政府权限内,重点针对我国相对落后且高端人才需求较大的基础研究和前沿技术领域,以高端人才计划为指标,对如何限制中美科技交流与合作做出了系统性安排:①在个体层次,禁止联邦科研机构的所有相关人员参与外国政府(以中国为首)的人才计划。这不仅包括机构自身的联邦雇员和合同制雇员,还包括为其提供服务的个人和承包商员工,乃至客座工程师和客座培训人员。②在项目层次,禁止联邦科研机构开展任何有外国政府人才计划资助人员参与的科研项目。只要项目申请书上所列人员参与了外国政府人才计划,不论该人员在项目中的科研角色如何,联邦科研机构均不得资助。③在机构层次,禁止接受联邦科学资金资助的机构向任何参与外国政府人才计划的人员提供研究资助。这些限制措施看似只限于联邦科研资金,但鉴于联邦政府是美国大学和科研机构最主要的项目资金提供方,对私有部门的研发活动也有资助,因此相当于全面封锁了中美科研人员、科研机构乃至高技术企业之间的合作通道
建立半导体和光传输通信设备"脱华"供应链	针对战略性产业供应链韧性与关键产业投资,特别关注半导体和光传输通信设备这两个中美科技与产业竞争的核心部门:①要求全面评估关键供应链韧性,尤其是全球半导体供应短缺对美国制造业的影响,以及由中国拥有、控制或支持的企业所生产销售的光传输设备对美国国家安全的影响,作为改善国内供应链和区域供应链的事实基础。②要求禁止向任何受中国政府影响的实体转让通信基站建设许可证和基站执照,严防中国力量进入美国通信基础设施市场
加强新兴技术国际标准制定和竞争规则构建	特别点名我国《国家标准化体系建设发展规划(2016—2020年)》中"参与和主导制定国际标准数量达到年度国际标准制修订总数的50%"的目标,强调标准协作对新兴技术发展和全球部署的重要性,提出了三方面的思路和措施:①在国内战略上,标准化工作应优先聚焦于新兴技术领域,明确负责各领域标准制定的核心机构、必须争取的国际领导职位,以及具备相关技术和领导专长的关键人才,并针对关键岗位建立常态化的人才培养和输送通道。②在工作机制上,强化美国行业主导、公私协作、自愿协商的标准制定传统,确保政府机构之间以及与私营部门之间的有效协同,协助私营机构制定标准化战略、战略性地参与国际标准(特别是数字经济技术标准)制定,并争取相关组织的领导职位。③在国际合作上,确保美国和传统盟国在国际标准制定和标准治理方面保持协作

资料来源:笔者整理。

（二）加强政府配套职能建设，完善数字经济保障体系

在构建"全政府"数字经济保障体系的思路下，美国政府正在逐个弥补对华数字经济竞争与抑制中的能力短板，重点加强情报体系、科技人才、产业链安全等职能型能力。

第一，构建领先中国的、更加科学高效灵活的科技决策体系。当前，美国政府和产业界之间存在科技情报信息沟通不畅、情报信息分散等问题，美国会根据"中国战略组"智库在2021年初发布的《非对称竞争：应对中国科技竞争的战略》建议，重构科技情报系统。其重点措施可能包括：建设新型、开放的国家技术分析中心，统筹负责科技情报的收集、分析和决策支撑工作；强化企业和各类社会组织在国际情报收集和分析中的作用，构建政府和企业之间有效、合法、公平地分享评估情报的长期机制；在"五眼联盟"国家之外，建立技术情报和信息的多边分享机制，强化美国与更多伙伴国家之间的技术情报交流。

第二，推动美国对华人才优势从局部领先向全面领先升级。当前，美国在高端研发人才上的储备与培养强于中国，中国在部分工程化技术人才和技能工人的培养与规模上强于美国。从近年来美国联邦政府、参众两院、重要智库的相关讨论和公开报告来看，拜登政府在通过强化STEM（科学、技术、工程、数学）教育、优化创新环境等措施巩固高端人才优势的同时，通过自动化改造、修改技术移民政策、强化技能培训等措施补齐技能人才不足的短板。例如，《非对称竞争：应对中国科技竞争的战略》报告建议，每年授予1万名科学家和工程师"特殊移民身份"，直接给STEM硕士学位获得者发放绿卡；将10%的联邦STEM基金投入发展未来高素质人群的教学领域，允许产业界人士在学校开展教学等。

第三，重构产业链安全管理体系，从以独立部门监管特定供应链突发风险为主的分散体系向跨部门协同管理产业链整体安全的综合体系转型。2017年，美国将原本以应对恐怖活动为主的供应链安全问题上升为国家竞争战略层面的产业链安全问题，管理焦点转向遏制产业链（特别是数字经济相关的集成电路和先进制造产业链）关键增值活动向中国转移。对此，美国联邦政府决定改变各部门分散应对不同领域内产业链安全事项的传统体系，通过设立和强化相关跨部门机构（如外资投资委员会、供应链工作组）、建立经常性跨部门协调机制（如新兴和

基础技术预见机制），将产业链安全问题系统纳入各部门日常工作，推动形成"全政府"产业链安全管理体系。此外，美国联邦政府还在新设专门的产业链安全管理牵头机构，以加强产业链风险管理的集中领导机制。例如，2018年10月，美国国土安全部下属信息和通信供应链风险管理工作组，采用公私合作模式评估和管理来自中国的供应链威胁。

（三）综合手段支持通用技术研发和通信技术路线调整

从美国半导体制造产业公地逐步萎缩、中国移动通信设备部署相对领先的"高风险"现实出发，美国政界将集成电路和移动通信网络分别作为强化自身技术优势、弱化我国技术优势的重点突破口，加大财政支持力度，牵引数字经济通用技术（以集成电路为代表）研发领先和新兴技术（以5G为代表）路线调整。在集成电路领域，《2021财年国防授权法案》整合了《美国芯片法案》和《晶圆代工法案》中的两党共识条款，提出三个财政投入重点：一是设立激励本土半导体工厂建设和微电子产业的财政计划，推动制造业回流；二是建立国家半导体技术中心，启动先进封装制造计划等，确保前沿技术领先；三是建立协调出口管制和供应链安全的多边基金，推动供应链重构。为了支持这些条款快速落地，《2021年创新与竞争法案》提出了高达520亿美元的紧急补充贷款，分别注入"美国芯片基金"（495亿美元、支持制造激励计划和研发计划）、"美国芯片国防基金"（20亿美元、支持国防部研发需求）和"美国国际技术安全和创新芯片基金"（5亿美元、协调盟国供应链）。在5G领域，《2021年创新与竞争法案》建议提供15亿美元的应急资金，加快美国5G创新速度、特别是开源5G网络的研发部署，支持西方国家在新的开源技术路线下发展替代华为、中兴产品的电信设备。

为确保大幅增加的财政投入能够精准支持关键通用技术（其中多数与数字经济相关）的研发应用和产业链构建，美国政府正在同步推进基础研究机构调整、共性技术研发扩散体系调整，以及全球供应链协作计划。备受关注、已取得两党共识的《无尽前沿法案》即包括大量相关条款。为推动美国在关键新兴科学领域的基础研究和技术进步，该法案提出在国家科学基金会中增设技术与创新理事会，并明确了 10 个重点支持的初始关键研究领域①，其中六个与数字经济相关。为加强国内各地特色创新能力、推动区域化共性技术研发并向制造业扩散，该法案提出了区域技术中心计划，通过劳动力培训、基础设施改善、创新组织建设、教育机构和科研机构能力提升等系列措施，打造 10~15 个区域技术枢纽。为提高关键产品供应来源多样性和供应链韧性，该法案提出在商务部设立供应链韧性计划，与私营部门合作监控供应链薄弱环节，降低美国、盟国和伙伴国家的供应链脆弱性。

（四）广泛争取各类伙伴国家，扩大"脱华"数字经济阵营

美国政府在推广所谓民主价值观的基础上，采取金融支持、技术支援等更加多样化的措施，试图将更多传统盟国乃至发展中国家吸引到孤立我国的数字经济阵营之中。

第一，美国政府始终不遗余力地联合传统盟国和伙伴国家，从技术研发、国际标准、贸易规则等入手，构建遏制中国的数字经济联盟。在技术研发上，美国对盟国政府和企业施压，推动开源 5G 技术路线联合开发和部署；同时依托盟国内部协议和利益协调机制，在集成电路设备、工业基础软件、操作系统等数字经济战略性技术领域对我国实施联合出口管制。在国际标准上，拜登政府强调通过成立新的标准组织、重返现有国际标准组织、争夺标准组织关键席位等方式，掌握全球新兴数字技术标准制定的话语权。美国政府还在积极扩大对第三方市场的技术支持，尤其是基于美国主导技术路线的早期决策支持，推动"美式"技术路线和安全原则广泛落地，形成事实标准。在贸易规则上，美国以贸易协议和网络安全伙伴关系为主要抓手，推动形成跨境数据流动、源代码保护、平台免责等新型数字规则。例如，美国在《美墨加协议》和《美日数字贸易协定》中率先突破以往跨境数据流动的主权保留规则，设定了数据自由流动条款，为本国数字经济企业的境外发展开辟道路。

第二，美国正在转变以往相对忽视发展中国家的传统思路，在互利思路下增

---

① 这 10 个初始关键领域是：人工智能、机器学习和先进软件；高性能计算、半导体和先进硬件；量子计算和信息系统；机器人、自动化和先进制造；防灾减灾；先进通信技术；生物、制药、基因组、合成生物学；网络安全、数据存储和数据管理；先进能源、电池和工业效率；先进材料。

加对发展中国家发展数字经济的经济援助和技术援助，引导其在中美数字经济博弈导向美国。2018年以来，美国联邦政府陆续启动了"数字连接与网络安全伙伴计划""基础设施交易与援助网络"等跨部门数字经济对外援助计划。美国国际开发总署以及政府下属的美国国际开发金融公司、国会下属的千禧年挑战公司也都加大了对发展中国家的数字经济援助力度。2019年11月，美国海外私人投资公司、日本国际协力银行、澳大利亚外交贸易部共同启动"蓝点网络"计划，承诺协助按照该计划规范建设基础设施的发展中国家获得基建投资。在此基础上，《非对称竞争：针对中国的科技战略》报告提出，美国应与盟国共同设立国际科技金融公司，为发展中国家建设所谓的"自由价值"的数字基础设施提供更多的资金支持。美国重要智库战略与国际问题研究中心进一步建议，除经济援助外，美国还应改变将发展中国家简单视为客户的传统思路，转而将其视为技术合作伙伴，并提供实质性技术援助，甚至是无附加条件的"一揽子联合技术援助"，帮助其融入全球数字经济供应链，从数字技术的开发、生产、服务中获得切实收益，以此吸引其加入美国主导的数字经济联盟。2021年6月七国（G7）集团启动的"重建更好世界"计划（Build Back Better World，B3W）明确提出，在2035年前，七国将努力解决发展中国家新建所谓"优质"基础设施所需的40万亿美元缺口。

三、我国在数字经济领域应对美国抑制的思路与对策

迄今为止，我国数字经济政策多以加快自身发展为首要目标，缺乏应对美方战略抑制升级、参与全球数字经济生态治理的系统性安排。面对美国加速构建"去中国化"数字经济阵营的举措，我国有必要从大国博弈的角度出发，由被动应对转向主动建设，确立发展与反制并重、自主与联盟并重的总体战略，以此统领内部协同、对美竞争和多边合作。

（一）建设更具协同性的数字经济治理体系

第一，建立集中统一领导的数字经济工作机制。数字经济发展需要网信工信、外交外宣、科技标准、发改财政、国资国企的一致行动。建议在国家层面设立数字经济安全与促进领导小组，着力强化我国数字经济部署的部际协同，对5G、集成电路、人工智能等数字经济关键技术和战略性产业的发展路径进行跨产业统筹决策和统一领导。

第二，建立沟通有效的专家咨询和决策支持机制。建议数字经济安全与促进领导小组下设产业链安全委员会、技术委员会、基础设施委员会、商业应用委员会、公共应用委员会、人才保障委员会等专业委员会和专家组，以及数字经济国家基金等其他支持性机构。建议改变此前中央政府主要通过临时性小范围研讨、分散了解数字经济不同领域技术发展和竞争动态的做法，在委员会和专家组之间建立常态化的面对面对话机制，及时掌握数字经济发展的最新动态，从被动应对美国战略调整向前瞻性地引导中美博弈走向转变。

第三，进一步提高企业在数字经济战略决策过程中的参与度。目前，我国数字经济的战略决策主体以政府部门和行业公共科研机构为主；企业参与主要体现在事后的政策实施环节，在事前决策中的参与方式以不定期接受政府咨询为主，造成部分政策未能与产业发展，尤其是跨产业协同发展的实时需求精准对接。鉴于企业对科技和产业竞争环境变化最为敏感，建议吸纳更多领军企业和核心节点企业的战略型领军人才进入"定方向、定调子"的事前战略决策流程，保证相关决策能够有效及时响应快速变化的中美数字经济博弈现实。

（二）形成与美国对称的保障条件和配套能力

第一，加强供应链、产业链安全管理工作，服务数字经济总体战略。一是将产业链安全管理法律法规政策体系建设、产业链安全治理体系完善、主要管理机构责权界定等工作提上日程，加快建立起权责清晰、多部门协作的产业链安全管理体系。二是初步完成5G、集成电路、工业互联网等数字经济重点产业链的安全摸底和评估，对威胁我国产业链安全的企业和政府政策进行深度分析，形成预警点，提出政策调整和准备方案。三是以融入区域化、本地化的全球产业分工新格局为主线，大力支持我国数字经济战略性对外直接投资，确保我国主体继续深度嵌入全球供应链和创新链，加大美国及其盟国与我国脱钩的难度。

第二，营造"基于国际规则"的高端人才平台和移民环境。近期美国在遏制高科技人才对华流动上频繁采取措施，进一步加剧了中美数字经济人才争夺的制度非对称性。建议我国从制度建设入手，扭转引才弱势。一是聚焦基础研究领域和我国具备领先潜力的关键新兴领域，集中力量突破美方限制，提升引才精准度和引才质量。二是加快推动科技体制改革，形成符合国际治理规范和激励规范的科研制度，构建符合全球高端人才规则偏好的国际化引才平台。三是对用才、留才环节加以精心设计和长期跟踪，缩小我国在多元文化、工作环境、居留环境上的对美差距，确保人才"引得进、过得好、留得住"。

（三）强化数字经济标准和生态治理多边合作

第一，推动数字经济发展导向从"全面赶超"向"不对称优势+全球创新链"转变。目前，我国数字经济政策事实上以"全面赶超"为导向，在美国大力宣扬"中国安全威胁"的舆论环境下，极易造成各国对我国掌握全球数字技术治理权的忧虑。2020年9月，欧洲墨卡托中国研究所发布报告称，考虑到中国的选择性开放态度和输出技术标准的热情，欧洲对华数字经济战略必须以中国的实际行动，而不是以中欧互利的模糊愿景为依据。对此，我国应尽快确立"不对称优势+全球创新链"的数字经济发展新导向，以开放、合规为基本原则，对照WTO改革要求和CPTPP等多边规则，清理调整国内不合规的产业政策，确保我国符合继续融入全球多边体系的条件；同时释放我国数字经济合作并非单一输出"中国标准"的清晰信号，采取比美国更加合作、互利的行动，打造更加有利的国际合作环境。

第二，加强数字经济国际技术标准和安全标准合作。一是以维护现有国际标准组织尤其是我国已掌握一定话语权的国际标准化组织的权威性为首要目标，从国家整体利益出发，策略性地谋求领导席位和专业席位，避免因局部利益影响中美数字经济竞争大局。二是针对美国试图开发推广新技术路线、分裂全球统一标准的企图，我国应一方面避免标准分裂造成全球市场碎片化，另一方面前瞻性地瞄准多路线布局的技术制高点，加强整体研发攻关和专利布局，形成专利反制能力。三是倡导发起多国参与的国际数字安全联盟，依托 ITU、3GPP 等国际通信技术组织成立安全实验室，开展国际公认的安全评估，形成基于技术的数字安全原则、安全标准和话语体系，打破美国单方主导的政治化数字安全体系。

参考文献

［1］ China Strategy Group. Asymmetric Competition：A Strategy for China & Technology［EB/OL］.［2021-01-26］. https：//assets. documentcloud. org/documents/20463382/final-memo-china-strategy-group-axios-1. pdf.

［2］ DARPA. Open, Programmable, Secure 5G Program［EB/OL］.［2021-01-31］. https：//usgovops. org/ops5g/.

［3］ European Commission. A New EU-US Agenda for Global Change［EB/OL］.［2020-12-01］. http：//ec. europe. eu/commission/presscorner/detail/en/fs_ 20_ 2285.

［4］ The White House. National Strategy for Critical and Emerging Technologi［EB/OL］.［2020-10-15］. https：//www. whitehouse. gov/wp-content/uploads/2020/10/National-Strategy-for-CET. pdf.

［5］ The Working Group on Science and Technology in U. S. -China Relations. Meeting the China Challenge：A New American Strategy for Technology Competition［EB/OL］.［2020-11-16］. https：//asiasociety. org/sites/default/files/inline-files/report_ meeting-the-china-challenge_ 2020. pdf.

专题三

数字经济与管理变革

数字经济时代的管理创新

赵剑波[*]

摘要：数字经济条件下，企业管理的逻辑正在发生变化。本文从主体和交易两个维度对工业经济和数字经济条件下的企业管理模式进行分类和对比。研究发现，企业性质、治理方式、价值创造、个体激励、领导方式与企业价值观等企业管理的关键维度都发生了重大变化，企业管理需要重构物质资本与智力资本、企业与市场、企业与用户、企业与员工、领导与员工的关系。管理创新表现出共创共享型治理、用户中心型商业模式、生态网络型组织、员工自主管理机制、赋能型领导和活力型文化六大特征，其中，治理是根本，用户是中心，组织是平台，机制是动力，领导是牵引，文化是土壤。

关键词：数字经济；管理创新；自主管理；管理逻辑

当前，新一代信息技术正在快速发展并深刻改变人类的生产和生活方式，也对企业的经营方式、领导决策、商业模式、组织形态和资源配置方式产生颠覆性影响，使经济发展呈现"数字经济"特征。企业需要在新经济、新发展阶段、新业态、新员工、新客户等全新环境下，努力构建管理新模式和新机制，塑造新企业形态，培育新竞争优势。

---

[*] 赵剑波，中国社会科学院工业经济研究所副研究员。

一、企业管理逻辑的演化

（一）工业经济时代的企业管理逻辑

企业管理主要是协调生产活动主体之间的关系，以及决定市场交易的边界。工业经济时代的企业管理逻辑可以从两个层面来分析（见图1）。从主体的维度看，包括个体和组织两种分类。工业革命之前，是以家庭为单位的个体手工生产，因而在这一阶段，生产资料的所有者与生产资料的控制和使用者、生产者和消费者之间都是合二为一的，绝大多数人消费的只是他们自己生产的东西。在第一次工业革命前后，手工工场的出现、社会生产规模的扩大和分工深化，要求将具有不同技能的劳动者组织起来开展在工序分工基础上的生产，最初是劳动者带着自己的生产工具加入工场，随后由资本家提供生产资料、劳动者提供劳动力，出现了进行生产活动的科层组织，而且出现了生产资料所有权与控制权、使用权以及生产者和消费者之间的分离。其中，管理的主体由个体向组织模式演变。

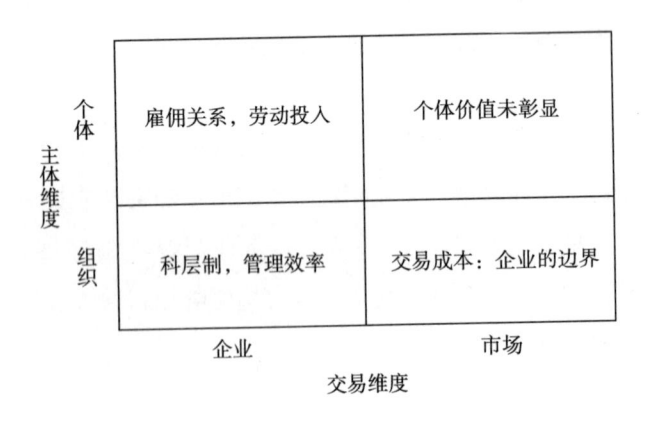

	企业	市场
个体	雇佣关系，劳动投入	个体价值未彰显
组织	科层制，管理效率	交易成本：企业的边界

主体维度 / 交易维度

图1 工业化时代的企业管理逻辑

从交易的维度看，包括企业内部交易和市场交易两种分类。企业是在19世纪末 20 世纪初才出现的一种组织形式，个体需要依附于企业组织而存在。因为社会化分工，以及独立的生产者和消费者出现，企业组织亦从"为使用而生产"转变为"为交换而生产"。交易成本决定企业的边界，企业通过内部化或者市场化的手段完成市场交易。基于规模经济和范围经济，企业采用内部化或者一体化经营，而非市场交易，以实现成长，这一度成为企业经营战略的主流模式。

（二）数字经济时代的企业管理逻辑

数字经济背景下的企业管理逻辑重构了组织和人的关系、人与人之间的关系、组织和环境的关系，从而改变了物质资本和人力资本的博弈关系以及传统的职业契约关系，实现了一种货币资本和人力资本基于共同价值观、彼此信任、共创共赢的新型关系（见图2）。从主体的维度看，个体的价值重新崛起。个体价值通过平台组织的赋能而被放大，个体与企业的关系发生改变。企业演变为创客团队的松散耦合，呈现碎片化的组织形态。因此，激发每个个体主动思考、进行自我管理，保持终身学习和成长的习惯，是企业管理未来发展的必然趋势。企业将逐步转化为平台型组织，平台的功能在于提供资源（资金、团队），品牌优势及孵化期的避风港。创新机会向全体成员开放，让企业成为新事业孵化平台，连接有抱负的创业团队与市场机会，鳞选最有决心和能力的团队去开创新事业，继而达成全员共同创造以及激发创新的效果。

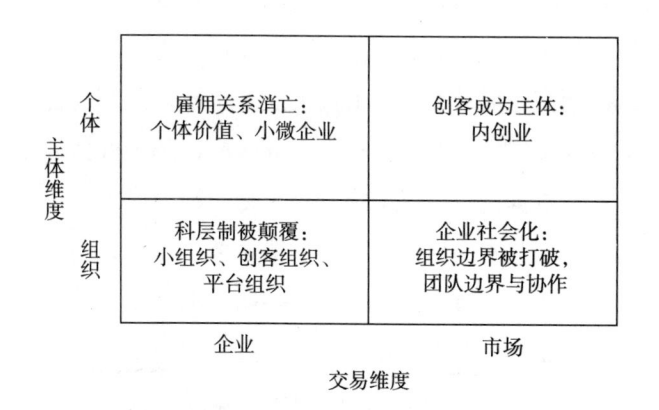

	企业	市场
个体	雇佣关系消亡： 个体价值、小微企业	创客成为主体： 内创业
组织	科层制被颠覆： 小组织、创客组织、 平台组织	企业社会化： 组织边界被打破， 团队边界与协作

主体维度（纵轴）　交易维度（横轴）

图 2　数字经济条件下企业管理的逻辑

从交易的维度看，企业内部的业务单元逐步成为市场化的自主经营体，实现人力资本与货币资本共同治理。传统的股东所有的治理体系逐步转变为合伙关系，人力资本与货币资本平等共治，企业的竞争将是围绕价值创造的合伙人机制的竞争。

二、数字经济情境下企业管理重构五大关系

数字经济背景下，企业的性质、治理方式、价值创造途径、个体激励手段、领导方式与价值观等企业管理的关键维度都发生了重大变化，需要重构物质资本与智力资本、企业与市场、企业与用户、企业与员工、领导与员工五大关系。

（一）物质资本与智力资本的关系

数字经济的主要特征是以知识为载体的智力资本，以及以信息为形态的数据成为价值创造的关键要素。传统生产要素是土地、资源、资本和劳动力，数字经济条件下的价值创造更加依赖于知识和数据。一方面，数据成为新的生产要素。如果说土地是农业时代的原材料，钢铁是工业时代的原材料，那么数据就是信息时代的原材料，数据已经成为数字经济时代的关键要素，当数据成为价值的重要来源，掌握和利用数据的能力成为未来决定企业竞争优势的关键因素。数据塑造数字经济模式，推动商业活动发生革命性改变。未来企业的运营管理主要通过网络与大数据分析技术实现供需双方的精准高效匹配，基于数据进行研究和需求预测，利用云服务实现数据价值，从而降低碎片化交易的成本，提升交易效率。另一方面，知识逐渐具有资本的属性，能够创造价值。以人力资本为例，员工的知识、技能和能力，被认为是具有价值的、稀缺的、难以模仿的并且不可替代。组织有效性依赖于组织获取、分享、使用、存储宝贵知识的能力，并使得人力资本成为主导要素，决定剩余价值的分配与决策权，颠覆企业的传统生产函数模式，让人的智慧成为企业竞争优势的基础和价值创造的源泉。

（二）企业与市场的关系

根据科斯定理，交易成本决定企业的边界。企业通过不断平衡内部化与市场化的选择，而成长的关键在于规模、专业化、计划与控制。数字经济条件下，企业成功的关键因素正在演变为速度、柔性化、跨界融合等。因为环境的动态性，企业要关注用户需求，员工要持续学习，流程要因需而变，因此企业边界必须相应地做出调整与突破，企业间、产业间的边界变得越来越模糊。用户需求的迭代更新速度不断加快，企业要能够与用户共同成长。只有打开边界，围绕用户需求寻找新的合作者，企业才能够获得满足用户所需要的新能力。在数字经济背景下，创新具有多维性，影响创新的因素具有不确定性，颠覆性创新可能发生在企业之外、行业之外。创新活动越来越呈现去中心化的趋势，企业必须搭建一个创新平台，在其之上形成多个自主创新主体，它们自下而上地选择创新方向、确定人员、组合资源。从企业整体看，这就构建了一个创新生态，将分散于企业内部和外部的创新智慧挖掘出来并加以利用，形成了开放、流动、弹性的无边界特征。

从业务形态看，围绕用户需求的商业生态系统正在形成。生态系统的逻辑是复杂、多元、自组织以及演进与共生，各角色之间的关系是"超链接"和松散耦合的关系，已经不再是传统的管控与命令式关系。协调比分工更加重要，分工强化了组织内部效率，然而生态系统更加需要协调，外部效率的提升依赖于信息交换与共享。协同发展将是企业间主要的发展模式，数据的共享/交换，极大地提高了消费者之间、消费者与企业之间，以及企业之间的协作效率。

（三）企业与用户的关系

企业要创造用户价值，因此影响企业持续成功的因素不是战略和目标，也不是管理流程，而是专注、聚焦于为用户创造价值的能力。一方面，资源配置和决策导向向用户靠拢带来企业组织形态的变化。价值创造的主导权从企业转向用户，以用户为中心，一切从用户开始，为用户创造价值，与用户零距离，由用户体验和偏好来决定企业的资源配置并组织机制，构建企业独特的资源和核心能力，企业才能实现持续成长。另一方面，产消合一开始成为新的现象。工业经济时代企业主导价值创造过程，用户只是被动接受。价值创造的过程与市场是分离的，把用户和企业割裂开来。数字经济时代，生产者与消费者的边界被打破，消费者也是生产者。价值是由顾客和企业共同创造的，顾客更关注自己的体验，更关注消费过程的价值创造，而不再只是关注拥有产品。因此，用户价值不但是企业的战略思维，还是员工的行为准则。

（四）企业与员工的关系

在工业经济时代，个体员工受雇于企业，成为按部就班的"组织人"。企业越来越强大，而个体的力量越来越弱。与此同时，许多企业中官僚主义盛行，工作程序日益复杂，个体的创造性活动被压抑，组织效率和企业竞争力下降。数字经济时代，在组织形态上，要求颠覆官僚组织，创造无边无界、原子式活力迸发的网络体系。个体可以不再以"螺丝钉"的形式存在，而能够成为具有自主意识和价值创造潜能的"创业人"。因此，必须重新审视和规划员工与企业的关系。企业管理方式从重视物的管理向更加重视激发人的潜力转变，从关注组织价值向关注个体价值转变。企业与个体的关系从"雇佣关系"转变为"合伙关系"，个体价值崛起，创新创业成为组织的核心。企业拥有了平台属性、开放属性、协同属性、幸福属性，员工对于企业的要求不但要能够实现自我价值，还要有情、有利、有制，与平台共同创造价值。因此，一是建立共创共享共治的公司治理模式。"知识型员工"将构建起以"知识"为中心，而非以"权力"为中心的组织模式。当知识型员工成为主体，同时要让其有话语权、有剩余价值索取权。共享的治理关系取代股权控制，物质资本和人力资本围绕控制权博弈。二是员工与企业融为一体，管理工作的核心是激活个体价值。要尊重个体力量，因为个体通过创新可以成就大事业，小的能量可以聚起大的能量场，企业要鼓励创新、授权一线员工担负更多的责任，去释放个体的潜能。

（五）领导与员工的关系

雇佣关系是工业文明的产物，企业组织是科层制与层级式的，强调分工与协同，领导者通常通过层层选拔、任命，其位置高度稳定，掌握企业的重要权力。因此，传统领导力强调的是领导者个体对追随者和情境的影响和改造，不突出组织整体发挥的作用，突出的是英雄式领导。员工仍处在被动、追随的地位，主动性与创造性难以得到激发。在数字经济条件下，企业管理的核心是激发个体和企业整体的创造力，团队尤其是跨功能团队成为基本工作单元，这种情境下的领导者往往不是由管理地位决定的，传统领导力角色失去了优势。领导者需要思考如何设立并创造共享价值的平台，让企业拥有开放的属性，能为个体营造创新氛围。个体需要借助组织平台释放自己的价值，集合智慧的平台会更具有驾驭不确定性的能力。领导者的核心工作是要确保企业可以跟得上环境的变化，要从控制型、激励型转向赋能型，领导与员工的关系从控制与被控制转变为服务与被服务的关系，从控制、决策、激励等传统职能转向搭建激发个体活力和创造力的机制，并提供资源支持和服务。管理机制开始关注"人的创造力"，从以"人的动机"为核心转变为以"人的创造力"为核心。

三、数字经济情境下企业管理的基本特征

数字经济情境下的企业管理表现出五大特征（见图3）：一是共创共享型治理，与智力资本共享共创，构建商业生态，实现非线性增长。二是用户中心型商业模式，以数据要素为基础，创造用户新价值。三是网络型组织，以平台+业务单元为组织形式，实现组织无边界、社会化、生态化。四是自主管理机制，划小业务单元，以自我管理、利益共同、内创业机制，重塑组织柔性。五是赋能型领导与活力型文化，把握创新方向，全面激励员工创新，构建价值观引领型、活力型企业文化。其中，治理是根本，用户是中心，组织是平台，机制是动力，领导是牵引，文化是土壤。

1. 共创共享型治理	2. 用户中心型商业模式
与智力资本共享共创，构建商业生态，实现非线性增长	以数据要素为基础，创造用户新价值
3. 网络型组织	4. 自主管理机制
以平台+业务单元，实现组织无边界、社会化、生态化	划小业务单元，以自我管理、利益共同、内创业机制，重塑组织柔性
5. 赋能型领导与活力型文化	
构建活力型企业文化，以价值观引领企业创新创业	创造共享价值的平台，让组织拥有开放的属性，为个体价值赋能

图3 数字经济条件下企业管理的主要特征

（一）共创共享型企业

对于传统企业而言，股权即所有权，交易成本决定经营边界，投入决定企业规模的线性增长潜力。数字经济情境下，企业需要构建能够平衡人力资本和货币资本的治理结构，不断拓展企业的生态边界，最终实现非线性的创新增长。一是构建共创共享的治理结构。人力资本的决策权和分享权不断增长，企业的治理结构要反映人力资本的价值诉求。尊重创新者的权利，坚持人才至上，创新型员工要成为人力资本合伙人，实施全员共治。随着知识型员工成为主导，企业正在从纯粹的商业组织演变为社会组织，共享的治理关系取代股权控制，知识和货币资本两者围绕控制权进行博弈。从传统的企业管理模式上看，人力资本与货币资本之间存在着不可调和的矛盾关系。若先有股东价值，才有员工价值，就意味着在价值分配上，员工依旧处于被动状态，员工依然是工具，导致货币资本和人力资本之间产生所谓的不可调和的矛盾。中国企业大都是股权和管控一体化，要管控企业就要控股。未来企业更加社会化，当广泛的共享经济到来的时候，如何实现有效管理？阿里巴巴采用了管控权和股份权不完全对称分离的办法，华为采用了员工共享企业的办法。以上两个案例说明，人力资本不仅要参与剩余价值分享，还要参与公司的治理，这就使得企业人力资本和货币资本之间的关系，不再是简单的雇佣关系，而是合伙共创共治的关系。

二是重塑生态化的企业经营边界。创造以用户为核心的价值组合，围绕用户需求形成新商业生态。数字经济背景下，企业需要打破组织边界，重塑商业生态圈。相对于规模经济，范围经济成为企业业务选择的基本逻辑，业务联系呈现生态化趋势。消费者的价值诉求不再是单一的功能诉求、碎片化价值，而是一体化的体验价值、整体价值诉求，这就要求组织打破基于严格分工的功能式组织结构，整合内外资源创新产品和服务形式，重构企业对消费者的价值提供，打造平台化组织，构建组织新生态。单靠一个企业单一的产业价值链，已经很难满足消费者一体化的诉求和整体场景的诉求，这就要求企业去打造生态，通过开放合作、整合资源，系统满足消费者一体化的需求以及整体需求。因此，企业要想为消费者提供一体化的价值体验与消费场景价值体验，就必须在内部形成核心能力优势，在外部构建生态优势，实现两大优势的整合，以使企业的组织管理从线性管理真正走向非线性的生态化经营。以阿里巴巴的商业生态为例，可以在庞杂的业务之间看出几条明确的逻辑关系，即核心资产是顾客，核心资源是信用，核心节点是金融，业务模式是跨界，组织形态是网络。

（二）用户中心型商业模式

新一代信息技术正在改变商业模式创新的逻辑。数字技术的不断进步及其在全产业领域的应用普及，使新兴企业的商业模式创新变得更加频繁。以用户为中心设计业务模式和价值创造模式，价值提供转向价值交互，体验经济、意愿经济、社群经济成为主要的价值呈现模式。商业模式的颠覆性变革涉及产品形态、业务流程、产业业态三个方面。在产品形态方面，表现为产品数字化，企业可以根据实体产品传导到数字世界中的运营参数进行监控和分析，基于大数据、人工智能等技术将实体产品的运行状态调整到最优。在业务流程方面，生产过程呈现去中介化的趋势，业务流程由生产商驱动转向用户需求驱动，即生产厂家直接对接消费者（Customers to Manufacturer，C2M）模式成为可能。在产业业态方面，制造业服务化，企业基于物联网等信息技术推动更多设备连接和数据实时传输，提供更多基于其制造的产品的服务成为可能和必然趋势。

商业模式日趋多元化，共享、免费、平台、长尾等新的商业模式正在成熟。从商业模式创新的特点看，价值提供组合是动态的内创业过程——点线面网发展；价值创造的关键在于关联逻辑——业务内在协同；价值创造的内核在于客户价值——满足客户痛点；价值提供的焦点在于跨界整合——业务组合创新；价值创造的基础在于构建生态——打造平台企业。企业的价值创造方式呈现出共性的演变发展趋向，主要包括生产呈现个性化智能化、产品呈现数据化服务化、用户互动化社群化更加明显、收费转移化长期化、渠道线上线下深度融合、资源呈现共享化生态化六个方面。

（三）网络型组织

组织形态正在由金字塔控制向灵活型平台演变。组织形式网络化、扁平化、平台化，小组织+大平台成为重要组织形式。整体来看，开放化、社会化、生态化是企业组织发展的新趋势、新特征。虽然目前并没有形成一种大家普遍能看到的现象或模式，但都已在实践中初露端倪，可以从企业管理实践中捕捉和提炼。

一是无边界特征。去边界化要求打破内外边界，构建生态，使整个组织内外跨界、开放融合，拆除"部门墙"、打破"流程桶"，以客户为中心平行自动协同，形成生态化系统，为客户提供一体化价值体验。去中心化意味着不是由企业的经营者发号施令决定生产什么、怎么生产和为谁生产，而是由大量的分散化的独立个体决定生产什么、怎么生产和为谁生产。生产活动越来越呈现去中心化的趋势，许多产品/服务的生产已经不需要一个发号施令的中心，而是通过无数分散、地位平等的个体自发、无序地组合构成完整的社会生产系统，研发、生产出社会需要的产品。企业目标的确定将"自下而上"，并将员工目标与企业目标结合起来，将员工利益和组织利益结合起来。以用户需求、用户体验和用户价值为导向，来形成公司的目标和任务、员工的目标和任务。所以，确定目标和任务的维度由"二变成三"，即用户、员工和组织。

二是社会化特征。资源的社会化意味着企业将通过整合全社会的力量而集聚，将由风险投资机构、前瞻性企业等投入资金；由来自科研机构、企业和其他社会组织的引领性人物参与企业经营和创新活动，企业=联盟+平台+实验室+孵化器+创新工场+……，形成多种新科技共融、共赢共生、协同发展的网络格局。企业的生产活动不是完全依赖科层内部的员工、资源，也不是完全依赖供应商，而是依靠与企业没有严格控制关系与合同关系的大量分散的个体。随着个体价值的崛起，需要重新定位企业中"人"的价值和意义，围绕人的思维进行管理创新，探索如何重新定义人在组织中的角色与意义、人与企业的关系，如何真正尊重人性，承认个体本身具有的独立价值，从而激活个体的价值创造潜能。这就要依靠自组织——一个兼具活力与秩序的组织形式。自组织三个核心的要素是：共治、共创与共享。共治，每个个体都有与经营方等同的决策机会和权力。共创，表达了人人都是价值创造者，人人都可能变成价值创造的中心。共享，指出自组织更强调利益分享，更强调构建利益共同体。例如，为了实现小微生态圈与企业的共治、共创、共享，海尔将一直为总部所掌握的三权——决策权、分配权、用人权，彻底让渡给了小微企业。

三是生态化特征。数字经济背景下，企业将利用平台化+分布式+生态化模式，实现高集约、高效率、高活力、高成长。未来的平台化+分布式小前端+生态化的模式，要求企业必须是平台化架构，组织呈现网状关系。企业内部围绕客户需求、围绕目标市场来整合资源、整合人才。生态化发展要求企业重新审视"管理内涵"。产业的边界正在变得模糊，竞争不再是敌我分明的经济利益的竞争，而是对新兴商业的主导权的竞争。各行业之间的界限越来越不清楚，尽管商业利益之争仍然存在，但是基于核心技术知识产权控制打造商业生态才是竞争优势的真正源泉。事实上，不应该再使用产业这个词，因为它失去了实际意义，它会使企业分不清谁是竞争对手。如乐视和小米，它们不属于传统家电产业界定范围，并在试图开创全新的竞争空间。正是由于这些原因，广义的"机会领域"而不是狭义的"产业"才是企业关注的重点，如互联网金融是一个领域，而金融业是一个产业。此时，如果再向一个企业提问：你的主营业务是什么？你属于哪个行业？甚至问你的战略是什么？这些问题都难免陷入"工业思维"的窠臼。

（四）自主管理机制

企业的决策机制、激励机制、资源分配机制要向"小团队"和"小组织"倾斜。围绕创新和创业合作，契约的重要性凸显，实现从物质激励到赋能激励的转变，利益共同、对赌机制成为重要的管理机制。

一是激发"知识人",实现自我价值。以"知识人"为前提的自我管理,不但可以实现一线决策,而且可以实施自我激励。把庞大的、官僚的他驱动组织变成活力十足的自驱动组织,把员工从上级命令的约束中解放出来,变成自我管理、自我增值。企业管理基于人性假设,马克斯·韦伯提出的科层制,让人性服从于理性,组织形态约束了人性的发挥。相对于小企业,大企业的激励缺乏主动性和创造性。在科层制下,管理者和被管理者处于博弈状态,增加了管理成本。管理者极力防止员工"磨洋工",员工缺乏主动性。传统的层级式、官僚式的组织管理模式成为企业与顾客共同创造价值的最大障碍,因为僵化的管理体制限制了组织的灵活性与创造性。按照工业经济的分工理论,每个人在组织中是螺丝钉,本质上还是把人当工具。只有采取自主管理,颠覆雇佣制,才能让员工从"组织人"转变为"自主人"。随着组织的扁平化和网络化,自主管理要求借好人力,通过创新的机制释放人的潜能。互联网时代,以知识型员工为代表的"新就业"正在形成,人力资本越发是企业资源而非成本。随着技术进步,数据处理和智能制造等知识型岗位越来越多。同时,就业方式也在改变,由固定用工逐渐变为灵活就业。组织要激发活力,更多的要以文化价值去约束和引领员工,而不是靠严格的制度规则、控制体系去固化员工,要使企业的每一个人成为自己的主人,即自主管理,从重视管理层转变为重视员工自主性。组织的扁平化以及网络化使企业的各个价值创造元素连成一体,在此情况下人人都是价值创造者,人人都可能变成中心,人人都是 CEO,个体在组织中就得到了充分展示内在才华的空间。海尔为每个人的价值创造打开了一个空间,从把人局限在一个岗位上转变为每个人都可以成为一个价值创造中心、一处价值源泉,在组织内可以自由流动和融通并联。

二是利益共同,风险共担。在数字经济时代,构建员工资源治理系统所面临的一个很大的挑战,就是如何敏锐感知企业价值创造的非线性变量规律,从而激发员工活力,创造触发点或引爆点,然后在时间、空间和功能上实现从无序到有序的治理结构,并最终实现"人是目的",激发人的内在潜能,使人的价值创造真正达到最大化。由此,员工由原来的执行者转变为创新者,创新者取代执行者,员工围绕自我价值实现不断实施内部创业。①员工从股东合伙人到创客合伙人。创客合伙人的内核是员工以创业者的身份在企业平台上独立开办小微企业,企业作为孵化者不干涉员工创业的日常运营。以海尔为例，员工成为创客合伙人依赖于其所设立的人人创客机制。员工凭借智力资本以竞单方式获取创业资格，自主探寻创业项目、组建创业团队、引入创业资源、成立小微企业。与此同时，员工基于市场交易关系引进海尔创投、市场风投，并与海尔创投、市场风投一同投入资本，与海尔建立起资本绑定关系。②员工从静态合伙人到动态合伙人。动态合伙人意味着员工不存在固定的合伙期限，而是实现一阶段的目标就兑现一阶段的合伙人资格。一旦目标无法持续迭代、能力没能持续发展、价值没能持续创造，员工就会被其他人取代或者项目被撤消。以海尔的对赌机制为例，员工以竞单方式组建小微企业，并在市场上寻求融资支持。针对未来创业的不确定性，员工与投资方预先签订对赌协议，明确双方交换条件，包括阶段目标、实现期限以及各方相应的收益分配比例。如果员工按期达成阶段目标，则各方按协议分享收入，员工继续在企业平台上迭代下一个目标；否则，员工就会被剥夺合伙人资格。机会公平、利益和风险的均衡成为海尔人单合一模式的核心，指导员工实现自我管理。

三是建立内创业机制。企业要尊重个体的力量，责任要下沉、权利要下放，要激发每个人的创新活力。每个人都可以成为创业家，每个人都可以创业，要让每个员工把自己的价值、利益最大化。企业通过组织变革，鼓励员工创业，打破传统的创业模式，并采取路演的方式引入外部投资，避免了传统项目评审的弊端；员工从打工人变成了小微企业的合伙人，小微企业独立运作，自负盈亏，极大地激发了员工的创业热情。

内部创业将原为组织管理阶层拥有的战略决策权向组织全体成员开放，让组织成为新事业孵化平台，连接有抱负的员工团队与市场机会，鳞选最有决心和能力的团队去开发新事业，继而达成全员共同创造和激发创新的效果。内部创业的考核与激励机制可以通过对赌契约实现，对赌淘汰机制可以形成动态激励体系。创业各阶段目标与各阶段收益挂钩：创业初期，投入大于产出，尚未出现盈利；创业成长期，开始盈利，如约达成对赌初始目标，员工可分享该阶段的对赌酬；创业发展期，产出持续大幅高于投入，除了在超额完成部分中提取一定比例用于分红以外，员工还可出资跟投，跟投比例一般在10%~30%；创业成熟期，股权增值收益成为员工收入的主要来源。由此，激励存在于员工创业全过程，满足其生存需要、利益分享、自我实现三个由低到高、逐级递升的需求层次，驱动员工持续进行目标迭代和价值创造。

（五）赋能型领导与活力型文化

数字经济背景下，企业领导要负责设定引领性目标，确定性目标由员工或小微组织确定。领导者要突破人力资本瓶颈，领导力必须取代胜任力，领导角色需要不断构建创新机制，激发员工活力。

一是塑造赋能型领导。数字经济条件下要重构企业成长战略，首先要求企业家和企业高层管理者有新的领导力。赋能型领导要善于激发群体智慧，善于授权，这就需要企业家有更高的追求、更宽广的胸怀、更高的境界。塑造赋能型领导，涉及控权与放权的问题、领导与被领导之间关系的问题，以及利益共享等问题。一方面，塑造企业家精神。企业家精神包含创新和创业精神，正如熊彼特所指出的，企业家追求的不仅是利润，而且还有超越利润的目标，包括建立自己王国的梦想、征服和战斗的冲动、对创造性的享受等。只有依靠企业家精神引领，企业的战略方向才不会偏航。领导者的责任是实现全球范围科技创新的生态化布局，对企业平台化与生态成长有长远的战略意识、足够的战略耐心与战略定力。另外，只有依赖"一把手支持"才能够构建推动内部创新创业的新机制。领导者不应是威权化领导，而应是建立愿景+赋能式的领导，能够通过变革，不断打破科层制组织的垂直结构，代之以扁平化的网状组织结构，塑造鼓励创新的生态环境。尤其要对整个组织建立的标准、规范、体系、机制负责，确保整个体系的正常运转和优化，真正走向赋能式领导、愿景型领导模式。另一方面，培育员工的领导力。个体力量的崛起，改变了组织和人的关系。同时，企业去中心化、去威权化，就是要尊重个体力量，组织要鼓励创新、授权一线员工担负更多的责任，去释放人的潜能。实现员工自治或者小团队管理，是在打破领导权威，向员工让渡权力，激发企业中每个人的自我领导意识。通过平台赋能、通过项目制，让员工具有创新和创业精神，让真正有能力的人可以超水平发挥。员工领导力体现为更强的价值创造参与感，对个体个性的尊重，具有创造力和创新活力，甚至团队具有明确的价值观。

二是塑造活力型文化。当创新和变革成为企业经营的常态时,企业领导者必须构建新的价值观和管理意象(Managerial Schema),形成新的组织惯例,并不断平衡变革的节奏和频率,提升管理创新绩效。创新和组织变革过程要求形成新的管理理念,以及统一、明确的价值观,开放创新的企业文化,规范员工的行为和努力方向,加强纪律和执行力,从而提升战略实施的效率。如果缺乏具有凝聚力的企业文化,平台+小组织的结构就犹如一条江河被截成无数的水库,高度分散化的企业组织形态会让企业陷入有规模而无高度的平台化陷阱。活力型企业文化通过让员工获得参与感,培养其自驱动意识,形成凝聚力,使员工获得高成就感,激发员工的无限潜力。更加重要的是,活力型文化能够指导员工的行为,使员工能够在复杂和迷惑的情况下游刃有余。

参考文献

[1] 曹仰锋. 海尔转型,人人都是CEO[M]. 北京:中信出版社,2014.

[2] 彼得·德鲁克. 创新与企业家精神[M]. 北京:机械工业出版社,2012.

[3] 克里斯·安德森. 创客:新工业革命[M]. 萧潇译. 北京:中信出版社,2015.

[4] 加里·哈默尔. 等级制度的隐性成本[J]. 中欧商业评论,2010(2).

[5] 李海舰,朱芳芳. 员工变革历程与未来展望——基于从员工1.0到员工4.0的演进[J]. 中国工业经济,2017(10).

[6] 李晓华. "新经济"与产业的颠覆性变革[J]. 财经问题研究,2018(3).

[7] 梁宇亮. 商业模式4.0:重塑未来商业逻辑[M]. 北京:人民邮电出版社,2018.

[8] 蔺雷,吴家喜. 内创业革命[M]. 北京:机械工业出版社,2017.

[9] 穆胜. 云组织:互联网时代企业如何转型创客平台[M]. 北京:电子工业出版社,2015.

[10] 彭剑锋,云鹏. 海尔能否重生:人与组织关系的颠覆与重构[M].

杭州：浙江大学出版社，2015.

　　[11] 杨国安，李晓红. 变革的基因——移动互联时代的组织能力创新[M]. 北京：中信出版社，2016.

　　[12] 杨俊. 新时代创新研究的新方向［J］. 南开管理评论，2018（1）.

数字平台反垄断：前沿问题、理论难点与监管策略*

刘戒骄**

摘要：数字平台的崛起及其中展现的多边市场、网络效应、数据驱动等技术经济特征，根本改变着数字市场各参与者之间的关系，催生出数字平台垄断这种新型产业组织形态。数字平台利用其承担组织和协调资源配置、汇聚数据和控制算法、制定和执行交易规则等功能，获得市场势力，实施垄断行为，增加了反垄断分析的复杂性和难度，给反垄断监管带来新的挑战。只有建立有效治理数字平台市场势力生成和维持机制的规则，形成一个兼有动态效率和分配效率的秩序框架，才能有效约束和纠正平台垄断行为。数字平台反垄断监管应当针对数字市场垄断基础的变化和现行理论、框架和分析工具的局限性，在加强反垄断监管技术能力建设、合理兼顾参与方利益、慎重考虑拆分主导平台、施加互操作性义务、防止自我优待和完善并购审查等方面完善行为规则，扭转价值分配向平台经营者过度倾斜的态势，恢复和促进数字市场有效竞争。

关键词：平台经济；数字平台；反垄断；数据监管；数字市场

---

* 本文发表于《财经问题研究》2022年第7期，收录本书时有修改。
** 刘戒骄，江西服装学院商学院院长，中国社会科学院工业经济研究所研究员、博士生导师。

一、引言

数字平台是将多边市场中相互依赖的群体聚集在一起的大型在线服务企业，承担组织和协调资源配置、汇聚数据和控制算法、制定和执行交易规则等功能。大型数字平台的崛起及其展现的强大网络效应、极端规模经济和范围经济、过高进入壁垒以及数据和算法优势，强化了平台控制产品和服务价格、产量、质量以及掠夺其他参与者的能力。尽管公用事业、基础设施等实体网络产业也存在这些特征，但数字技术强化了数字平台滥用市场主导地位的能力，使各类厂商越来越依赖数量有限的大型在线平台。数字平台垄断基础的这一重大变化，放大了市场竞争面临的威胁，引发人们对现行反垄断制度体系有效性的担忧。近年来，许多国家和地区纷纷改革完善数字市场反垄断监管体系，密集出台规制数据、算法和平台行为的法规和政策，对数字平台公司的反垄断调查和执法显著加强。2021年2月，国务院反垄断委员会发布的《关于平台经济领域的反垄断指南》，根据《中华人民共和国反垄断法》的框架和原则，界定了平台经济相关市场，并对垄断协议、滥用市场支配地位、经营者集中等方面的反垄断分析、监管和执法进行了细化规定，反垄断监管制度建设滞后于数字经济发展实践的问题有较大改善。但是，一些数字平台利用多边定价、数据和算法、猎杀式并购等手段实施的垄断行为，技术性高、隐蔽性强，对各参与者的利益往往同时具有积极和消极两方面的影响，监管机构难以判断这些垄断行为对市场竞争和市场绩效的影响。

数字市场处于反垄断理论研究和监管实践的前沿，许多文献对数字平台的技术经济特征（季煜等，2021）、竞争行为（尹振涛等，2022）、掠夺性定价（于左、张二鹏，2022）、用户和第三方厂商利益保护（倪红福、冀承，2021）、治理体系规则（OECD，2021）以及传统垄断与数字市场垄断的比较等问题进行了研究。这些文献聚焦数字平台限制竞争的横向和纵向协议、滥用市场支配地位和经营者集中三个领域的垄断行为，讨论了国内外数字平台反垄断监管体系的变化，丰富了对多边市场理论、网络效应、自我优待、数据和算法监管的认识，但对数字平台垄断的生成和维持机制、自我强化机制和反垄断分析工具、竞争分析的变量和维度、应对措施的有效性等问题还需要深入研究。本文结合数字市场反垄断研究进展以及近期国内外相关反垄断调查和执法实践，分析了数字平台反垄断的一些前沿疑难问题和理论机制，探讨了数字平台反垄断监管体系建设的方向与思路。

二、数字平台垄断的典型表现形式

数字市场的网络效应、切换成本和其他进入壁垒，使其市场结构趋于集中和由单一公司主导。一旦市场由单一公司主导，其他竞争者和潜在进入者将难以与其竞争，竞争过程从市场中的竞争转向为垄断市场和剥夺其他参与者利益而竞争。一些风险资本分析报告发现（Rajan R et al., 2020），存在一个主导平台与竞争压力隔离开来的创新杀戮区，投资者偏好避免向与数字平台直接或间接竞争的企业投资，从而削弱数字市场的创新和创业精神。根据欧盟、美国反垄断监管机构的调查，数据垄断集中体现在电子商务、搜索引擎、移动操作系统、社交媒体等数字平台领域。尽管下文提及的几个数字平台都是总部位于美国的公司，但是由于业务和商业模式相同，其利用自身访问和控制数据的能力谋求市场势力和实施垄断行为的形式，对分析我国数字平台公司垄断行为具有参考价值。

（一）电子商务

电子商务使用互联网平台充当连接买家和卖家的中介，促成产品与服务的购买和销售活动。电子商务市场的主要参与者包括在线购买商品或服务的客户，以及在线向客户销售商品或服务的企业。面向消费者的一边，平台允许用户搜索和购买产品，根据价格、受欢迎程度和客户满意度评论等详细信息来比较竞争产品。面向第三方卖家一边，平台为第三方卖家提供一个列出产品的在线空间，供消费者选择和购买，为卖方提供库存跟踪和定价建议等服务。平台经营者不仅可以从第三方卖家的销售中取得收益，还能够向第三方卖家提供额外的付费服务，如广告、仓储、包装和运输。平台可以只经营第三方卖家的产品，也可以与第三方卖家一道在平台上销售自己的产品。在这种情况下，第三方卖家既是在线平台的客户又是其竞争者。

亚马逊在美国在线零售市场拥有强大而持久的市场势力，对许多没有可行替代方案接触在线消费者的中小型企业具有垄断权。一项调查估计（Jungle S, 2020），亚马逊在全球市场上有230万个活跃的第三方卖家，其中约37%（约85万个卖家）依赖亚马逊作为其唯一收入来源。亚马逊通过收购竞争者和相邻市场的公司，汇聚客户数据，进一步巩固其在电子商务以及其他市场中的影响力，对第三方卖家实施垄断行为。亚马逊利用其对第三方销售数据的访问权，使自己作为平台和零售商受益。亚马逊作为销售商，既销售自有品牌产品，也是许多其他品牌产品的独家零售商。亚马逊通过访问第三方卖家数据支持自有产品开发，操纵搜索结果以增加自有品牌和其他高利润率产品销售。亚马逊还通过对成功产品数据的访问，将第三方卖家排除在有利可图的零售空间之外，挤压其他制造商的利润。在公开场合，亚马逊将第三方卖家描述为合作伙伴，但公司文件称其为内部竞争者。2019年，欧盟委员会决定对亚马逊进行调查，2020年披露的初步调查结果认定，亚马逊利用在其平台上销售商品的第三方供应商的实时数据，制定新产品开发、定价和营销策略，获得不公平优势。监管机构认为，当亚马逊作为平台上卖家的竞争者时，使用第三方卖家的数据来为亚马逊谋取利益，偏袒亚马逊自己的零售服务、物流和送货服务，损害了欧盟竞争法。由此可见，电子商务平台作为第三方卖家的市场运营商和同一市场卖家的双重角色，存在内在的利益冲突。这种冲突促使其利用对竞争卖家数据和信息的访问权限，推广自身的业务，实施自我优待策略。

（二）搜索引擎

搜索引擎是帮助人们过滤互联网信息并获得可用结果的工具，厂商和消费者可以通过搜索引擎寻找交易对象。谷歌（Google）、微软必应（Bing）、雅虎（Yahoo）和百度（Baidu）是四个较大的搜索引擎，但谷歌在很多国家的搜索和在线广告市场中居于垄断地位，并将业务扩展到数字经济核心产品和在线服务基础设施等多个领域。利用Chrome浏览器的垄断地位，谷歌按照付费情况确定搜索结果页面显示顺序，模糊了付费广告和自然搜索结果的区别，降低了搜索页面显示的结果与用户需求的相关性。此即一些文献所说的竞价排名导致的非中立运营模式（王世强，2021）。通过谷歌地图，谷歌获得80%以上的导航地图服务市场，并利用它来提升其在搜索和广告市场中的主导地位。2005年购买安卓（Android）操作系统后，谷歌利用合同限制和排他性条款将谷歌的搜索垄断从PC端扩展到移动端，要求智能手机制造商预装谷歌自己的应用程序并赋予其默认状态，从而阻碍搜索和其他应用程序市场的竞争者。随着搜索活动从移动设备转移到语音，谷歌再次通过一系列类似做法来维持其对搜索接入点的垄断。由于这些策略，谷歌正在从其他网络中抽走流量，而寻求接触用户的实体必须向谷歌支付不断增加的广告费用。因此，居于主导地位的搜索引擎相当于一个守门人，控制第三方厂商和广告商访问用户的关键渠道。

（三）移动操作系统

移动操作系统是专门安装在智能手机、平板电脑等移动设备上，用以识别移动设备特性和功能，帮助运行应用软件的操作系统，主要有谷歌的Android、苹果的iOS和微软的Windows Mobile等。大型数字平台可以通过移动操作系统限制第三方应用程序开发者对移动设备用户的访问，并决定如何向其收取访问和下载费用。这个问题以苹果公司最为典型。苹果公司原来主要是一家硬件公司，其大部分收入来自设备和配件的销售。由于移动操作系统市场存在网络效应、高准入门槛和高切换成本，苹果公司在移动操作系统市场拥有强大而持久的市场力量，一直保持市场主导地位。通过移动操作系统，苹果公司控制了所有向其移动设备分发的软件。2008年苹果公司推出苹果店（App Store），改变了移动设备上的软件分发方式，降低了应用程序开发人员的进入门槛，增加了消费者选择，但iPhone和iPad使用者必须经App Store下载应用程序并支付费用，苹果公司从中抽取30%佣金等做法，被认为是苹果公司利用对iOS和App Store的控制来制造竞争壁垒，歧视和排挤竞争者，优先对待自己的产品。2020年英佩游戏（Epic Games）公司起诉苹果公司，指控苹果公司控制iPhone和iPad等移动设备应用程序的分配和支付，超10亿以上用户只能通过苹果店获得应用程序，不允许竞争性应用程序销售商的竞争。同时，强迫应用程序开发商使用苹果公司的支付系统，并在App Store内向应用程序开发人员收取过高的价格，违反了美国联邦和州反垄断法以及加州不公平竞争法。美国第九巡回上诉法院2021年裁定苹果公司的App Store政策违反加州不公平竞争法，但其不是非法垄断者①。由于缺乏竞争，苹果对iOS设备软件分发的垄断权损害了竞争，降低了应用程序开发人员的质量和创新动力，提高了软件价格并减少了消费者选择。与苹果iOS只能通过预加载或App Store下载应用程序不同，Android的生态系统更加自由，但仍然难以访问谷歌应用游戏平台（Google Play）和设备制造商预装软件之外的应用软件。2018年，欧盟委员会因谷歌使用Android平台的非法行为，对其处以超过40亿欧元的罚款。原因是，Google利用Android占据全球智能手机操作系统市场80%以上份额的地位，要求制造商预装谷歌搜索和谷歌应用程序，并关闭其他的预装应用程序市场，从而以排他性方式阻止其他安卓设备的销售。

（四）社交媒体

社交媒体平台凭借收集和汇聚大量数据，了解用户性格、情绪、偏好等信息，分析预测用户行为偏好，向个人用户发布个性化广告。脸书（Facebook）、即时通信软件（Messenger）、社交软件（WhatsApp）、图片分享软件（Instagram）、视频网站（YouTube）是美国五个较大的社交媒体平台，其中前四个由脸书拥有，最后一个由谷歌拥有。脸书和谷歌通过减少用户隐私和获得对个人数据更多的访问权来销售更多广告，使用其算法来预测人类行为并生产预测产品（Schneier B，2015）。脸书拥有超过30亿用户，如此庞大的用户群使其能够获得比任何竞争对手都多的数据，使用这些数据可以采取更有针对性的反竞争策略。由于强大的网络效应和市场倾斜，脸书面临的竞争压力主要来自自己拥有的四个社交媒体平台，而不是即时社交软件（Snapchat）或推特（Twitter）等市场上的其他社交应用软件。就即时通信应用而言，由于脸书无法与其他社交网络互操作，其用户由于成本高昂难以切换到其他平台。美国联邦贸易委员会（FTC）基于脸书公司控制多个世界上最大和最赚钱的社交网络平台，认定其在美国个人社

---

① Epic Games, Inc., Apple, Inc. Brief for the United States of America as Amicus Curiae in Support of Neither Party [EB/OL]. (2022-01-27) [2022-03-22]. https：//www.justice.gov/atr/case/epic-games-inc-v-apple-inc.

交网络服务市场拥有垄断权[①]。

三、数字平台反垄断的前沿问题

数字平台垄断既具有传统垄断的一般性,也具有由数字技术和数字经济特征引致的特殊性。从一般性上讲,数字平台垄断行为的危害同样需要考量价格、质量和创新三个关键市场变量。垄断不仅使市场偏离竞争均衡,导致价格上涨,降低产品和服务质量,削弱数字平台投资研发的动机,减缓整个行业的创新速度,损害消费者福利,而且会恶化价值创造在平台与各参与方之间的分配。从特殊性上看,数字平台能够将多边市场中的买方、卖方、广告商、软件生产商和用户、辅助服务提供商等相互依赖的各类参与者会聚在一起,承担组织和协调资源配置、汇聚数据和控制算法、制定和执行交易规则等功能,由此形成的垄断具有许多不同于传统企业垄断的特征。尤其是,数字平台能够访问非常大的数据集,将广泛的数字服务捆绑到数据驱动的产品和服务中,把业务扩展到邻近市场,进而实现外部生产者、内容提供商、开发者和消费者之间高效互动,改变了传统垄断的基础(Constantinides P, et al., 2018)。随着数字技术和数字经济的深入发展,数字平台在解决数字市场信息协调等基本问题、提高匹配市场供给和需求能力方面展示出优势,但也给反垄断分析和监管带来了新的疑难问题。

(一)市场过度集中的趋势难以扭转

任何企业,包括数字平台和传统企业,都有谋求市场势力并成为市场领导者的动机。数字平台的特征,尤其是规模经济、范围经济、切换成本、数据的自我强化等因素导致的网络效应,使其向每个用户提供的服务价值随其他用户的增多

[①] FTC. FTC Alleges Facebook Resorted to Illegal Buy-or-Bury Scheme to Crush Competition After String of Failed Attempts to Innovate [EB/OL]. (2022-08-19) [2022-03-22]. https://www.ftc.gov/news-events/news/press-releases/2021/08/ftc-alleges-facebook-resorted-illegal-buy-or-bury-scheme-crush-competition-after-string-failed.

而增加，经济力量出现向少数在线平台集中的趋势，更容易形成垄断或寡头垄断的市场结构。网络效应之所以成为平台垄断的基础机制，是因为在具有网络效应的市场，使用产品或服务的人越多，该产品或服务对其他用户的价值越高。由于网络效应，平台倾向于向一边用户提供低价格和高质量服务，并向广告商等另一边用户收取垄断价格，另一边用户承担的更高成本将反映在其产品和服务的最终价格中，从而对消费者福利产生负面影响（刘戒骄，2002）。经济学将此定义为竞争瓶颈，即在平台之间缺乏竞争时，即使用户在平台一边享受低价格甚至零价格的服务，平台也可以凭借将厂商和广告商聚集在一起并进行互动和销售的能力，在另一边收取垄断价格，攫取价值创造的较大份额，并将这些费用转嫁给平台一边的用户。数字平台当前的低价格和零价格往往是一种掠夺性的定价策略，其目的是使用低价策略甚至补贴来排挤潜在竞争者，强化市场主导地位和价格控制能力，在目标实现后再采取更高价格和更低质量的策略。产品或服务达到一定规模并形成一种新的标准，第三方就会有动机投资开发兼容技术，从而产生间接网络效应，这反过来加强原始产品和服务在用户中的受欢迎程度。一旦一家公司占领了一个在线市场，就很难将其撤换。一个例证是，互联网上的数据流量高度集中，Google、Netflix、Facebook、Microsoft、Apple、Amazon 六家美国公司产生了43%的全球互联网数据流量（Sandvine，2019）。强大的网络效应是新公司进入市场并取代现有公司的障碍。当与其他进入壁垒，如限制消费者或企业的措施相结合时，网络效应不仅促进市场集中，而且能够维持市场势力的持久存在。结果，数字平台领域越来越呈现垄断或寡头垄断的市场结构。

过度集中导致的过高进入壁垒削弱了新平台挑战现有平台的能力，固化了现有平台的市场势力和主导地位。正如英国竞争与市场管理局所指出，潜在竞争者面临过高的进入和成长障碍，致使高市场份额转化为强市场势力，提高了平台公司垄断定价和利用市场势力削弱潜在竞争的能力[1]。一些文献分析了 Facebook 垄断社交媒体、Google Chrome 主导网络浏览器、Windows 和 macOS 垄断电脑操作系统、Android 和 iOS 垄断移动操作系统的过程，将有利于壮大主导平台的趋势

---

[1] Competition and Markets Authority. Online Platforms and Digital Advertising [R]. Market Study Final Report, 2020.

称为赢家通吃市场或赢家通吃多数市场①。在缺乏替代选择、高切换成本和几乎没有改变平台不公平对待行为的能力的情况下，中小企业对数字市场和消费者的访问越来越依赖于大型在线平台，被动接受其以垄断定价和不公平条款、协议等形式谋取租金的行为。可见，各类内容平台和聚合平台一旦涌现出主导平台，非主导平台尤其是中小规模数字平台和初创企业将很难与其竞争，数字市场集中度过高的状况难以扭转。

（二）守门人平台对各参与者相互访问和交易的控制导致不公平竞争

作为在线产品和服务市场具有市场势力的中枢，大型数字平台具有守门人（Gatekeeper）地位，控制外部生产者、内容提供商、开发者、服务提供商和消费者之间的接触和交易。对于大多为单一归宿且缺乏多宿主能力和动机的用户，平台就成为通往这个用户群的瓶颈。有文献将守门人定义为控制市场信息流和可访问性并构建数字环境的企业②。经济学通常将其界定为竞争瓶颈，因为任何个人和企业必须成为该平台上的用户，才能接触该平台上的单归宿用户。这就是守门人平台赢得市场并得以保持市场势力的原因。从这个角度看，控制平台一边厂商或用户对另一边产品或服务进行访问的平台就是一个守门人。控制程度取决于这些客户多宿主的动机和能力，并随着单归宿比例的提升而增强。一种可能的市场结构是，市场一边的用户为单归宿，另一边的用户为多归宿。

在许多情况下，守门人平台既是第三方产品和服务的市场中介，又与第三方厂商一样使用平台中介服务在同一市场上销售自己的产品和服务。凭借这一双重角色，守门人平台连接着不同的细分市场，拥有控制用户和企业命运的巨大权力，众多用户和企业依赖这些守门人掌控的渠道来访问用户和进入市场进行交易，从第三方厂商处获取具有商业价值的数据。守门人平台采取垂直一体化组织方式，通过在同一市场提供自己的产品和服务，将其业务扩展到平台内经营者的经营领域，与在平台上经营的第三方厂商直接竞争。这时，数字平台既是第三方平台内经营者的关键中介机构，也是其直接竞争者。守门人平台不仅可以设定市

---

① Demary V, Rusche C. The Economics of Platforms [R]. IW Analysen No. 123, 2018.
② Lynskey O. Regulating Platform Power [R]. LSE Legal Studies Working Paper, 2017.

场规则，拥有特定数据的独家访问权，还可以进一步影响厂商、用户等各参与方之间的竞争格局。由于其交易中介的角色，平台作为守门人具有收集、分析和使用数据，甚至独占数据，维护市场主导地位的独特优势。如果平台独占数据使第三方厂商处于竞争劣势，则可能出现不公平竞争。一种典型做法是，数字平台可以识别某些特别成功的产品，复制这些产品，并以平台自有品牌进行营销，形成优于第三方用户的竞争优势[①]。由于缺乏监管，用户和第三方厂商越来越担心守门人平台滥用市场势力损害其利益，增加做生意的成本和风险。

（三）切换成本过高致使用户难以实现多归宿

切换成本既是用户和厂商切换平台付出的代价，也是潜在竞争者进入市场必须面对的一个重要障碍。切换成本高，有利于大型数字平台锁定用户，阻止他们切换到新进入市场的平台，新进入者难以从在位平台吸引客户。因此，用户向平台提供数据，但平台倾向于采取限制用户在平台之间进行切换的措施，具体做法包括在操作体系中设置默认选项、限制数据可移植性、诱导用户做出不符合其最佳利益的选择。例如，用户能将各种数据上传到电子商务、社交媒体等平台，包括个人信息、交易记录、照片，但无法下载这些数据并将其移植到其他平台。用户一旦切换到另一个平台，就必须在新平台重新输入和上传个人信息、历史数据、照片。平台内经营者在切换到其他平台时普遍面临类似问题。平台制定的反竞争条款、默认设置和有利于自身的产品设计也是导致数字市场切换成本高的重要因素。

平台的多归宿程度是影响平台市场势力的重要因素。多归宿有助于保护数字平台之间的竞争，限制大型数字平台的垄断势力。增强数据在平台间的可移植性是降低切换成本和实现多归宿的重要手段。数据不仅是平台的关键资产，也是使用平台的厂商和用户的关键资产。在此情况下，如果厂商和用户不能在平台之间移植数据，他们将难以切换到其他平台。然而，目前数据可移植性权利在法律上仍然不确定，厂商和用户缺乏移植数据的权利，不利于厂商和用户在多个平台之

[①] Engels B, Demary V, Rusche C. Differentiated Treatment of Business Users by Online Platforms-An Analysis of Incentives with an In-Depth Look at App Stores and E-Commerce Platforms, Observatory on the Online Platform Economy [R]. Working Paper, 2020.

间切换，阻碍市场的有效运行。

（四）数据垄断及其自我强化机制加剧反竞争行为

数据在公用事业、基础设施等实体网络行业反垄断监管和执法，如通过搭售、捆绑和一体化厂商不公平对待独立厂商等滥用市场势力的案件中已经发挥作用，但作用远不如在数字平台领域重要。与传统企业相比，数字平台在数据收集和使用方面更具有优势。传统企业一般仅限于收集有关自身行为和客户关系的信息，数字平台可以收集并汇聚大量厂商和用户的数据，形成比单个数据集更有价值的大数据，并凭借数据和算法优势谋取垄断地位。数据的价值及其在数字经济中的作用，随着其与其他数据集的结合以及参与者的使用而提高。正如一些文献指出，通过机器学习和人工智能实现的递归数据捕获和分析的反馈循环，能够极大地提高数字平台数据的价值（Stucke M E, Grunes A P, 2016），因此机器在更大的数据集上学习会产生更好的洞察力，访问大量数据的平台能够比数据访问受限的平台更有能力提高其产品和服务质量（Hiu L, et al., 2015）。可见，数据聚合具有显著的规模经济和范围经济，其社会价值往往超过聚合前数据的私有价值。平台可以利用第三方企业的销售数据制定竞争策略，甚至通过定价、设计、排名和捆绑策略来实施自我优待行为，削弱第三方厂商的竞争力。尽管数据聚合产生的正外部性及网络效应能够为用户创造价值，但也能给数字平台带来市场势力和相对于第三方厂商的垄断优势，引发平台与其上的厂商、用户之间的信息不对称，导致市场失灵。数据汇聚的这种自我强化机制，成为企业进入市场的一个强大障碍。

数据汇聚还能够强化数字平台的信息优势，使其在生命周期的早期识别潜在的竞争威胁，在潜在竞争者产生实际威胁之前采取猎杀式并购策略，将其扼杀在初创阶段，达到进入新市场和巩固市场势力的目的。这就是许多大型数字平台在相同或相近市场上并购规模较小的公司的原因。被收购者尽管规模较小，但技术和数据富有价值，在以收入为主要评估指标的框架下，相关规模指标一般低于并购审查的阈值，反垄断机构难以及时准确评估这些收购的反竞争效应，数字平台正是利用这一点规避反垄断审查。拥有较强数据访问能力的公司可以利用数据，精确地定位广告，更好地了解用户参与度和偏好，并据此改善用户体验，开发新产品和服务，更快地发现新的商业机会，进而吸引更多用户，产生更多数据，形成有利的反馈回路。数据是非竞争性的，一方的使用不会减少另一方的使用，但数字平台仍可能通过技术限制和法律合同排除竞争者使用其数据，保护其免受竞争挑战。一些文献揭示了过度收集数据和数据滥用对竞争的危害。一些用户向媒体投诉 Uber 向手机电池电量低的用户收取更高的价格，因为消费者不太可能花时间寻找更低的价格。Uber 否认了这一指控，但承认这在技术上是可行的[①]。监管应该鼓励出于研究或政策目的的逆向工程，通过逆向工程算法识别和分析厂商行为。在 Facebook 并购 WhatsApp 案中，欧盟委员会强调隐私政策构成竞争的非价格参数[②]。由于数据收集和分析在平台业务中至关重要，为提高市场势力并保持互联网业务的必要守门人地位，一些平台可能过度收集和操纵数据，从而降低数据保护和服务质量。在德国指控 Facebook 的案件中，德国联邦卡特尔办公室确认 Facebook 滥用市场势力，会聚自己的 WhatsApp、Instagram 系统和第三方应用程序的数据，并通过 Facebook 的"喜欢"或"分享"按钮将在线跟踪范围扩展到非平台成员。重要的是，即使平台层面的竞争加剧，数据滥用也可能导致服务质量降低，因为在许多情况下这种降低是一个隐藏的问题，用户不容易注意到[③]。可见，数字平台除通过降低价格来应对竞争外，也有条件通过隐藏的质量降低来降低成本。

（五）保护制度不完善，加剧平台过度收集和滥用数据

在数字经济背景下，数字平台可以利用数据推断用户和第三方厂商信息，发布个性化广告，巩固其市场主导地位，将消费者剩余转化为垄断利润。数据保护制度不完善，加剧了平台过度收集和滥用用户数据的行为，降低了用户和第三方厂商对数字经济的参与度。2021 年 1 月，FTC 与云端照片存储和应用程序开发商

---

① Lindsay J. Does Uber Charge More if Your Battery is Lower [EB/OL]．（2019-09-27）[2022-03-22]．https://metro.co.uk/2019/09/27/uber-charge-battery-lower-10778303/.

② The European Commission. Consultation on the Digital Services Act Package [EB/OL]．（2020-06-02）[2022-02-12]．https://ec.europa.eu/digital-single-market/en/news/consultation-digital-services-act-package.

③ Anderson R. Why Information Security Is Hard-an Economic Perspective [C]．Seventeenth Annual Computer Security Applications Conference，2021．

（Everalbum）达成和解协议。在该案中，FTC指控Everalbum违反对用户的承诺，将面部识别技术用于保留停用账户的用户照片和视频。Everalbum未删除已取消账户的用户照片和视频，并将其无限期保留，且未经用户同意使用客户通过应用程序上传的图片来训练面部识别技术。该和解协议迫使Everalbum删除未经用户同意通过应用程序收集的数据，并销毁使用此类数据开发的任何面部识别模型或算法[①]。这一命令确立的数据保护补救措施表明，监管机构既要规范平台数据收集行为，又要制止平台通过非法使用数据获得竞争优势。在一起与隐私相关的健康信息泄露案件中，FTC指控弗洛公司（Flo Health, Inc.）违反对用户做出的承诺，向应用程序提供营销和分析服务的第三方，包括脸书和谷歌，披露其应用程序获得的数百万用户的健康数据。为使受非法活动影响的人了解这些行为，和解协议要求弗洛公司将信息泄露情况通知受影响的用户。

数字平台吸引更多客户积累更多数据获得市场主导地位，在用户一边体现为隐私和数据保护价格以及传统客户常规价格的提高。数字平台垄断可能不再采取直接提高产品和服务价格的行为，而是表现为通过大量收集、汇聚和使用数据，变相提高消费者支付的价格。实际上，隐私和数据保护可以被视为产品和服务的质量特征。厂商经常向消费者隐匿收集、汇聚、使用和出售数据，消费者难以意识到其数据被过度收集、汇聚和使用，表明缺乏隐私不仅是一个价格，而且是一个不可观察的价格。由于消费者与使用其数据的平台之间存在信息不对称，平台可能通过欺骗性承诺获得消费者数据，出现阻碍公平数据交易的行为偏差，数字平台可以利用这一行为偏差操纵用户行为以谋取利益。一些文献发现数字平台利用行为偏差来说服消费者交出数据或购买产品（Smith N C et al., 2013）。数字平台越来越有能力通过数据聚合和分析准确预测消费者行为，减少平台与消费者之间的信息不对称，改善市场运作。例如，亚马逊为一种商业方法申请了专利，该商业方法能使其在客户订购产品之前发货，一些保险公司试图通过访问基因数据或智能健康设备来更多地了解客户的健康状况。这说明，数字平台对客户的了解有时比客户对自己的了解还多。

---

① FTC. FTC Finalizes Settlement with Photo App Developer Related to Misuse of Facial Recognition Technology [EB/OL]. (2021-05-07) [2022-03-22]. https://www.ftc.gov/news-events/press-releases/2021/05/ftc-finalizes-settlement-photo-app-developer-related-misuse.

目前，世界各国普遍基于知情同意方式保护数据，即数据收集者在数据提供者同意提供数据之前，有义务告知数据提供者关于数据收集和使用的信息。其基本逻辑是，一旦数据收集者告知数据的使用方式，用户就能够对数据交易做出合理决定。但是，不仅这种告知方式的可信度受到怀疑，而且公司还可能隐匿有关数据使用的信息，期望消费者以这种方式做出合理决定可能是天真的。在实践中，这个逻辑被证明是有问题的（Wachter S，2018）。可见，数字平台使用大量数据，依赖数据进行感知、分析、推理、决策，持续获得知识和经验并不断提升技能，尤其是在深度学习方面，但数据提供者很难知道数字平台正在处理哪些数据、如何处理这些数据以及如何生成有关个人的决策。

四、数字平台反垄断监管的理论难点

权衡竞争效率和分配效率并有效解决二者之间的冲突，一直是反垄断监管的理论难点，数字平台反垄断同样面临这个困难。竞争效率说明在多大程度上损害了市场绩效，即数字平台是否人为地提高竞争者的进入壁垒，限制竞争者的进入，损害市场绩效。分配效率反映平台在多大程度上扭曲了价值分配，即能否在平台与各参与者之间公平分配创造的价值，尤其是平台内经营者和用户等弱势一方的利益能否得到充分保障。数字平台的一些特征及其引致的垄断行为对价格、质量和创新的影响更复杂，降低了传统反垄断分析的有效性，给市场界定、市场绩效和相关监管措施分析评估带来理论上的困难。

（一）数字平台市场的竞争分析更复杂

竞争分析是判断垄断行为危害以及是否需要采取反垄断监管措施的基础环节，其目的在于界定产品或服务市场，评估市场结构、市场势力及其反竞争行为的影响。在数字平台市场，竞争分析需要考虑更多变量和维度，需要对传统方法进行调整。原因在于，传统竞争分析主要基于需求和供给的可替代性来界定市场，一般根据假设垄断者在该市场提供单一产品时，对价格的微小但显著的非暂时性上涨（Small but Significant Non-transitory Increase in Prices，SSNIP）的反应来确定市场边界，由此推断消费者在多大程度上转向其他供应商来免受市场势力的损害。在多边平台情境下，相关市场界定需要关注平台的各边，确定平台多边市场是单一市场还是多个不同市场，除 SSNIP 测试考虑的市场份额变化外，还需要评估融资渠道、范围经济、技术优势等其他相关因素。由于在线服务多是免费提供，没有附加任何货币价格，因此应用 SSNIP 测试来确定相关市场具有挑战性（Hesse R B，2007）。在零价格这一边，产品或服务质量成为竞争的一个重要变量，缺乏客观衡量质量标准的指标。市场支配地位及其滥用的认定重点是进行市场势力评估，传统方法和大多数监管实践都将重点放在营业收入和市场份额评估上，并据此确定市场势力的阈值和适当的补救措施，而数字平台创造或维持市场支配地位涉及网络效应、数据垄断等新的因素，需要对侧重市场份额评估的传统方法加以改进，考虑服务差异化、数据访问、创新、进入壁垒等更广泛的指标。

（二）算法和人工智能对竞争的影响利弊并存

算法和人工智能旨在帮助人类对信息进行分类、匹配偏好和预测结果。数字平台使用算法和人工智能可以实时观察用户需求状况和竞争者的定价策略，操纵产品呈现给消费者的方式，实施差别定价，调整经营策略。数字平台既可以使用算法和人工智能损害竞争，也可以用其来促进竞争，其综合影响难以事前评估。损害竞争主要体现在数字平台通过收集和分析数据，可以准确地估算消费者的偏好和支付意愿，制定价格协同和个性化差别定价策略，实施卡特尔和其他形式的反竞争行为，达成稳定且高于竞争水平的默契合谋价格均衡，这就是行为价格歧视。如果其他公司能够立即观察到一家公司对合谋均衡的偏离，其他公司可以通过调整价格来惩罚偏离者，那么合谋的稳定性就高。有文献对定价算法进行了实验，并进行了计算机模拟。结果表明，即使公司之间在算法上不进行沟通，算法也会不断地通过学习将价格提高到竞争水平之上（Calvano E et al.，2020）。促进竞争体现在算法和人工智能可以给消费者匹配最符合他们偏好的产品和服务，降低搜索成本，也可以帮助厂商识别现有产品和服务的缺陷，开发更切合消费者需求的产品和服务，还可以辅助厂商更快地找到买家和卖家的平衡点，确定最优价格，改进价格发现过程使竞争性市场更好地运作。上述这些方面通常使消费者受益。

随着反垄断界对数字平台价格合谋讨论的不断深入，一些国家和地区披露了一些涉及算法定价的反垄断案件。例如，欧盟委员会开展了一项商业调查，重点关注平台与其商业用户之间的关系①。该调查发现，某些平台向其商业用户提供劣质服务，比较突出的问题包括签订独家合同、捆绑和技术不兼容、单方面改变访问条款和条件、优待自有服务、暂停账户使用等。在许多情况下，数字平台凭借数据和算法优势，能够控制用户关系，限制消费者选择，实施不公平的平台访问规则，弥补竞争加剧和价格降低导致的利润损失。这等同于商业用户被迫在没有明确市场条件的情况下经营。平台还可以通过进入上游市场提供互补服务，然后通过调整上游竞争者的准入政策，向消费者推广自己的上游服务而进一步享受利益，造成不利的福利影响。欧盟委员会的电子商务部门调查发现，价格监控软件被广泛使用，并可能产生限制竞争的结果②。零售商使用软件监控竞争者的价格，大多数零售商能够根据监控到的竞争者价格调整自己的价格，制造商也可以使用软件监控零售商是否遵守其建议的价格。这些做法意味着，在潜在消费者观察到价格波动之前，数字平台即可实时了解竞争者产品和服务的价格及其变化。数字平台使用实时观察到的竞争者价格确定算法进行定价，相当于寡头垄断厂商实施的默契价格协同，类似做法曾经以航空业战略联盟形式出现在美国航空订票市场。美国航空公司借口利用信息技术管理客户关系，1994 年设立了一个中央票据交换所，用于分发票价变化等信息。多家航空公司每天向该票据交换所发送新的票价信息，同时删除旧票价，并更改给定航线的现有票价。作为回应，这一中央票据交换所对所有行业的票价变动信息进行了汇编，并将包含数千次票价变动情况的计算机文件发送给主要航空公司和计算机预订系统。航空公司预先公布票价变动的信息，竞争者能够观察到价格变化，并调整自己的定价（杨农，

---

① European Commission Staff Working Document. Proposal for a Regulation of the European Parliament and of the Council on Promoting Fairness and Transparency for Business Users of Online Intermediation Service［EB/OL］.（2018-04-26）［2022-02-12］. https：//eur-lex.europa.eu/legal-content/EN/TXT/? uri=SWD：2018：0138：FIN.

② The Council of the European Union. Regulation (EU) 2019/1150 of the European Parliament and of the Council of 20 June 2019 on Promoting Fairness and Transparency for Business Users of Online Intermediation Services［J］. The Official Journal of the European Union，2019，62（186）：57-79.

2004）。数字平台同样可以实时观察价格变化，任何潜在的合谋均衡更可能是默契的而不是明确公布的。通过实时分析用户数据，数字平台能够分析用户偏好并提供有针对性的定价策略，这比民用航空市场的价格合谋更难以监管。

（三）市场势力与创新的关系更复杂

垄断和创新的并存与互动关系复杂，现有文献和经验证据对市场势力是促进还是阻碍创新缺乏共识。一些文献实证检验了竞争对企业创新的影响，通过测算企业在创新和不创新时的利润差异，总体发现两者存在倒 U 形关系，认为竞争对创新的激励效应可以是正向的也可以是负向的（Aghion P et al.，2005）。一方面，竞争性市场中的厂商为逃避竞争并谋取更高市场份额，具有创新的动机。另一方面，根据熊彼特效应，享受垄断租金的公司为阻止潜在竞争者进入，保护其市场地位，有更强的创新动机。就数字平台而言，这两种市场势力和创新之间的相互作用更复杂。原因在于，数字平台一旦在市场竞争中成为赢家，比传统厂商更有动机和能力限制新厂商进入和扼杀创新的威胁，降低通过创新保护市场势力的必要性。在同时进行平台内经营的情况下，平台可能有动机实施掠夺性定价，迫使上游竞争者退出市场，进而捕获更多需求。当一个平台识别出一个创新性很强且可能威胁其未来市场地位的中小型进入者时，极有可能进行猎杀式并购，这不是因为收购将为当前业务带来额外价值，而是收购将未来的潜在竞争者扼杀在摇篮里。在数字平台尤其是由大型守门人平台主导的领域，并购活动相当激烈，大型平台经常会在相同或相近的市场上收购较小的公司。由于被并购的公司一般实体规模较小，没有显示强大的市场势力，因此这种并购极易逃避反垄断审查。有文献统计了相关数据，发现 2000 年以来 Apple、Google、Facebook 和 Amazon 等少数几家平台公司收购了数百家公司（Wu T，Thompson S A，2019）。世界各国的反垄断执法机构未能阻止此类并购，其中许多并购消除了实际或潜在竞争者的竞争威胁。近几十年来，随着首次公开发行（IPO）变得更加昂贵和耗时，风险资本家表现出通过收购而不是通过公开市场实现投资回报的偏好。风险投资不仅为创新创业公司提供资金，而且偏好将创业公司出售给现有公司，以便兑现投资和收益，间接推动市场结构趋向集中（Lemley M A，McCreary A，2021）。在投资和创新方面，此类收购还可能对整个数字经济生态系统产生不利影响。有文献提供的证据表明,在 Facebook 和 Google 进行收购后,风险投资家对初创企业的投资有所减少(Rajan R et al.,2020)。

(四) 市场绩效在短期和长期可能存在冲突

对数字平台垄断行为市场绩效的评估尤其复杂,因为一种行为可能在短期产生有利的竞争效应,但在长期产生不利的竞争效应,守门人平台垄断行为的市场绩效分析尤其复杂。例如,守门人平台收购一家初创企业,一般可以在短期促进初创企业的创新发展和扩散,但往往损害初创企业的长期竞争;当平台切换成本过高或互操作性难以实现时,有利于主导平台提供更完整的产品套件并扩大生态系统,增强平台生态系统的协同效应、扩大供给侧范围经济。数字平台的这种扩展短期内可能对厂商和用户有利,但长期看此类扩展也具有阻碍竞争者和潜在竞争者进入市场,限制厂商和用户对数字平台的选择权等弊端。只有降低监管者和守门人平台之间的信息不对称程度,使监管机构能够更准确评估平台行为的短期和长期效应,才能在避免平台滥用市场势力的同时保护网络外部性带来的社会利益。可见,评估数字平台行为的竞争效应需要评估复杂的有利和不利效应,并在有利和不利效应之间进行复杂的取舍。尽管这种取舍不是数字平台独有的问题,但由于网络效应,这一问题在数字平台中被放大,而且这种有利和不利效应在短期和长期往往有更复杂的体现。守门人平台的一些行为可能在短期促进竞争增加消费者福利,但在长期可能减少竞争牺牲消费者福利。在短期效率效益明显,长期竞争危害更不确定但可能非常严重的情形下,市场绩效分析尤其棘手。

(五) 事后监管和事前监管都面临新的困难

事后监管是在损害发生后依法采取矫正和补救措施,对垄断行为进行威慑和惩罚,消除由此造成的损害。反垄断机构只能在证明某些行为具有反竞争效应之后,才能采取监管措施。与数字经济发展步伐相比,事后监管反应缓慢,难以及时解决数字市场的垄断问题,竞争损害一旦造成很难通过事后措施补救。原因主要是,大数据及人工智能算法的兴起增强了监管机构和平台之间的信息不对称性,削弱了监管机构对平台垄断行为的反应能力。人们转而重视数字平台行为的事前监管,完善关于数字平台行为的预防性规则,明确规定应当禁止的行为。其目的是，建立一个能够促进竞争的事前框架和清晰的行为准则，引导数字平台通过适当的注意义务遵守规定，避免实施违反监管规定的行为。一些文献提出的规则透明、交易公平、安全信任、客观中立、开放接入等义务可以作为事前监管内容（唐要家，2021），但是，对于数字平台限制数据移植、算法合谋、自我优待、缺乏互操作性、猎杀式并购等垄断行为，事前监管的限制可能与数字市场的复杂性和快速创新所要求的灵活性和适应性相冲突，难以在遏制垄断和保护消费者福利、促进创新之间取得平衡。一些研究发现，对操作系统、算法透明度、数据可移植性、互操作性、在线广告服务等方面明确数字平台具体的义务和禁令清单，不仅不能有效遏制大型守门人平台的垄断行为，还可能会妨碍数字市场的创新，其综合效果难以事前评估（De Sousa P C，2020）。此外，事前评估与数据有关的反竞争行为面临困难，因为大多数在线平台不将数据作为产品进行交易，无法界定相关的数据市场。在这种情况下，事前监管难以确保竞争不会因数据控制而扭曲。

五、数字平台反垄断监管体系建设的措施分析

数字平台反垄断监管既要通过完善行为规则遏制数字市场的垄断行为，也要通过促进市场准入和降低市场进入壁垒、赋予消费者选择权等结构性改革，消除平台滥用市场支配地位实施反竞争行为的激励因素，使各参与者能够合理分享数字市场创造的价值。这种监管的思路是合理平衡数字市场的垄断和竞争，通过保护和促进竞争来控制公司的市场势力和行为，提高实际和潜在竞争对手的生存能力。具体措施应当围绕保护竞争过程，在以下几方面发力，完善行为规则、加强案例引导，扭转价值分配向平台经营者过度倾斜的态势，促进数字市场有效竞争。

（一）加强反垄断监管技术能力建设

从国内外反垄断调查和执法情况看，传统反垄断监管体系在基本架构和原则等方面的规定足够灵活，数字平台反垄断监管可以继续沿用，但分析工具和具体做法在遏制市场势力、保持价值创造、规范各参与方关系等方面的有效性不够，

不能应对数字市场的竞争问题。由于数字平台普遍采用各种技术手段实施垄断行为，利用数据、算法、程序指令和机器学习操纵排名限制消费者选择权、实施差别定价，损害消费者福利，因此监管机构在评估这类案件的过程中，即使能够获得高质量的市场数据，也需要较长时间才能完成案件的调查处理。为提高监管效率，监管机构必须加强数字平台反垄断监管的技术能力建设，熟悉数字平台实施垄断行为的技术手段，开发应对数据分析和算法的反垄断方法，提高监测和评估反竞争行为的能力。一些国家在反垄断监管机构内增设具备数字技术专长的部门，注重采用技术手段加强数字平台市场竞争分析、监管数字平台竞争行为、矫正数字平台反竞争行为等做法，值得借鉴。例如，美国准备建立数字管理局，负责竞争和隐私保护、数据使用限制、消费者保护等非竞争目标，监管数字市场参与者，采取补救措施支持反垄断机构。欧盟理事会负责通过各种合作和协调措施，促进有关监管机构的合作和相关法规的协同，包括合同法、消费者保护法或数据保护法。欧盟委员会总秘书处在筹备设立数字市场委员会和临时的数字市场转型机构，负责收集有关市场和技术发展的交叉信息，实现数字政策的一致性。法国竞争总局创设数字经济处，利用人工智能工具监测算法对市场竞争的影响和数字市场的合谋。同时，建立反垄断机构与平台、企业和利益相关者合作机制，完善数字平台竞争行为规则，加强数据开放和数据移植监管，利用信息收集权利来识别和补救个案对竞争的损害，促进数字市场有效竞争。反垄断机构还要加强与其他相关机构，特别是消费者保护和数据保护机构合作，加强数字市场监测评估，及时发现数字市场损害消费者和相关企业利益的行为。针对平台在数字生态系统中的地位，监管机构可以借鉴 Tirole（2017）提出的参与式反垄断方法，提高监测和评估外部生产商异常定价、实施固定价格协议和数据合谋行为的技术水平。参与式监管要求监管机构了解平台算法的规则和指令，处理销售量、价格、成本等市场数据的方法，通过与相关公司以及这些公司运营的平台进行对话，找到恢复消费者福利的有效方式。

（二）合理兼顾各参与方利益

数字平台的核心功能是促成多边市场参与者之间互动和交易的中介功能。除平台经营者外，平台上还存在个人用户、企业用户、广告商和卖家等多种类型的参与者,所有这些经营者和参与者共同参与价值创造和分配。平台创造价值的多少取决于能否成功促进第三方创造价值。平台经营者普遍使用双边定价来影响价值在平台和各参与者之间的分配。这意味着平台垄断定价表现为对不同参与者收取不同的价格,垄断程度取决于平台的网络效应以及不同边市场各自的需求弹性。根据传统反垄断监管的消费者福利标准,如果无法证明消费者福利受到更高价格的损害,就将这种垄断归结为创新导致的结果。对这种垄断,不主张采取反垄断行动。但是,这种做法忽视了平台内经营者、互补厂商和员工遭受的福利损失。在数字平台生态系统中,这一群体包括各种各样的参与者,从快递员和创业应用程序开发人员到许多制造业厂商。与用户利益一样,这些参与者的利益经常受到守门人平台的侵害①。可见,数字平台总体上促进了竞争,降低了产品和服务价格,并使消费者受益,但普遍存在利用数据优势剥夺平台内各类经营者剩余和价值分配过度向平台倾斜等问题。正如一些文献指出,大型数字平台可以捕获很大一部分分布式网络创造的价值,并且可以控制和利用数字生态系统资源②。数字平台在为投资者和消费者创造可观利益的同时,也获得了巨大的垄断利润。因此,传统反垄断监管侧重于静态、过于程式化的指标,长期专注于静态竞争而非动态创新,尤其是没有充分认识到数据及其相关政策的作用。数字平台收益分配监管必须调整传统反垄断监管框架、理论和方法,创建新的监管工具,改善平台之间和平台内部的竞争。平台反垄断监管应合理兼顾所有参与者的利益,侧重纠正数字平台凭借垄断地位捕获过多价值的问题。在平衡各方利益时,监管机构应特别关注平台经营者捕获的利益,既要保护消费者个人和企业用户的福利免受损害,也要解决平台内经营者及相关企业利益遭受平台损害的问题。正如一些文献所说,如果仅关注个别参与者福利,我们甚至可能不会认为现状有问题(Jacobides M G, Lianos I, 2021)。

---

① Jacobides M G. What Drives and Defines Digital Platform Power [EB/OL]. (2021-04-18) [2022-02-12]. https://www.evolutionltd.net/post/what-drives-and-defines-digital-platformpower.

② Gawer A, Srnicek N. Online platforms: Economic and societal effects [EB/OL]. (2021-03-10) [2022-02-12]. https://www.europarl.europa.eu/thinktank/en/document.html? reference = EPRSSTU (2021) 656336.

（三）充分考虑结构性拆分对数字平台价值创造的影响

鉴于反垄断监管固有的局限性，历史上曾多次使用结构性分离措施拆分大型垄断公司（刘戒骄，2000）。20世纪90年代以来，对公用事业、基础设施等一些长期由少数公司垄断的产业进行的放松规制改革，采取了结构性拆分措施。由此来看，采取结构性拆分措施，是因为传统基于成本的监管削弱了厂商降低成本和创新的激励，遏制垄断的效果不佳，人们只能转而考虑结构性解决方案，重点对垂直一体化大型垄断企业进行拆分。数字平台的拆分也有水平和垂直拆分两种方式。水平拆分是将垄断同一市场的主导平台拆分为两个或多个平台，拆分后的各个平台由所有权和管理权不同的公司运营，相当于限制每个平台只在一个局部市场上运营。由于一个市场中的数据和信息可以在另一个密切相关的市场中产生强大的正向溢出效应，因此如果平台积累的大量数据也被拆分，拆分后平台创造的价值可能减少。如果拆分后每个平台还可以使用与拆分前相同的数据，短期内不会出现价值损失，但从长期来看，这种均衡可能是不稳定的。由于拆分后两个平台提供相同的服务，在存在网络外部性和规模经济的情况下，市场竞争随之而来。率先使用户增加的平台将快速成长，可能再次成为主导平台。例如，MySpace和Facebook之间的竞争一度非常激烈，但Facebook最终成为赢家，并成为社交网络中的主导平台。Twitter和LinkedIn这两个平台价值的增长，是因为它们提供了差异化的服务，并找到了提升市场地位的空间。因此，水平拆分可能导致价值和效率损失，并且可能只在短期内降低市场势力，要慎重考虑采取结构分离措施，可以将其作为解决数字平台垄断最后的工具保留在监管机构的工具箱中。在不宜进行结构分离的情形下，尤其是平台通过数据收集、汇聚和分析减少逆向选择、道德风险和信息不对称情况发生的情形下，可以考虑更温和的运营分离措施，即在公司内部创建独立部门从事平台运营，平台自身产品和服务的经营由另外的独立分支机构负责，这可以部分解决平台运营部门优待公司内部分支机构的问题。垂直拆分是将平台内的商业活动从平台经营活动中剥离出来，平台经营者不再是平台内经营者，两者为所有权和管理权不同的公司。这种拆分有助于解决平台的自我优待及其与第三方平台内经营者的不公平竞争问题。但垂直拆分也可能妨碍上游供给商对消费者需求的了解，加剧平台经营者相对于其竞争者的信息劣势，减少平台创造的总价值。因此，在监管框架设计上应当注意消除外部供给商遭受歧视的风险，促进上游市场的信息共享和公平竞争。

（四）对主导平台施加互操作性要求

作为新公司进入数字市场并提供竞争性服务的保障，互操作性在其最基本的意义上是指计算系统协同工作的技术机制，也可以将其界定为系统、产品或服务与其他技术上不同的系统、产品或服务进行通信的能力（Kerber W，Schweitzer H，2017）。互操作性包括横向和纵向两种形式，前者是指存在竞争关系的平台之间的互操作性，后者是指平台与其互补产品和服务之间的互操作性，如移动操作系统与在其上运营的软件之间的互操作性。历史上，互操作性要求已被许多国家作为促进电信、金融科技和软件行业竞争的手段。明确数字平台的互操作性义务，有助于将个人数据从一个产品提供商实时传输到另一个产品提供商，壮大数字经济的网络效应，降低平台切换成本，便利主导平台的竞争者将新服务与现有用户群相连接，又不会因为切换平台而失去用户对主导平台的访问。从市场绩效来看，互操作性使平台经营者可以在多个平台从事产品和服务经营，在多个平台之间进行切换和共享数据，便利用户对不同平台厂商的产品和服务进行选择，促进多个竞争者同时动态竞争。用户普遍希望拥有将其数据从一个产品提供商移植到另一个产品提供商的能力，问题在于赋予用户对其个人数据更大的控制权尽管能促进有效竞争和创新，但也可能对主导或非主导企业进行数据收集和处理产生负向激励效应，出现经典的"搭便车"问题。有文献进一步考虑到互操作性补救措施要求使用统一的标准和接口，遵守这些要求可能限制平台开发自己的特定产品和服务，减少创新和产品差异化，损害消费者福利，认为应该将强制执行互操作性作为最后手段，并根据市场竞争程度和环境确定互操作性的最佳程度（Kerber W，Schweitzer H，2017）。这就要求数字平台不仅在业务层面具有互操作性，使厂商能够在多个平台销售产品和服务，而且在用户界面层面也具有互操作性，确保消费者和用户在多个平台上的选择权。

（五）严格限制平台自我优待行为

自我优待是指平台运营者利用其在中介平台市场上的优势阻止相关市场竞争

者的行为，具体表现为优惠对待自己的产品或服务，而不是同等对待自己和第三方在平台内的经营业务。显然，拥有垄断地位的平台如果能够识别第三方厂商对其垄断地位的威胁，就可能采取自我优待策略排斥竞争者，维持垄断地位和损害消费者福利。自我优待本身构成一种排他性行为，也可能与搭售、捆绑和拒绝交易等滥用市场支配地位的行为相叠加。一般认为，如果数字平台根据相关竞争参数实施了歧视竞争者的行为，该行为具有反竞争影响且没有客观理由，就可以对这种行为采取反垄断监管措施。相关措施聚焦于对大型在线平台的行为进行约束、对其信息透明度做出规定。行为约束方面明确禁止平台在提供中介服务时对自身产品给予优惠待遇，制止平台将中介市场的市场势力扩展到其他相关市场，确保不损害弱势消费者和第三方卖家的利益。信息透明度方面要完善数字平台的信息报告和公开披露义务，赋予反垄断机构对平台数据和算法的访问权，平台向反垄断机构报告其在排名、报价等方面的算法、依据及数据使用情况。上述措施有助于规范数字平台的行为，为反垄断机构提供有价值的信息，及时分析评估和发现相关问题。对于兼有平台经营者和平台内经营者双重身份的数字平台，重点监管其对第三方平台内经营者的竞争行为，是否采取差别定价、搜索排名等措施偏袒自己的业务，损害第三方卖家利益。

（六）加强数据管理和保护，提升数字市场的信任度

数据保护对数字经济发展至关重要。为使数据保护创造的信任转化为对数据共享和数据服务的更大接受度，必须制定数据法律和规则，有效且始终如一地执行。问题在于，反垄断监管在很大程度上与数据监管脱节，竞争管理机构及传统反垄断分析忽视了厂商滥用用户和第三方数据对市场势力及竞争的影响。在数字经济背景下，数据大多包含关于用户生物特征、健康状况、习惯、所处位置等敏感数据。如果用户不掌握数字平台对其数据的管理和使用情况，其信息就存在泄露和被滥用风险。随着用户越来越意识到相关风险，他们可能会避免或减少使用数字平台的服务，从而阻碍数据的生产性利用。满足用户和厂商保护数据的需求，需要平衡用户数据处理的收益和风险，确保数据被安全地收集和存储并且仅用于合法目的。

因此，应该将数据视为一种公共物品，采取与公共物品类似的方式进行充分

保护。用户和厂商如果不能感知数据缺乏保护导致的价格上涨及其福利受损，就无法对这种损害采取行动，竞争也不会考虑数据保护，相关补救措施难以发挥作用。数据保护可以通过提升消费者的信任度促进创新和竞争，数字平台监管应当赋予数据主体适当的数据控制权。除控制者和处理者的义务以外，数据保护还体现为数据主体的可执行权利，包括验证个人数据是否由控制者处理、访问和审查自己数据副本的权利，更正任何过时、错误和不完整的个人数据的权利。在个人数据被非法获取、控制者不再具有保留数据的有效依据或不再需要保留数据的情况下，数据主体有权删除控制者持有的个人数据。例如，许多应用程序需要用户提交姓名、地址和联系方式等基本信息，一旦用户停用该程序，该程序就不能再保留用户数据。此即数据最小化原则，其作用是将个人数据的处理减少到仅与处理目的相关的必要范围内，降低数据泄露风险。该原则要求，个人数据收集必须基于特定和明确目的，且该目的必须合法，限制为一个目的收集的个人数据被用于其他目的。平台应设置用户访问、更正和删除个人数据的机制，并提供书面风险评估、明确合规要求。数据控制者和处理者仅在为实现特定目的时保留个人数据，最大限度地减少数据存储和处理风险。一个典型例证是，很多监管机构规定了银行保留客户数据的时限，超过最长时限就要删除客户数据。

（七）改进并购审查，有效管控猎杀式并购

各国竞争主管机构普遍将并购审查作为推进竞争政策目标实现的一个有效工具。并购审查是一项前瞻性工作，旨在预测并购对特定市场竞争动态和市场绩效产生的影响，防止由于猎杀式并购导致经营者集中和市场竞争减少，但并购影响具有多样性和复杂性，很难制定明确的一般规则。猎杀式并购没有被调查处理，与传统并购分析工具基于对行业的明确定义和经营者市场支配地位的认定、推定办法有关，因为被收购公司通常是营业额很少的初创企业，在一些情况下甚至没有任何营业收入，一般达不到申报的阈值标准，平台实施的并购行为不容易引起社会和监管机构注意。反垄断监管应该秉持促进竞争性收购和禁止猎杀式收购的原则，针对具有主导地位的数字平台制定严格的并购审查政策，确保并购不降低市场可竞争性，不损害消费者福利。为此，需要加强对数字平台并购的监管和执法，完善数字平台并购分析工具，提高并购审查的及时性和有效性，重点关注大

型数字平台并购低营业额公司的行为，避免出现本应被允许的并购却被禁止以及本应被禁止的并购却被批准的错误。除根据交易价值阈值审查数字平台并购外，可以考虑建立一种新制度，要求被认定为具有战略市场地位的数字平台向竞争监管机构报告所有并购行为。由于占主导地位的平台拥有大量信息和资源，由其负责分析和证明并购的影响比由监管机构承担更合适，并购审查的举证责任应当由并购提议方承担，证明拟议收购的效果是否损害竞争。如果并购能够改善消费者福利，则并购方应该了解这些信息，并向反垄断机构证明并购对于实现这些福利效应至关重要。

参考文献

［1］Aghion P，Bloom N，Griffith R，et al. Competition and Innovation：An Inverted-U Relationship［J］. The Quarterly Journal of Economics，2005，120（2）：701-728.

［2］Calvano E，Calzolari G，Denicolòv，et al. Artificial Intelligence，Algorithmic Pricing，and Collusion［J］. American Economic Review，2020，110（10）：3267-3297.

［3］Constantinides P，Henfridsson O，Parker G G. Introduction—Platforms and Infrastructures in the Digital Age［J］. Information Systems Research，2018，29（2）：381-400.

［4］De Sousa P C. What Shall We Do about Self-Preferencing［J］. Competition Policy International，2020（6）：1-12.

［5］European Commission. Antitrust：Commission Sends Statement of Objections to Amazon for the Use of Non-public Independent Seller Data and Opens Second Investigation into Its E-commerce Business Practices［EB/OL］.（2020-11-10）［2022-03-22］. https：//aiel.com/antitrust-commission-sends-statement-of-objections-to-amazon-for-the-use-of-non-public-independent-seller-data-and-opens-second-investigation-into-its-e-commerce-business-practices.

［6］Hesse R B. Two-sided Platform Markets and the Application of the Traditional Antitrust Analytical Framework［J］. Competition Policy International，2007，3（1）：

191-195.

[7] Hill L, Levy F, Kundra V, et al. Data-Driven Innovation for Growth and Well-Being [M]. Paris: OECD Publishing, 2015.

[8] Jacobides M G, Lianos I. Regulating Platforms and Ecosystems: An Introduction [J]. Industrial and Corporate Change, 2021, 30 (5): 1131-1142.

[9] Jungle Scout. The State of the Amazon Seller 2020 [EB/OL]. (2020-02-17) [2022-03-22]. https://www.junglescout.com/wp-content/uploads/2020/02/State-of-the-Seller-Survey.pdf.

[10] Kerber W, Schweitzer H. Interoperability in the Digital Economy [J]. Journal of Intellectual Property, Information Technology and E-Commerce Law, 2017, 8 (1): 39-58.

[11] Lemley M A, McCreary A. Exit Strategy [J]. Boston University Law Review, 2021, 101 (1): 1-99.

[12] OECD. Competition Issues Concerning News Media and Digital Platforms [EB/OL]. (2021-12-03) [2022-03-22]. https://one.oecd.org/document/DAF/COMP (2021) 16/en/pdf.

[13] Rajan R, Kamepalli S K, Zingales L, Kill Zone. Becker Friedman Inst [R]. Working Paper, 2020.

[14] Sandvine. The Mobile Internet Phenomena Report [EB/OL]. (2019-02-01) [2022-02-12]. https://www.sandvine.com/hubfs/downloads/phenomena/2019-mobile-phenomena-report.pdf.

[15] Schneier B. Data and Goliath: The Hidden Battles to Collect Your Data and Control Your World [M]. New York: W. W. Norton & Company, 2015.

[16] Smith N C, Goldstein D G, Johnson E J. Choice without Awareness: Ethical and Policy Implications of Defaults [J]. Journal of Public Policy & Marketing, 2013, 32 (2): 159-172.

[17] Stucke M E, Grunes A P. Introduction: Big Data and Competition Policy [M]. New York: Oxford University Press, 2016.

[18] Tirole J. Economics for the Common Good [M]. Princeton: Princeton

University Press，2017.

[19] Wachter S, Mittelstadt. A Right to Reasonable Inferences：Re-thinking Data Protection Law in the Age of Big Data and AI ［J］. Social Science Research Network，2018（2）：494.

[20] Wu T, Thompson S A. The Roots of Big Tech Run Disturbingly Deep ［N］. The New York Times，2019-06-07.

[21] 季煦，李雪蓉，林晨，等. 数字经济时代反垄断研究知识图谱与演化——基于文献计量方法［J］. 管理评论，2021，33（10）：12-21.

[22] 刘戒骄. 产品兼容、网络效应与企业竞争力［J］. 中国工业经济，2002（7）：28-33.

[23] 刘戒骄. 自然垄断产业的放松管制和管制改革［J］. 中国工业经济，2000（11）：21-26.

[24] 倪红福，冀承. 中国平台反垄断政策的过去、现在与未来［J］. 改革，2021（11）：82-94.

[25] 唐要家. 数字平台反垄断的基本导向与体系创新［J］. 经济学家，2021（5）：83-92.

[26] 王世强. 数字经济中的反垄断：企业行为与政府监管［J］. 经济学家，2021（4）：91-101.

[27] 杨农. 全球航空业联盟网络和竞争管制［J］. 经济社会体制比较，2004（1）：78-86.

[28] 尹振涛，陈嫒先，徐建军. 平台经济的典型特征、垄断分析与反垄断监管［J］. 南开管理评论，2022，25（3）：213-226.

[29] 于左，张二鹏. 对数字平台企业掠夺性定价判定规则的探讨［J］. 理论学刊，2022（1）：91-100.

加快提升全民数字素养 全力推动数字技能发展评价

高中华 徐燕 刘琪 张恒 齐春晖 李宁[*]

摘要：当前，全球经济数字化转型不断加速，数字技术深刻改变着人类的思维、生活、生产、学习方式。《"十四五"数字经济发展规划》明确将提升全民数字素养与技能作为推动数字经济高质量发展的一项重要保障措施。党的二十大报告强调，要深入实施人才强国战略不动摇，加快建设网络强国和数字强国。数字时代，全民数字素养与技能日益成为国际竞争力和国家软实力的关键指标，加快提升全民数字素养既是顺应数字时代要求、提升国民素质的战略任务，又是实现我国从网络大国迈向网络强国的必由之路，同时也是弥合数字鸿沟、促进共同富裕的关键举措。基于这一战略背景，本文聚焦数字生活、数字学习、数字工作和数字创新四大场景，构建全民数字素养与技能评价指标体系通用框架和场景化评价指标体系，旨在为我国提升全民数字素养与技能提供具有针对性的评价指标，为建设网络强国、数字中国培养合格的数字公民。

关键词：数字素养；数字技能；数字场景；评价指标

---

[*] 高中华，中国社会科学院工业经济研究所研究员；徐燕，首都经济贸易大学工商管理学院博士生；刘琪，首都经济贸易大学工商管理学院博士生；张恒，首都经济贸易大学工商管理学院博士生；齐春晖，首都经济贸易大学劳动经济学院博士生；李宁，中国社会科学院大学商学院博士生。

一、当前我国全民数字素养与技能发展存在的主要问题

我国数字经济正处于快速发展阶段，全国各地大力推动数字化转型，大数据、人工智能、云计算、区块链等新技术领域人才需求十分旺盛，对从业者的知识、素养和数字技能也提出了更高要求。与此同时，我国提升全民数字素养与技能也面临顶层设计缺失、数字鸿沟较大、资源供给不足、培养体系尚未形成等问题挑战。具体体现为以下几个方面：一是工作重心上存在重"基础扫盲"轻"数字赋能"的问题，明显脱离于数字赋能经济发展的工作重心；二是发展评价中存在重"数字技能"轻"数字素养"的问题，尚未形成基于中国现实情景的理论框架，同时也没有突出场景驱动；三是培育路径上存在重"学校教育"轻"多元协同"的问题，尚未达成政府、学校、图书馆、社会等多方主体的协同参与、相互配合的局面；四是落实过程中存在重"多头部署"轻"成效评价"的问题，由于缺乏详细的指标体系与评价办法，导致很多工作没有持续性，同时也无法按照不同地区不同行业不同场景等评判我国提升全民数字素养与技能工作的有效性。

（一）当前提升全民数字素养与技能工作对我国劳动力队伍赋能不足，无法为数字经济高质量发展提供规模宏大、素质优良、结构合理的数字化人才支撑

近年来，我国开展了一系列的数字扫盲工作，全民数字素养提升与技能发展取得一定成就，然而存在重"基础扫盲"轻"数字赋能"这一问题。数字扫盲工作主要通过加强数字化基础设施建设，以及持续丰富数字资源供给，来弥合我国弱势群体的数字鸿沟。在此过程中，一是适老化改造成效显著，截至2021年12月，完成适老化改造的网站和App达到173家，老年人数字生活适应力大幅提升。二是信息无障碍建设加速推进，2016年8月至2019年5月共有17.41万残疾人在淘宝天猫注册网店，残疾人数字创业能力稳步提高。三是妇女数字工作

胜任力显著增强，2022年发布的《数字经济与中国妇女就业创业研究报告》显示约有2358万名女性为淘宝店主，其中农村淘宝女店主有392万人。

根据相关数据可以看到：一方面，我国尽管围绕数字生活、数字工作等方面展开了数字扫盲工作，但仍面临数字从业者需求旺盛与高水平数字人才供给短缺的问题。数字赋能作为数字经济高质量发展的关键所在，为数字经济发展及其治理培育了高水平的数字人才。另一方面，数字生活、数字学习、数字工作和数字创新是数字素养与技能的四大应用场景，为数字经济发展及其治理提供了坚实的社会基础，但现有提升数字素养与技能的举措大多聚焦于数字生活、数字工作这两个场景，以提升人们对数字化生活与工作场景的适应力。数字创新是数字经济高质量发展的关键所在，但实践中对于如何进一步提升人们在数字创新中的生产力与创造力，激发其对数字创新的积极性、主动性，尚没有明确的措施。考虑到数字化赋能是大势所趋，国家、政府、企业应进行前瞻性探索，将重点从"基础扫盲"转向"数字赋能"。

（二）当前全民数字素养尚未成为驱动数字经济高质量发展的软实力，制约了前沿数字技术和数字基础设施建设经济转化潜力的释放

近年来，我国大数据、5G、云计算等数字经济新基建已取得重大突破，在部分技术和基础设施等硬实力上甚至已经赶超美国，但全民数字素养这一软实力建设还远远落后于美国，导致当前以数字技术前沿突破为主的数字经济供给侧高质量发展与需求侧低质量偏向之间的不对等情况加重，以往"供给推动需求"的增长路径失灵，而"需求拉动供给"的新增长点尚未形成。本文认为，由全民数字素养不足导致的数字文明渗透不深、数字潜力释放不足、数字转化低端锁定等痛点，是造成我国数字经济产业端供给处于持续高质量发展而消费端需求始终处于低质量徘徊困局的重要原因。

然而，我国提升全民数字素养与技能工作更加侧重于"数字技能"，对"数字素养"关注明显不足。一方面，数字技能与数字素养在内涵本质上有所区别。具体而言，从开发周期上看，提升数字技能可以在相对短的时间内看到成效，而培养数字素养则需要较长时间的积淀；从表现形式上看，数字技能相对外显，是人们在数字获取、制作、评估、使用等过程中的能力体现，侧重能力的使用，而数字素养相对内隐，反映了人们在创造性地理解、分析、整合和管理数字过程中的思维与认知基础，侧重终身学习与修养。比较而言，后者在支撑数字经济高质量发展中发挥着更大的作用。另一方面，我国数字素养与技能水平评价的框架体系尚未形成。目前针对数字素养的研究仍较为薄弱，尚未形成系统的数字素养内涵及框架体系，大多停留在数字技能提升层面。因此，借鉴国际数字素养框架研究的经验，我国亟须构建一套适应于中国情境、具有本土特色的数字素养与技能框架，开展具有中国特色的数字素养知识体系研究，界定更适合我国公民的数字素养概念的内涵与外延，以及技能的范畴，为我国数字素养教育奠定坚实的基础。

（三）当前全民数字素养提升与技能发展载体以学校为主，尚未形成由政府、学校、图书馆、社会组织、企业等多方主体协同配合、共同推进的局面

随着数字技术的广泛应用，提高全民全社会数字素养和技能已成为数字经济发展面临的迫切现实问题和重要发展任务，《2022年提升全民数字素养与技能工作要点》明确提出要坚持多措并举提升全民数字素养与技能。然而，我国全民数字素养与技能培养体系尚不明确，主要表现为：一方面，在我国的公民数字素养培养过程中，数字素养与技能水平评价框架与国家新政策的联结不够紧密，未关注到公民数字素养的培育问题。国家目前主要关注数字化基础设施建设，并通过应用数字化技能为民众提供更好的服务，如网络购物、移动支付、线上办公、在线教育、远程医疗、智能家居等。从本质上来看，我国全民数字素养和技能培育工作尚且浮于表面，目前全民数字素养与技能提升举措重点关注公民数字技能的培育，无法满足数字生活、数字学习、数字工作和数字创新这四大应用场景的需求。另一方面，我国数字素养与技能培育主要在高校中进行，国家还未开展系统的数字素养与技能培育工程，图书馆等社会组织也未承担相关培养责任，尚未达成政府、学校、图书馆、社会组织、企业等多方主体协同参与、相互配合的局面。因此，我国提升全民数字素养与技能从培养体系上要突破以教育为主的格局，构建一个多主体协同参与的体系，不仅要关注学校的教育作用，还应充分发挥政府、图书馆、社会的多方面联动作用，为我国提升全民数字素养与技能提供全方位的保障。

（四）当前全民数字素养与技能提升成效评价体系不健全，导致无法对各项任务的完成与落实情况做出动态、及时评价，提出针对性的改进策略

近年来，中共中央网络安全和信息化委员会办公室（简称中央网信办）、发展和改革委员会（简称发展改革委）、工业和信息化部（简称工信部）、人力资源和社会保障部（简称人社部）等部委对全民数字素养与技能的提升工作进行了规划与部署，在数字学习资源供给、不同职业群体数字技能培养等方面进行布局，然而目前这些工作的成效尚不明晰。关键就在于当前缺乏数字素养与技能提升工作成效评价体系，因此有必要制定标准化的衡量尺度对全民数字知识、技能与态度予以科学的评定，进而有的放矢地提升全民数字素养和技能。主要表现如下：一是缺乏具体的细分目标与实现路径。《提升全民数字素养与技能行动纲要》明确提出提升全民数字素养与技能2025年和2035年两个阶段的战略目标，但尚未对各个阶段的战略目标进行解构，形成具有持久性、连贯性、关联性的实现路径与行动方案，这就有可能导致一些地方或机构仍然把全民数字素养与技能提升行动当作短期的活动。二是缺乏详细的指标体系与评价办法。《2022年提升全民数字素养与技能工作要点》部署了8个方面29项重点任务，人社部的《提升全民数字技能工作方案》也从6个方面提出了具体举措，但均没有明确如何对这些任务和举措的完成与落实情况进行评价，这就无法为数字素养与技能的有效提升提供依据。因此，我国应借鉴国外先进经验和相关框架模式，基于我国的数字素养与技能评价框架，突出场景驱动和应用牵引，从多个维度构建我国全民数字素养与技能评价指标体系，并对其指标进行解释和分析。

二、数字素养与技能发展评价的国际经验模式

目前，在数字素养与技能发展评价方面，美国、加拿大等发达国家以及欧盟、联合国教科文组织等国际组织目前已具备较为完善的数字素养与技能发展评价框架体系（见图1）。通过对这些国家现有框架的对比分析可以发现，各发达

国家的数字素养与技能发展模式均有侧重，同时也存在部分不足，这些都为我国数字素养与技能发展评价模式的探索提供了宝贵的借鉴经验。

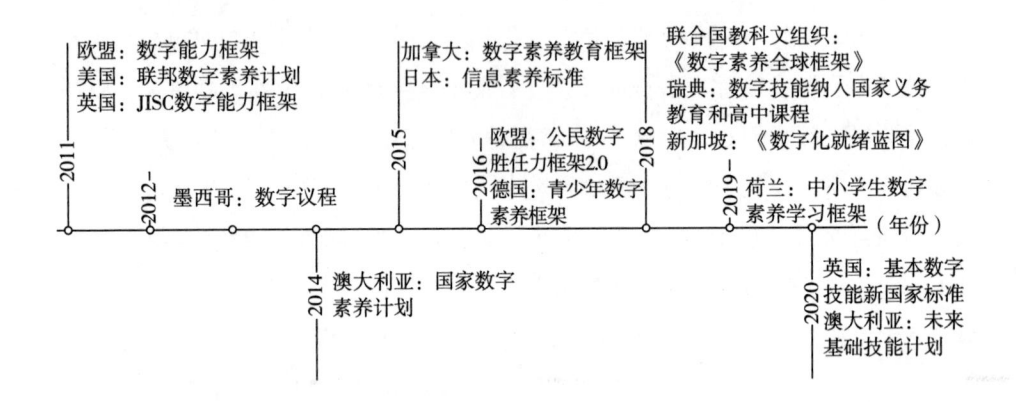

图 1　数字素养与技能发展国际战略

资料来源：本文作者整理。

（一）美国、英国、加拿大、日本数字素养培育框架及模式

1. 美国数字素养培育模式及其特征

作为世界上综合国力最强大、数字技术水平最高的国家，美国在"二战"以后信息化、数字化的进程中抢得先机，形成了以政府为主导，以教育系统为培养平台，社会力量全方位、多途径介入的公民数字素养培养模式。

第一，政府机构牵头推进数字基础设施建设，解决低收入人群上网困难问题，实现互联网大范围普及，为提升公民数字素养提供基础性保障。为了培养公民数字素养，美国政府出台了各项政策。在 2010 年，美国联邦通信委员会（Federal Communications Commission，FCC）向国会提交了国家宽带计划（National Broadband Plan），通过家庭免费宽带业务、以图书馆和社区为中心创建相关网址来实现数字素养培养计划。2011 年 10 月设立非营利组织，为未能安装宽带的家庭提供廉价的互联网接入服务和免费的数字素养培训。随后，美国联邦政府又于 2015 年 6 月出台开放网络政策，确保各类人群和组织都能在开放的网络平台上获取信息。2017 年 3 月，美国联邦政府采取措施阻止通信公司对低收入群体的网络服务缩减行为并监督国家技术信息服务的公众信息收集获取行为。

第二,推进数字素养教育进入校园和走出校园,强化数字能力教育在公民全过程教育中的地位。美国国际教育技术协会(International Society for Technology in Education, ISTE)在 2015 年举办"数字公民素养峰会",旨在发展公民数字素养教育。同时出版《学校中的数字公民素养》(Digital Citizenship in Schools)、《数字孩童养育》(Raising a Digital Child)等著作,明确公民数字素养标准与培育计划。ISTE 更是具体地在《美国国家教育技术标准(学生版)》中将"数字公民素养"作为其要求的六大主题之一。ISTE 标准为全球学校有效利用技术提供了全面的路线图。ISTE 标准以学习科学研究成果和从业者的实践经验为基础,确保学生使用技术进行学习,为所有学者创造可持续和公平的学习体验。ISTE 标准和欧盟的 DigComp 项目类似,包括促进和激发学生的学习和创造力、设计和开发适合数字时代的评估体系、适应数字时代的特色工作和学习、形成和示范数字公民身份和责任、助力专业发展和领导能力培育五个领域。

第三,鼓励民间团体参与全民数字素养培育过程,充分调动广大社会组织、企业等主体在全民数字素养提升中的积极性,形成社会专家团队。在数字素养培育方面,美国民间组织众多,社会力量活跃。一方面,社会组织充当"智囊团",凭借专业知识,对政府或教育机构的数字素养培育工作提出专业性建议。另一方面,社会组织除了充当咨询专家外,还承担一部分公民的数字素养培养工作(见表1)。

表1 美国数字素养网站一览

网站网址	网站主题	主办者	首页栏目
digitalliteracy.gov	你的数字素养资源和合作目的地	美国国家信息与移动通信总署	计算机基础、移动终端、著作权知识、网上少儿保护、金融素养、互联网工作室、工作技能培训、资源平台与作者交流
digitalliteracyassessment.org	学习、理解与展示,基础数字技能	NorthStar 集团	计算机基础、网络、操作系统、电邮、社交媒体、办公软件、信息素养
digitalliteracy.org	数字素养最好的锻炼	学生组织	高年级学习、网络安全、数字素养、计算机、金融素养、社交、网络素养

续表

网站网址	网站主题	主办者	首页栏目
digitalliteracy.us	美国教学网络资源	教师组织	数字工具、21世纪技能、教育战略与决策、领导力
ictliteracy.info	通信技术与数字素养资源与训练	链接美国基金会	信息与通信技术资讯、职业培训、研究成果、公开课程、合作项目、私营部门、社交网络、捐赠
digitallearn.org	利用计算机做任何事	美国公共图书馆协会	基础技能、职业技能、网络安全、沟通与交流、创新力、网上购物、移动终端
microsoft.com/digitalliteracy	数字素养课程	微软公司	计算机基础、网络与云、生产力程序、安全与隐私、数字生活方式、数字素养证书考试

资料来源：张娟（2018）。

在美国数字素养培育体系中，政府作为主导者，负责制定配套政策引导全民的数字素养培养工作，并提供充足的资金和完善的基础设施，为数字素养的培育奠定坚实的基础；教育系统则作为数字素养培养的主要阵地，依据科学合理的数字素养评价标准，制定系统化的课程体系；社会力量的加入为数字素养培养注入了新活力，一方面提供专业建议，另一方面单独承担培养任务，对美国公民数字素养培养计划发挥了举足轻重的作用。

在美国数字素养培育体系中，作为公民数字素养与技能实践的主要阵地，一些数字企业发挥了重要作用。企业对公民数字技能的培训，是基于人力资本进行的最典型的活动，有利于公民数字素养与技能的提升。因此，企业可以通过提供相关岗位与工作环境，为公民数字素养与技能发展提供实践平台，从而实现"知行合一""理论与实践相结合"，提升员工的数字技能。

2. 英国基本数字技能框架

2019年，英国政府发布了基本数字技能框架（见表2），该框架是在与雇主、合作伙伴协商的基础上制定的，包括五种基本的数字技能：沟通交流技能、信息处理技能、在线交易技能、解决问题技能、安全合法上网能力。该框架对每种基本数字技能进行了分级界定。

表2 英国基本数字技能框架

基本数字技能	举例
沟通交流技能	使用电子邮件和其他社交媒体交流信息、创建与分享文档等
信息处理技能	能够有效评估信息、使用云账户存储和处理信息等
在线交易技能	在线注册和申请服务、买卖商品和服务以及安全地管理交易和资金的技能
解决问题技能	使用互联网查找解决问题的信息、使用适当的软件或工具处理和分析数据
安全合法上网技能	具有安全上网意识，能够有效识别安全网站，保护个人隐私和信息安全等

资料来源：根据英国教育部官网发布的资料整理。

此外，英国核心数字技能框架还专门列举了衡量的具体指标：如可以与设备上的主屏幕交互、可以连接到Internet并打开浏览器查找和使用网站等。随后，2020年英国教育部发布了基本数字技能的新国家标准，取代了2006年发布的国家ICT标准，该标准以基本数字技能框架为基础只有符合教育和技能资助机构新资格标准与基本数字技能新国家标准的新入门级和一级资格，才有资格获得成人教育预算资助。

需要注意的是，英国基本数字技能框架的指标过于简单，主要体现为一些基本技能，如可以打开设备、可以通过Wi-Fi连接上网等。然而随着数字时代的快速发展，多数公民已经具备较为简单基础的数字技能，需要从数字胜任、数字创造等视角发掘衡量全民数字素养的指标。

3. 加拿大数字素养教育框架

公民教育一直是加拿大学校教育的一项重要任务，目的是唤起学生内心的社会责任感，明确自己的生活方式对社区、国家乃至全球的意义。加拿大的数字素养培育主要以学校教育为主。

加拿大数字与媒体素养中心（Canada's Center for Digital and Media Literacy，Media Smarts）2015年发布了"数字素养教育框架"，并将此作为幼儿园到初中阶段的数字素养教育指导标准。2016年，Media Smarts修订了该框架，将高中阶段也纳入其中，提出了K-12各个阶段的学生所应具备的数字能力。从宏观来看，数字素养包含三个层次——使用、理解和创造。三大层次中蕴含了伦理与同理心、隐私与安全、社区参与、数字健康、消费意识、搜索与确认、制作与整合七大能力，如表3所示。尽管加拿大数字素养教育框架主要是围绕学生这一群体来探究个体对技术的有效使用，未能从全民视角探讨数字素养与技能，但是该框架可以为我国培养合格的数字公民、开展基于核心素养的课程改革提供有益参考，有利于国内学校探索数字素养与核心素养教育的融合途径。

表3　加拿大数字素养教育框架

序号	数字素养能力	内涵
1	伦理与同理心	学生的社会情感能力和对他人的共情能力，以及在数字环境中面对网络欺凌、分享信息和获取音视频的版权问题时，学生进行道德判断并做出选择的能力
2	隐私与安全	学生在线管理隐私、声誉和安全的基本技能，如在分享自己的作品、收集数据、获取资源、保护自己免受恶意软件的侵害等时有能力做出负责任的决定，并能意识到他们会在网络世界留下数字足迹而对相关网络操作持谨慎态度
3	社区参与	学生理解他们作为数字公民的权利和义务，在网络空间中践行积极的社会规范，并作为数字公民积极参与网络空间中的社区活动
4	数字健康	学生能管理电子产品的使用时间，平衡在线和离线生活，了解健康的在线关系与有害的在线关系之间的差异，保护自己的在线身份
5	消费意识	学生能够在高度商业化的在线环境中树立正确的消费意识，包括了解和认识广告、品牌、消费主义，阅读并了解网站服务条款和隐私政策的含义，成为精明的在线消费者
6	搜索与确认	学生能够通过互联网搜索到自己所需的各种信息，并评估和验证所获信息的真实性和可靠性
7	制作与整合	学生能够创建数字内容，并在尊重法律和道德的前提下借鉴、使用他人发布的内容；能够利用数字和网络平台与他人协作，实现内容的整合与创新

资料来源：根据加拿大2016年"A Digital Media Literacy Framework for Canadian Schools"报告整理。

4. 日本数字素养提升模式

在21世纪数字化进程进入高速发展通道后，媒介素养理论呈现多元、混合特征。基于此，日本政府尊重公民的需求多样性，主张发挥主观能动性，将数字培养融到公民的生活与工作中，形成了一种层次阶段分明、培养过程与实践紧密结合的发展评价模式。日本模式旨在激励公民发挥主动性，将数字素养培养与实践相结合，以期通过"干中学""学中干"模式进行公民数字素养培育。

2014年7月，日本国立大学图书馆协会和教育学习支援检讨特别委员会联合公布了日本的《高等教育信息素养标准》，该标准于2015年3月正式确立。具体包括高等教育中信息素养应该掌握的知识、技能以及实践过程。总的来看，日本数字素养模式可以概括为以下四个方面：①评论研究；②实施和公布调查现状的情况；③整理和总结实践报告和考察情况；④从学术的角度进行理论的分析和讨论。

为配合该标准的具体实施，日本国立大学图书馆协会和教育学习支援检讨特别委员会还制定了"高等教育的利用体系表"（见表4），将学生信息素养的培养分为不同阶段，并将每个阶段分为初级、中级和高级3个层次，对各层次提出了不同的要求。公民通过不断实践提高其数字媒介素养，实现了将媒介素养培育拓展到数字化时代与数字资源的交互过程中。

表4 高等教育的利用体系表

阶段	等级
第1阶段：认识课题 第2阶段：检索信息 第3阶段：获取信息 第4阶段：分析、评价、管理信息 第5阶段：批判性探讨信息、重构知识 第6阶段：活用信息、发送信息、考察进度	初级：能够根据指定的主题和信息进行写作 中级：能够根据指定的课题亲自设定主题，借鉴先前事例，写作和发表包含自己意见的文章 高级：能够自己设定调查、研究的主题，进行学术论文的写作和发表

资料来源：2015年日本《高等教育のための情報リテラシー基準2015年版の策定経緯と活用方法》。

（二）欧盟公民数字胜任力培育框架及模式

1. 欧盟公民数字胜任力框架

欧洲十分重视全民数字素养培育工作，该项工作在国际上一直处于较为领先的位置。为了培养21世纪合格数字公民，欧盟于21世纪初提出了"公民数字胜任力"（Digital Competence of Citizens）概念，并制定了公民数字胜任力框架——*A Framework for Developing and Understanding Digital Competence in Europe*，简称DigComp1.0。此框架界定了数字能力包括信息、沟通、内容创作、安全、问题解决5个领域，并将其细化为21项数字能力。从总体来看，该框架既有纵向类属层次划分，又有横向结构要素分解；既规定了水平层级，又有具体实例的说明。欧盟公民数字胜任力框架在相关课程开发、实施与评价方面具有很强的实用性和可操作性。

从演化角度来看，欧盟公民数字胜任力框架的发展经历了四个阶段。2016

年和2017年,欧盟相继发布了DigComp 2.0和DigComp2.1,旨在全面提升欧盟公民的数字胜任力,打造具有全球竞争力的合格数字公民。2022年,欧盟进一步提出了公民数字胜任力框架DigComp 2.2,旨在在全球数字经济时代为欧洲政策制定提供科学支持。此框架在DigComp 2.1的基础上将数字能力基础、中级与高级3个熟练程度提升至8个,每个领域具体的数字能力也发生了细微转变。经过从DigComp1.0到DigComp 2.2的发展,欧盟数字胜任力框架逐渐形成了信息与数据素养、交流与合作、数字内容创作、安全和问题解决5个素养域,并分别从能力、知识、技能和态度维度对每项素养进行举例与描述,具体如表5所示。

表5 欧盟公民数字胜任力框架(DigComp 2.2)

序号	能力领域	细分能力
1	信息与数据素养	浏览、搜索和过滤数据、信息和数字内容
		评估数据、信息和数字内容
		管理数据、信息和数字内容
2	交流与合作	通过数字技术进行交互
		通过数字技术共享
		通过数字技术参与公民活动
		通过数字技术合作
		网络礼仪
		管理数字身份
3	数字内容创作	开发数字内容
		整合和重新阐述数字内容
		版权和许可
		编程
4	安全	保护设备
		保护个人数据和隐私
		保护健康和福祉
5	问题解决	解决技术问题
		确定需求和技术对策
		创造性地使用数字技术

资料来源:根据欧盟2022年"The Digital Competence Framework for Citizens(DigComp 2.2)"整理。

2. 欧盟公民数字胜任力培育模式及其特征

在提升全民数字素养实践方面，欧盟形成了以各成员国政府为主导的多主体全方位培养模式，制定了数字技能框架及评价标准，为提升全民数字素养提供理论指导。具体来说，政府首先是数字素养标准的制定方，其次是基础设施和公共服务的提供者；教育系统则是将数字素养融入日常教学中，并未直接设立相关课程体系，实现了数字素养和技能与其他学科相融合的独特模式；图书馆则成为培育公民数字素养的主要社会力量，并非同美国一样培育公民数字素养的社会力量主要是智库等研究机构。由于多国家、多地区的共同参与，欧盟与美国、英国、加拿大模式呈现诸多差异，形成了以欧盟框架为标准、以各成员国日常教学与素质技能提升结合为重心、以基础设施和公共服务为支撑的多元化培育模式。

第一，欧盟负责制定公民数字素养培养框架与评价标准，各成员国出台数字技能发展细则。在2000年，作为"里斯本战略"的配套工程，欧盟在教育领域制定了"教育与培训2010计划"（ET2010）。随后在2011年开始实施"数字素养项目"，明确了数字素养的定义与维度。欧盟委员会认为，发展数字能力是提高欧洲公民的数字能力，减少不使用新技术和不上网人群的数量。因此，欧盟统计局每年都会对与计算机和网络相关的信息和通信技术的使用情况进行调查。然而，这些调查主要集中于对数字技术的认知和获取方面，仅代表最基本的技能，无法反映深层次的数字素养。

第二，教育系统是欧盟公民数字素养培育主阵地。在数字素养与技能需求导向下，欧盟陆续在战略规划中明确了全民数字素养与技能培育目标。欧洲教育界在2011年实施"提升欧洲创新课堂教学实践"项目，其中数字素养是培养的核心目标。欧洲的数字十年计划明确到2030年80%的欧洲人具备基本数字技能，确保新增2000万ICT专业人员且有更多女性参与其中。与此同时，欧盟持续实施全民数字素养与技能培育举措，如欧盟委员会持续支持欧洲代码周，且将其纳入"数字单一市场"战略与数字教育行动计划。总的来看，欧盟主要基于欧洲公众的具体数字素养与技能需求开展相关实践，其中需求获取主要借助数字经济与社会指数，具体实践由相关战略目标引领。

第三，在数字素养与技能培育进程中，欧盟主要以项目驱动的形式来提升全民数字素养与技能（见表6）。这些项目面向不同的群体和国家，由欧盟提供资助，用以提升相应国家和相应群体的数字素养与技能。总的来说，这些项目的推进大多立足于时代背景和现实国情，反映了知识、技能和态度相结合的跨学科素养观，可以为我国数字素养及技能培育框架的构建提供一定参考。

表6 欧盟提升全民数字素养与技能的项目

项目名称	面向对象	实施国家	项目目标	资金支持
DISC	移民群体	芬兰、意大利、西班牙、比利时和斯洛文尼亚	提升移民及其后代数字技能，强化移民群体公民意识	欧盟Erasmus+计划资助
DCDS	低技能成年群体	希腊、拉脱维亚、意大利、罗马尼亚和西班牙	为低技能成年人提供就业、个人发展、得到社会包容和积极公民身份所需的基本数字技能	欧盟Erasmus+计划资助
YSKILLS	儿童群体	奥地利、比利时、捷克共和国、丹麦、爱沙尼亚、芬兰、德国、意大利、挪威、波兰、葡萄牙、荷兰和英国	旨在提升儿童数字素养与技能	欧盟地平线2020资助
Digital Skills Accelerator	学生群体	波兰、比利时、西班牙、英国和爱尔兰	旨在促使学生掌握自身技能发展的主导地位	欧盟Erasmus+计划共同资助
Women4IT	女性群体	希腊、爱尔兰、拉脱维亚、立陶宛、马耳他、罗马尼亚和西班牙	旨在提升年轻女性（15~29岁）的数字技能	欧洲经济区赠款和挪威青年就业赠款基金资助
We-R-Open	职业教育和培训	葡萄牙、希腊、西班牙、意大利、塞浦路斯	旨在促进VET服务的数字化转型，应对新冠肺炎疫情引发的大量数字技能需求	欧盟Erasmus+计划资助

资料来源：根据欧盟科学中心官方网站资料整理。

（三）主要国际组织数字素养与技能发展框架

1. 联合国教科文组织数字素养全球框架

为客观科学地测量出数字素养技能所包含的内容，联合国教科文组织统计研究所（UIS）专门开展了一个数字素养全球框架项目（The Digital Literacy Global Framework Project），在欧盟公民数字胜任力框架的基础上开发了一个数字素养全球框架，共包括7个能力领域（见表7）：设备和软件操作、信息和数据素养、沟通与协作、数字内容创作、安全、问题解决、职业相关的素养。联合国教科文组织数字素养全球框架相比欧盟公民数字胜任力框架增加了设备和软件操作

(CA0) 和职业相关的素养 (CA6)。

表 7 联合国教科文组织数字素养全球框架

素养领域（CA）	素养（C）
CA0. 设备和软件操作**	数字设备的物理操作** 数字设备的软件操作**
CA1. 信息和数据素养	浏览、搜索和过滤数据、信息和数字内容 评估数据、信息和数字内容 管理数据、信息和数字内容
CA2. 沟通与协作	通过数字技术进行交互 通过数字技术共享 通过数字技术参与公民活动 通过数字技术合作 网络礼仪 管理数字身份
CA3. 数字内容创作	开发数字内容 整合和重新阐述数字内容 版权和许可 编程
CA4. 安全	保护设备 保护个人数据和隐私 保护健康和福祉 保护环境
CA5. 问题解决	解决技术问题 确定需求和技术对策 创造性地使用数字技术 发现数字素养鸿沟 计算思维**
CA6. 职业相关的素养**	操作某一特定领域的专业化的数字技术** 解释和利用某一特定领域的数据、信息和数字内容**

注：** 表示相比欧盟公民数字胜任力框架 2.0 增加的素养领域和能力。
资料来源：郑彩华（2019）。

与欧盟公民数字胜任力框架相比，联合国教科文组织《数字素养全球框架》呈现出以下特点：一是数字素养领域更加全面。数字素养全球框架中共有 7 个素养领域，比欧盟公民数字胜任力框架增加了两个素养领域，使数字素养领域更加立体全面。二是数字素养内涵更加丰富。数字素养全球框架把数字素养界定为通过数字技术安全适当地获得、管理、理解、整合、共享、评价和创造信息的能

· 283 ·

力,与先前已有的框架相比增加了态度维度的内容,从而使数字素养的内涵更加丰富。三是更加具有普适性。数字素养全球框架充分借鉴了当前世界各国和主要行业内同类素养框架的优点,并充分吸收了业内专家的意见建议,因而对于世界上不同发展水平的国家均具有普遍适用性。四是以实践需求为导向。数字素养全球框架对各项素养的外显行为进行了详细的描述,因此具有显著的实践导向性,便于在实践中进行测量评价。

2.《国际图书馆协会和机构联合会数字素养宣言》

在发达国家数字素养与技能提升实践中,图书馆系统是数字素养与技能提升三级保障体系的重要组成部分。首先,政府作为政策的制定者,对数字素养的发展起着关键作用,欧美主要发达国家数字素养的提升几乎都是在政府政策推动下开展的;其次,公共政策的支持使数字素养的提升具有稳定的资金投入来响应政府政策的号召;最后,图书馆行业协会积极推进图书馆在数字素养教育中的作用,在政府及行业协会的带动下,各图书馆具体实施数字素养教育与培训。

《国际图书馆协会和机构联合会数字素养宣言》(以下简称《宣言》)阐述了"数字素养"的含义,即"指利用数字工具并发挥其潜能的能力"。《宣言》认为,"具备数字素养意味着可以在高效、有效、合理的情况下最大限度地利用数字技术,以满足个人、社会和专业领域的信息需求"。《宣言》还展示了4个图书馆承担数字素养培养工作的示范性案例(见表8),分别是芬兰坦佩雷市图书馆的"知识集市"(Tietoris)、澳大利亚墨尔本市 MillPark 图书馆的培训课程、美国得克萨斯州圣安东尼奥市 Biblio Tech 数字图书馆针对特殊人群的数字化服务以及南非西开普省多家图书馆联合开展的"乡村图书馆连通计划"(RLCP)。

表8 《国际图书馆协会和机构联合会数字素养宣言》特色案例

序号	特色案例	特点
1	芬兰坦佩雷市图书馆的"知识集市"	地域覆盖面广; 突出政府主导; 图书馆的空间改造
2	澳大利亚墨尔本市 Mill Park 图书馆的培训课程	地域覆盖面广; 突出政府主导; 针对不同人群的特色服务; 图书馆的空间改造

续表

序号	特色案例	特点
3	美国得克萨斯州圣安东尼奥市 Biblio Tech 数字图书馆针对特殊人群的数字化服务	地域覆盖面广； 突出政府主导； 与数字图书馆相结合； 针对不同人群的特色服务； 图书馆的空间改造
4	南非西开普省多家图书馆联合开展的"乡村图书馆连通计划"（RLCP）	地域覆盖面广； 针对不同人群的特色服务； 图书馆的空间改造

资料来源：根据 2017 年"IFLA Statement on Digital Literacy"整理。

这些案例具有地域覆盖面广、政府为主导、与数字图书馆相结合、针对不同人群开展特色服务、对图书馆空间进行改造等特点，反映了在公民数字素养与技能培育中，图书馆转变观念将传统的借阅空间改造成社交场所和教育服务中心，以更灵活多变的方式提供公共文化服务的必要性。《宣言》特别强调学校和各经济领域机构与图书馆形成合作关系的必要性。总的来说，国际图书馆协会和机构联合会数字素养宣言主要强调了图书馆在全民数字素养培养方面的重要作用，对我国开展数字素养与技能培训工作具有一定的启发和借鉴意义。我国不仅要借鉴国际上图书馆在数字素养与技能培育方面的经验和做法，还要充分发挥政府、学校、社会组织、企业多方面的联动作用。

三、我国全民数字素养与技能的发展与评价

中央网信办在《提升全民数字素养与技能行动纲要》中明确提出数字素养与技能的概念，但国内相关研究对数字使用、数字创新、安全保障和伦理道德的重视程度尚显不足。随着各种网络社区、交流平台的建立，信息共享、网络协作逐渐成为人们学习生活的一部分，有必要在借鉴其他国家数字素养框架的基础上，结合我国新时代国情和社会特征提出我国全民数字素养发展与评价框架。

（一）理论基础及启示

1. 概念内涵以及相关研究

我国2021年11月起实施的《提升全民数字素养与技能行动纲要》将数字素养与技能定义为数字社会公民学习工作生活应具备的数字获取、制作、使用、评价、交互、分享、创新、安全保障、伦理道德等一系列素质与能力的集合，就是数字素养内涵在行动和技能层面的具体表征。1997年，美国的保罗·吉尔斯特首次提出了数字素养的概念，即能够理解和使用有多种来源、经由计算机呈现的信息的能力。学者们从不同视角出发，提出了许多数字素养的定义。联合国教科文组织统计研究所（UIS）将数字素养界定为"通过数字技术安全、合理地获取、管理、理解、整合、交流、评价和创造信息，以促进就业、体面工作和创业的能力，其中包括被称为计算机素养、信通技术素养、信息素养和媒体素养的各种能力"。综合来看，数字素养是一个多维度的概念体系，不仅指技术层面媒介与信息通信技术的相关知识与技能，还涵盖了文化与社会性层面的价值观及思维方式和行为的变革，并强调媒介与传播在人类社会发展中所扮演的重要角色。

数字技能与数字素养在内涵上存在本质区别：联合国宽带可持续发展委员会认为数字技能是人们能够在学习、工作、娱乐中自信并能够创造性地使用数字技术。技能是指在掌握一定知识和经验的基础上，经过练习而获得的"按某些规则或操作程序顺利完成某种智慧任务或身体协调任务"的"活动方式"，强调实践应用。由此可见，数字素养的内涵要比数字技能更加宽泛，数字技能更为具体，更多地反映在数字技术的应用过程中。

基于此，本文在明确数字素养和数字技能概念区别与联系的基础上，构建我国全民数字素养和技能发展评价框架。首先，明确数字素养的通用框架，确定全民数字素养包含价值观、道德、素质、技能、态度等诸多维度；其次，在技能和行为层面对数字素养进行表征化，即在不同场景下，明确必需的数字技能，形成数字技能评价模型。

2. 胜任素质理论

胜任素质模型是指在某个特定的岗位上优秀绩效者和普通绩效者之间存在差

异的胜任特征的总和。基本原理是通过收集和分析数据，区分优秀绩效员工与绩效平平员工在知识和专业技能、个体特性、行为动机等方面的异同，通过对相关数据进行标准勾画与分析，构建出一个与岗位要求相匹配的胜任素质模型。胜任素质冰山模型刻画了一个员工的综合能力与素质，如同在海面上漂流的冰山一般，海平面以上部分是能直接观察衡量的部分，如员工的知识储备、技能熟练度等，可以通过有意识地培养、调岗调配等管理手段进行改变。深藏在海平面以下的，则是潜在的能力或者隐性的个人特征，这些要素是难以评估和改进的。麦克利兰胜任素质冰山模型如图2所示。

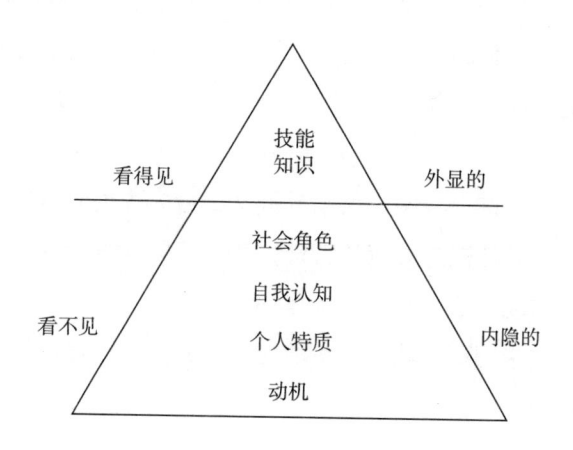

图2 胜任素质冰山模型

资料来源：作者根据 McClelland（1973）冰山模型整理。

欧盟公民数字胜任力框架以及联合国教科文组织的《数字素养全球框架》的底层理论逻辑是胜任素质模型，从知识、技能和态度三个方面进行数字胜任力模型构建。随着数字技术与生产生活方式的深度融合，先前的定义及表述都限制了研究深度、缺乏现实针对性和情境敏感度，未能反映数字智能时代数字素养的意义，公民的数字素养和技能也有了更为复杂的内涵，不仅要从知识、技能和态度三个方面构建显性能力和行为、内在核心素养和价值等，还应具备解决问题或达成任务的综合能力和行为。

因此，全面有效的数字素养和技能模型，一方面应具有普适性，即要以全体公民为对象，从知识、技能和态度三个方面考虑数字技能发展的提升行动，提高全民数字素养水平；另一方面应具有特殊性，能够基于场景驱动，提高不同场景下个体运用数字技能解决问题的综合能力，塑造高水平数字人才。

3. 能力结构理论

能力是指个体顺利完成某种活动所具备的直接心理特征。关于能力结构，目前学界尚未达成一致意见。英国心理学家斯皮尔曼提出的"能力二因素论"，认为能力可分为一般能力（G因素）和特殊能力（S因素）两种。

英国心理学家弗农在"能力二因素说"基础上提出了能力层次结构理论，设想出因素间的层次结构，由低到高分别是：特殊因素、小因素群、大因素群、一般因素。位列于结构最高层级的是一般因素，相当于斯皮尔曼的G因素，是每一种活动都需要的并决定一个人"聪明"或"愚笨"的因素；位列于结构第二层次的是"操作—机械能力"和"言语—教育能力"对应的两个大因素群；结构的第三层次是小因素群，将两个大因素群又细分为各类能力群；结构第四层次是底层，聚集了与各具体能力对应的特殊因素，特殊因素相当于斯皮尔曼的S因素，负责完成对应的能力活动并起决定作用。

弗农的能力层次结构理论认为，人的能力差异主要体现在两点：一是随着接受的知识的增多，知识结构越来越复杂，综合能力也越来越强；二是能力的提升顺序是从下往上进行的，底层因素对应的知识能力越多越细，上层的综合能力表现就越来越强。

基于此，德国各州文教部长联席会议界定了数字能力的基本结构：自我搜寻、加工和保存信息的能力；沟通和合作的能力；生产和呈现信息的能力；保护信息和安全行动的能力；问题解决与行动的能力；分析和反思的能力。

可以看到，数字技能作为一种能力，是一种基于数字搜索、加工和保存，逐步进行数字使用、数字创造的综合能力，具有从基础到综合，从内化到外显，从普遍到具体的特征。因此，我国在进行公民数字素养与技能发展评价时，不仅要从数字基础操作、信息和数据素养、交流与合作、数字安全、数字文明规范等方面全方位明确我国全民数字素养的结构和内涵，还要从技能发展角度，明确数字使用、数字生产、数字创造等数字技能相关指标，展现公民数字素养与技能从低阶到高阶演变的动态路径。

4. 具身认知理论

人与技术的互动关系一直是哲学家们所关注的问题，数字化生存时代，人身处信息世界的时间日益多于面对现实世界的时间。当人的信息化在场向更高阶段跃迁后，其与人的物理性、实体性在场的真实差距会越来越小。

美国技术哲学家唐·伊德在讨论人与技术的关系中定义了具身关系，是人与技术间的最基本的关系。对此，伊德认为，具身关系是人与环境之间的关系，包含了物质化的技术或人工物，这些技术和人工物作为人与环境的中介融入我们的身体，由此转化为人的知觉和身体体验。

基于此，"人—技"互动存在并体现为个体与数字技术间的互动关系，是一种共生融合的具身关系。数字认知力和数字内驱力反映了人们在运用数字技术时的主观能动性，因此这两种能力应成为探索不同场景下人们深层次数字素养的依据。我国提升公民数字素养与技能，要坚持"以人为本"的原则，首先基于不同场景，发挥主观能动性将数字技术和数字思维充分融入个体的学习与工作中，构建数字内驱力。其次，要充分利用个体具有的元认知能力，引导个体安全、健康地使用数字技术，进行自我觉察，反思技术的不良影响，发展公民数字认知和辩证思维能力。最后，引导个体科学、主动和合理地接触并应用数字技术，包括人工智能、云计算等，将数字技术作为一种普通工具，根据社会发展、未来就业需求，培养个体数字适应力、数字生产力与数字创造力。

（二）提升数字素养与技能思路和实施路径

提高全民数字素养与技能，应以构建统一的数字素养与技能发展目标为统领，以通用数字素养框架、特殊情景所需数字技能为核心内容，以开放协同的数字素养培育生态为主要依托，以精准高效、面向发展的评价体系为保障，从以下方面打造全民数字素养与技能提升思路与路径：

第一，基于中国情景建立抽象的通用数字素养框架，开创一种兼具众家之长的"中国模式"。首先，从理念上将数字素养作为一个独立的概念加以强调，从技术域、知识域、伦理域与态度域四个方面构建通用公民数字素养模型，搭建公民数字素养理论体系。其次，充分利用信息技术搭建全民数字技能培育平台，全方位提升全民数字技能，开创一种"理论与实践相结合"的"中国模式"。

第二，为实现持续发展，既要构建适用全体公民的数字素养框架，还要结合当下数字技术"渗透"工作生活的背景，基于生活、工作、学习与创新四大场景构建数字技能发展评价体系。数字素养的形成应该包括意识树立（低阶）、技能培养（中阶）、行为实践（高阶）三个维度。构建全民通用数字素养框架，确定数字素养包含的基本素质与要求，属于"内化于心"的数字认知、价值观和态度的范畴，而数字技能则是数字素养的高阶形式，归属于动作与行为的外显范畴，符合"素养→技能→行为"逻辑路线。因此，培养全民数字素养，必须要基于场景进行具体数字技能的培训与提升，两者相辅相成，缺一不可。

第三，从培养体系上看，要突破以教育为主的格局，构建一个多主体协同参与的体系。数字化时代，要培养全民数字素养，不能仅依靠政府和教育机构。美国模式和欧洲模式的成功经验表明，我国需要构建一个多主体协同参与的体系，形成由"图书馆、大中小学、政府管理机构乃至企业等全社会共同推动实现"的机制。其中，政府制定相关法律法规和激励政策；大中小学将数字素养教育融入日常教学中；公共图书馆主要承担缩小数字鸿沟的任务，为社区和公众提供教育资源与服务，高校图书馆应当建立一个数字素养培育体系，为师生提供信息化资源，构建一个"能充分接触学术环境中数字资源和社群的交互式数字媒介空间"；企业在确定工作场所的数字素养培训需求方面扮演重要角色，应思考如何将数字素养和技能发展整合到工作中，为公民数字素养和技能的提升提供资源与平台。

第四，从评价体系上看，要兼顾评价性与发展性，实现"以评促建，以评促发展"的目的。一方面，要以科学的研究方法，选取具体的、可衡量的、动态的、可操作的指标，基于四大场景所需，形成高信度和高效度的数字技能评价指标体系，解决数字技能"是什么"的问题；另一方面，利用构建的数字技能评价指标体系，对当前公民的数字技能水平进行科学评估，审视我国公民数字技能，提升工作的成效，提出有针对性的问题解决措施。

（三）数字素养与技能发展评价指标体系构建原则

全民数字素养与技能发展评价指标的选取，涉及公民的基础操作、数据获取、数据交流与合作、问题解决、安全法治、文明道德等多个方面。由于全民数字素养与技能发展评价内容多、评价对象复杂和评价范围广，因此建立一种既能满足全民数字素养和技能的通用性，又能体现不同场景下数字素养和技能的独特性的评价指标体系，对于提升我国全民数字素养与技能具有重要意义。建立全民数字素养与技能发展评价指标体系时，需要遵循以下几项原则：

（1）科学性原则：在建立评价指标体系时，既要有科学的理论依据，又要能反映全民数字素养和技能的客观实际情况，使评估指标体系能够在基本概念和逻辑结构上严谨、科学、合理，且具有一定针对性和实践操作性。

（2）主体性原则：在构建全民数字素养及技能发展评价指标体系时，要强调人相对于技术、物和事的优先性，坚持人的主体性作用，自主挖掘个体数字潜能和创造力，以满足公民提高数字技能的需求和实现人的全面发展为终极目标，真正将数字素养与技能发展评价相关成果惠及全体公民。

（3）客观性原则：评价全民数字素养与技能，需要进行文本分析和数据分析，选取的指标要能最大限度反映全民数字素养与技能水平。

（4）完备性原则：全民数字素养与技能发展评价指标体系的构建，应全面地反映影响全民数字素养与技能的要素及要素之间的关联。如果指标体系建立的不完整，将有可能造成评价的不准确，从而对评价结果造成一定影响。

（5）独立性原则：在建立全民数字素养与技能发展评价指标体系的过程中，应通过计算明确各指标之间的内在联系，剔除重复的指标从而选择出既相对独立又相互补充的指标。

（6）典型性原则：在筛选指标的过程中，要保证所选取的指标具有相对较强的代表性，能够反映出四大场景下全民数字素养与技能的综合特征和状态。

（7）动态性原则：由于全民数字素养与技能是一个动态发展的概念，不同时期其内涵和外延也有可能不同，因此构建的评价指标体系应该具有一定的前瞻性，不仅要适应目前阶段，还要具有可扩展性，以满足未来不同情况的需要。

四、我国数字素养与技能发展评价的通用框架及指标体系

数字素养是适应数字化发展的核心能力，数字技能是数字素养在支持人们使用数字技术过程中的具体能力。只有提升数字素养与技能，才能适应数字时代对人力资源的要求，在全社会范围内提升全民数字素养，这对于推动我国数字经济的发展具有重要作用。数字素养与技能模型应具有普适性和独特性。其中，通用框架反映了普适性，场景化框架反映了特殊性。

数字素养与技能发展评价的理论基础包括"素质"和"能力"两个部分。本文基于《行动纲要》中数字素养与技能的概念内涵，在广泛参考借鉴国外数字素养评价框架的基础上，结合我国实际情况构建了我国全民数字素养与技能发展评价指标体系通用框架，做到既对标国际，又具有中国特色。

（一）数字素养指标构建

构建全民数字素养与技能发展评价指标体系，需要以科学化的流程，明确数字素养与技能评价指标。在确定初始指标的过程中，本文研究的课题组对国家提出的与数字素养相关的政策进行了梳理。课题组研究人员收集了由中央网信办、教育部、工信部、人社部联合发布的《2022年提升全民数字素养与技能工作要点》；中央网信办发布的《提升全民数字素养与技能行动纲要》；人社部发布的《提升全民数字技能工作方案》《"技能中国行动"实施方案》；国务院发布的《"十四五"数字经济发展规划》与《全民科学素质行动规划纲要（2021—2035年）》；人社部、教育部、发展改革委、财政部联合发布的《"十四五"职业技能培训规划》；教育部等五部门发布的《关于大力加强中小学线上教育教学资源建设与应用的意见》；发展改革委发布的《关于发展数字经济稳定并扩大就业的指导意见》等一系列重要文件。

四位研究人员通过背对背编码的方式对这些政策文件中有关数字素养与技能

的表述进行分析，对于编码有异的方面进一步进行讨论，最终从中提取出 159 个相关条目。在此基础上，课题组对这些条目进行分析，发现这些条目所反映的能力和维度具有明显差异，因此对这些能力进行了划分归类，主要分为数字基础操作、信息和数据素养、交流与合作、数字内容创造、数字问题解决、数字安全法治、数字文明道德规范 7 个数字素养维度。为了充分保证指标体系的科学性和完整性，课题组还从各大主流网站上搜索了有关数字素养与技能的报道，旨在对一级指标进行补充完善。

（二）数字技能指标构建

为了细分数字素养和技能指标，课题组对数字素养指标包含的初始条目进行归类，对数字素养指标进行了详细解读。最先由课题组三位研究人员进行背对背编码，形成了初始的数字技能指标，随后由另外两位研究人员进行修订完善，最后由课题组中的专家教授指导修改。最终提取出了 24 个数字技能指标，并对 24 个数字技能指标进行定义。据此形成了本文构建的全民数字素养与技能发展评价指标体系通用框架（见表9）。

表9 全民数字素养与技能发展评价指标体系通用框架

素养维度	技能指标	定义
数字基础操作	能够识别软硬件工具和技术所需的数据、信息和数字内容并进行操作	
	数字硬件操作	能够识别并使用硬件工具和技术的功能和特性
	数字软件操作	能够了解并掌握操作软件工具和技术所需的数据、信息和数字内容
信息和数据素养	能够定位和检索数字信息和内容、判断信息来源和内容的相关性，并对信息进行存储和管理	
	数字获取	能够检索访问数字环境中的数据、信息和内容，更新个人搜索策略
	数字评估	能够客观评估数据、信息和内容来源的可信度及可靠性
	数字管理	能够在结构化的数字环境中组织、存储和使用数据、信息和内容
交流与合作	能够通过数字技术进行互动、沟通和合作	
	数字交互	能够理解特定环境下适当的数字通信手段，并借助各种数字技术与他人互动

续表

素养维度	技能指标	定义
交流与合作	数字分享	能够借助适当的数字技术,与他人共享数据、信息和数字内容
	数字身份	能够借助数字技术和服务参与社会活动,并创建和管理一个或多个数字身份以保护自己的声誉
	数字技术合作	能够使用数字工具和技术实现数据、资源和知识协作
数字内容创造	能够创建和编辑数字内容,对信息和内容进行修改并将其整合到现有知识体系中,同时了解如何应用版权和使用许可		
	数字制作	能够使用数字工具和技术来创建数字内容
	开发数字内容	能够创建和编辑不同格式的数字内容
	整合和重新阐述数字内容	能够修改、完善和整合新的信息与内容到现有的知识体系中
	版权和许可证	能够了解版权和许可证如何应用于数字信息和内容
数字问题解决	能够识别并解决数字环境中的需求和问题,并利用数字工具创新工艺和产品	
	解决技术问题	能够在操作设备时识别并解决技术问题(从故障排除到解决复杂问题)
	确定需求和技术对策	能够评估需求并通过数字工具和技术解决这些问题
	创造性地使用数字技术	能够使用数字工具和技术来创造知识、创新过程或产品
	识别数字能力差距	能够了解自身数字能力需要改进或加强的地方,寻求自我发展机会
	计算思维	能够将问题分解成小的逻辑步骤,通过这些步骤解决问题
数字安全法治	能够在数字技术应用过程中遵守法律法规,保护自身安全,保护设备、内容和个人的数据与隐私	
	法律意识和法治思维	能够在应用数字技术的过程中遵守法律法规
	安全防护能力	能够在应用数字技术的过程中保护自身安全
	个人信息和隐私保护意识	能够在数字环境中保护个人数据和隐私
数字文明道德规范	能够文明使用数字产品开展相关活动,并遵守相关的道德规范,履行社会责任	
	网络文明素养	能够在数字环境中使用数字技术时注重行为规范,安全用网,文明上网
	数字道德伦理规范	能够在数字环境中遵守道德规范,做到平等自由,理性对待数字技术
	社会责任感	能够在数字环境中具有社会责任感,并履行社会责任

全民数字素养与技能发展评价指标体系通用框架中数字素养指标的设计主要参考借鉴了欧盟以及联合国教科文组织的相关框架，如数字基础操作、信息和数据素养、交流与合作、数字内容创造、数字问题解决等。同时，结合我国实际情况进行了补充与新增，如数字安全与法治、数字文明道德规范。在数字技能指标的选取和设定上，本文主要依据我国重要文件和主流网站相关报道，设计出了符合我国实际情况的具体指标。

五、我国数字素养与技能发展评价的场景化框架及指标体系

由于数字素养与技能在各个领域的需求和侧重点有所不同，因此既要构建覆盖全民、公平一致的全民通用数字素养与技能发展评价指标体系，又要构建场景化的数字素养与技能发展评价指标体系。中央网信办《提升全民数字素养与技能行动纲要》指出："着力构建覆盖全民、城乡融合、公平一致、可持续、有韧性的数字素养与技能发展培育体系，着力拓展全民数字生活、数字学习、数字工作、数字创新四大场景，激发全民建设网络强国和数字中国的积极性、主动性、创造性，提升全民数字化适应力、胜任力、创造力，增强人力资本积累，拓展人口质量红利，厚植创新发展新优势，为全面建设社会主义现代化国家提供强大的数字动力支撑和坚实的人力资源基础。"因此，从数字生活、数字工作、数字学习、数字创新四大场景出发构建相应的数字素养与技能发展评价指标体系，既响应了国家政策导向，又满足了公民在各个场景中提升数字能力的现实需求。

本文对数字生活、数字工作、数字学习、数字创新四大场景所需的数字素养和能力进行了划分，构建了基于四大场景的数字素养与技能发展评价指标体系，旨在能够提出一个具有差异性的、场景针对性的数字素养与技能发展评价指标体系，为提升我国全民数字素养与技能提供更具针对性的建议。

(一) 数字素养指标构建

具身认知理论认为，身体在认知过程中发挥着重要的作用，认知是通过身体的体验及其活动方式而形成的，从发生和起源的观点看，心智和认知必然以一个在环境中的具体的身体结构和身体活动为基础。因此，生理体验与心理状态之间有着强烈的联系，生理体验"激活"心理感觉，反之，心理感觉"刺激"生理体验。此外，在构建通用框架的编码过程中，课题组发现提取的条目所反映的能力和维度具有明显差异，有些条目反映的是公民的外显素质和能力，有些条目反映的是公民的内隐素质和能力。基于此，本文依照表层与深层的框架构建了一级指标。中央网信办出台的《提升全民数字素养与技能行动纲要》指出要激发全民建设网络强国和数字中国的积极性、主动性、创造性，提升全民数字化适应力、胜任力、创造力。这表明我国加强全民数字素养及技能提升工作的目的是提升全民在数字经济时代的各种能力。对此，本文根据中央网信办提出的数字化适应力、胜任力、创造力，结合具身认知理论将数字化能力分为数字适应力、数字生产力、数字胜任力、数字创造力、数字认知力与数字内驱力六类数字素养。其中，表层数字素养指标包含数字适应力、数字生产力、数字胜任力、数字创造力四个维度；深层数字素养指标包含数字认知力与数字内驱力两个维度，各数字素养指标的含义如表10所示。

表10 全民数字素养与技能发展评价一级指标及定义

框架	数字素养指标	定义
表层	数字适应力	了解和使用当前环境所需要的数字工具、知识、方法和技术的能力
	数字生产力	借助数字技术和工具，在当前环境中将信息、资源以及数据转化为产出的能力
	数字胜任力	能够在当前数字环境中表现优秀的素养和能力，是区分表现一般和表现优秀的关键
	数字创造力	能够以创造性的方式使用数字知识、方法和技能，并通过数字技术形成新思想、创造新事物的能力
深层	数字认知力	对当前环境中的数字知识、方法和技能的感知意识、思维和评价
	数字内驱力	对当前环境中的数字知识、方法和技能产生的内在动机、想法和态度

为了更好地理解这六个数字素养指标的具体内涵与区别，本文对这六个数字素养指标进行了具体的解释。

（1）数字适应力。适应力指的是对环境的适应能力，一方面指生物各层次的结构（大分子、细胞、组织、器官，乃至由个体组成的种群等）都与功能相适应；另一方面这种结构及其相关的功能（包括行为、习性等）适合于该生物在一定环境条件下的生存和延续。数字适应力则体现了个体在数字环境下的适应能力，可以根据个体对数字产品、技能等了解与使用情况进行度量，个体数字适应力越强，其在数字环境下的工作、生活、学习、创新活动就越得心应手。

（2）数字生产力。生产力即社会生产力，也称"物质生产力"，是人们实践能力的最终结果，是生产方式的一个方面，指人们用来生产物质资料的那些自然对象与自然力的关系，它表明生产过程中人与自然的关系。生产力发展水平的高低是生产力要素构成的系统与其所处的政治、经济、社会、文化、生态等环境体系相互聚合匹配的结果。数字生产力，即表示了在当前数字环境体系下，个体利用数字化技术与工具，将信息、资源与数据转化为产出的能力。

（3）数字胜任力。胜任力是指能将某一工作中有卓越成就者与普通者区分开来的个人的特征，它可以是动机、特质、自我形象、态度或价值观、某领域知识、认知或行为技能等任何能显著区分优秀与一般绩效的个体特征。数字胜任力代表个体能够在当前数字环境中表现优秀的素养和能力，是区分个体表现一般和表现优秀的关键。

（4）数字创造力。创造力是指产生新思想，发现和创造新事物的能力，是由成功地完成某种创造性活动所必需的心理品质，是由知识、智力、能力及优良的个性品质等复杂的多因素综合优化构成的。数字创造力即个体能够以创造性的方式使用数字知识、方法和技能，并通过数字技术形成新思想、创造新事物的能力。

（5）数字认知力。认知力是指主观对非主观事物的反映能力。认知力越高，主观反映越接近事物的本质。数字认知力属于数字素养中的内在深层特征，表示个体对当前环境中的数字知识、方法和技能的感知意识、思维和评价。

（6）数字内驱力。内驱力是在需要的基础上形成的内部唤醒状态或紧张状态，表现为推动有机体活动以达到满足需要的内部动力。作为数字素养的内在特征，数字内驱力表示个体对当前环境中的数字知识、方法和技能产生的内在动机、意愿和态度，数字内驱力的高低直接影响了数字化活动的意愿与动机。

（二）数字技能指标构建

1. 构建过程

本文建立了一个数字素养词库。在指标词库构建的初期，本文研究主题组在中央网信办、教育部、工信部、人社部等政府网站，以及新华网、《光明日报》、《经济日报》、《求是》等国内主要新闻媒体和网站上进行了文章搜索，以"数字素养、信息素养、媒体素养、数据素养、数字能力、媒介素养、数字技能、数字技术、网络素养"为关键词，通过修改网址中相应的字段，进行修改搜索关键词、跳转页码操作，分别得到相应关键词下的搜索结果，在搜索结果页获取新闻内容的网址链接，进而获取新闻具体的内容，再按标签以及属性值搜索文字内容，经过转码、去除特殊符号等处理，将最终获取的新闻文本存储在本地TXT文件中。在爬取过程中，为了防止内容重复，我们进行了基于网址链接的去重处理。

在对各大网站的搜索工作结束后，我们得到了1991条新闻数据，通过课题组的沟通与研讨，最终确定了"数字、信息、网络、媒体、数据"五个重点词汇。接下来，课题组研究人员以上述五个词为开头，通过字符串匹配的方法，对所有获得的文章进行遍历，匹配以上述五个词开头的四字短语。最终得到了1221条相关短语，并统计了每条短语出现的频次。随后进入人工筛选阶段，对于所有匹配的短语，首先去除所有出现频次<2的短语，之后经过人工整理，去除部分无意义词语，最终得到338条相关短语，构成了初步的指标词库。课题组同时借助构建数字素养通用指标时提取的159个条目作为核心指标库，并将这些条目作为关键词分别归类到生活、工作、学习、创新四大场景中，用于后续构建数字素养与技能发展评价指标体系。

本文对数字技能指标体系的构建采用了各场景分别构建的方式，依照上述建立的一级指标，在不同场景下，根据关键词的分布及出现的频率，对相似关键词进行聚类分析，得出较为明显的特征，最终对每一组聚类进行命名、定义，得到不同场景下的数字技能指标。

2. 数字工作场景

在数字工作场景中,数字素养与技能的关键词大部分与工作适应、工作目标解决有关,表示能够识别和使用工作所需要的数字工具、知识、方法和技术的能力,通过前一小节依照具身认知理论划定的六个数字素养指标,再结合工作场景下关键词分布规律与出现频率,在数字适应力、数字生产力、数字胜任力、数字创造力、数字认知力、数字内驱力六个数字素养指标的基础上,归纳总结了18个数字技能指标(见表11)。

表11 数字工作场景下数字素养与技能发展评价指标体系

数字素养指标	数字技能指标	定义	具体关键词
数字适应力	能够了解和使用工作所需要的数字工具、知识、方法和技术的能力		
	办公软件使用	能够识别和使用办公软件等应用程序,视频、图片等加工软件,统计分析等专业软件	工业软件、用网能力、智能技术运用
	办公硬件使用	能够识别和使用专业分析仪器、电脑、智能手机等硬件设备	使用数字产品、手机应用技能
	工作数据处理	对工作中的数据进行识别、收集、预处理、分析、评价等	数据管理能力、数据评价、信息获取能力、信息鉴别能力
	数字工作规范	了解在线工作的规范制度、技巧、流程以及运作机制	数据安全管理能力、健康合理使用数字产品和服务
数字生产力	借助数字技术和工具,在工作中将信息、资源以及数据转化为产出的能力		
	工作问题解决	识别工作中的需求和问题,并运用数字技术和手段解决;形成问题解决方案	利用信息技术解决实际问题的能力、运用数字技能的能力、数字工作能力
	数字目标实现	使用数字技术达成工作目标的能力	智能决策能力
	数字工作效率	使用数字技术提升工作效率的能力	互联网+职业技能培训、科学用网、数字赋能能力、数字技术应用能力、数字化经营管理能力、数字化生产能力
数字胜任力	能够在数字工作中表现优秀的素养和能力		
	数字合作协同	在工作中借助数字技术和手段进行团队协作、在线沟通等	数据资源共享、数字语言表达、数字信息传输

续表

数字素养指标	数字技能指标	定义	具体关键词
数字胜任力	数字感召与影响	在工作中能对他人使用数字技术和手段施加影响	数字知识和技能教育、数据交互
	前沿数字技术应用	在工作中了解和应用大数据、人工智能、物联网及云平台等前沿数字技术	人工智能、大数据、云计算等数字技能；数字公共服务使用技能；数字营销；物联网；数字化"新农具"使用能力；电子商务
数字创造力	能够通过数字技术在工作中形成新思想、发现和创造新事物的能力，甚至对数字知识、方法和技能表现出创造力		
	数字技术产品创新	利用数字技术对产品和工艺进行开发和创新，如数字技术研发、产品设计、软件开发、智能硬件开发等技能	数字化创造力、数据制作、网上创业
	数字内容整合	利用数字技术修改、完善和整合新的数字信息和内容到现有的工作内容或流程中	数字内容生产、媒体运营
	编程	能够在工作中使用 Python、C++、Java 等编程语言	软件编程
数字认知力	对工作中数字知识、方法和技能的感知意识、思维和评价		
	数字工作知觉	对工作中数字技术发展具有的洞察力和前瞻意识	数字经济思维能力
	数字工作思维	针对数字工作产生的计算思维和思考能力、迭代思维以及互联网思维	道德伦理意识、懂网能力、计算思维、数字化思维、数字消费意识、信息素养
数字内驱力	对工作中的数字知识、方法和技能产生的内在动机、想法和态度		
	数字学习动机	对与工作相关的数字技能、知识、方法的学习动机	终身学习能力
	数字探索意愿	对与工作相关的前沿数字技术、数据规律的探索想法	理解数字化发展趋势能力、数字工具和资源使用意愿、学网能力
	数字工作态度	对与工作相关的数字技能、知识、方法表现出热爱等态度	数字化发展意愿和能力

指标解释：

（1）办公软件使用。办公软件使用是工作的一项基础技能，在数字工作场景下更为重要，对办公软件的熟悉程度，是工作场景下数字化工作开展的基础，汇集了工业软件、用网能力、智能技术运用这些关键词，表示个体能够识别和使用办公软件以及各种工作所需的专业统计分析软件的能力。

（2）办公硬件使用。办公硬件使用同样是工作的一项基础技能，与软件使用相似，同样是工作场景下数字化工作开展的基础，表示个体能够识别和使用专业分析仪器、电脑、智能手机等硬件设备的能力。

（3）工作数据处理。工作数据处理是工作中十分必要的基础技能，是衡量数字适应力十分重要的指标，表现为对工作数据的获取、整合、管理等能力，包括了健康合理使用数字产品和服务的能力、数据管理能力、数据评价能力、信息获取能力、信息鉴别能力，体现了个体对工作中的数据进行识别、处理、分析、评价等一系列数据处理的能力。

（4）数字工作规范。数字工作规范是根据劳动岗位的特点，对上岗人员提出的综合要求。它是劳动管理工作的基础，是组织生产和进行内部工资分配的重要依据，对于加强劳动科学管理，建立培训、考核、使用和待遇相结合的机制具有重要作用。其包括数据安全管理能力、健康合理使用数字产品和服务这两个关键词，体现了个体对数字工作场景中工作规范、工作技巧、工作流程以及运作机制等内容的了解程度。

（5）工作问题解决。工作问题解决包括数字工作的能力、利用信息技术解决实际问题的能力、运用数字技能的能力，代表了个体能够识别工作中的需求和问题，并运用数字技术和手段形成解决方案，最终解决问题的能力。

（6）数字目标实现。数字目标实现与工作问题解决息息相关，作为工作问题解决的最终目标，能否实现数字目标成为工作能力的重要体现，在数字工作场景下，其代表了个体利用数字技术达成工作目标的能力，包括智能决策能力。

（7）数字工作效率。数字工作效率，即通过使用数字技术提升工作效率的能力，数字工作效率的高低，也在一定程度上影响着问题解决的效率以及目标实现的难易程度，包括了互联网+职业技能培训、科学用网、数字赋能能力、数字技术应用能力、数字化经营管理能力、数字化生产能力这一系列与提升工作效率相关的关键词。

（8）数字合作协同。合作协同在工作场景中尤为重要，数字工作场景亦是如此。在数字化资源发达的环境中，通过数字技术沟通交流、共享资源、合作创造等方式越发成熟，数字合作协同生产成为数字胜任力的重要内容。数字合作协同的关键词包括数据资源共享、数字语言表达、数字信息传输，表示个体在工作中借助数字技术和手段进行团队协作、在线沟通等能力。

（9）数字感召与影响。在使用数字技术和产品的过程中，或者是环境中其他人在使用数字产品和技术时，难免对他人产生影响、数字感召与影响，即该途径下一方对另一方带来的积极或消极的影响，包括数字知识和技能教育、数据交互，由于在数据交互中，一方的行为会对另一方产生影响，所以数字感召与影响表示在工作中对他人使用数字技术和手段施加影响，共同使用数字技术或提高数字技术使用水平。

（10）前沿数字技术应用。在数字技术快速更新迭代的背景下，对于前沿数字技术的理解与应用能力，成为数字胜任力评价的重要指标，包括人工智能、大数据、云计算等数字技能，数字公共服务使用技能，数字营销，物联网，数字化"新农具"使用能力，电子商务这些前沿技术类关键词，表示个体在数字工作场景下，对于大数据、人工智能、物联网等前沿技术的了解及应用能力。

（11）数字技术产品创新。数字技术产品创新的关键词包括数字化创造力、数据制作、网上创业，表示个体利用数字技术对产品和工艺进行开发和创新的能力，如数字技术研发、产品设计、软件以及智能硬件开发等技能。

（12）数字内容整合。数字内容整合的关键词包括数字内容生产、媒体运营，表示个体利用数字技术修改、完善和整合新的数字信息和内容到现有的工作内容或流程中。

（13）编程。编程即个体在工作中使用Python、C++、Java等编程语言，通过计算机语言、代码的形式将问题解决的过程自动化、信息化的能力。

（14）数字工作知觉。数字工作知觉包括数字经济思维能力、理解数字化发展趋势能力，表示个体对工作中数字技术的发展所具有的洞察力和前瞻意识。

（15）数字工作思维。数字工作思维包括懂网能力、计算思维、数字化思维、数字消费意识、信息素养等关键词，表示个体针对数字工作产生的计算思维和思考能力、迭代思维以及互联网思维。

（16）数字学习动机。数字学习动机是数字素养提升的内驱力，较高涨的学习动机是促使数字外显能力提高的重要因素，是终身学习数字化的体现，表示个体主观上学习与工作相关的数字技能、知识、方法的动机。

（17）数字探索意愿。同样作为数字素养的内驱力因素，数字探索意愿包括数字工具和资源使用意愿、学网能力等关键词，表示个体对与工作相关的前沿数字技术、数据规律的探索和想法。

（18）数字工作态度。数字工作态度，即对数字工作环境的主观意愿，数字工作态度直接影响数字工作的进程，具体表现为个体对与工作相关的数字技能、知识、方法表现出的热爱等态度。

3. 数字生活场景

在数字生活场景中，数字素养与技能的关键词主要集中在对数据资源的使用以及生活问题解决上，在与6个数字素养指标对照后，归纳总结出11个数字技能指标（见表12）。

表12 数字生活场景数字素养与技能发展评价指标体系

数字素养指标	数字技能指标	定义	具体关键词
数字适应力	能够了解和使用生活所需要的数字工具、知识、方法和技术的能力			
	数字生活产品使用	使用手机、电视等智能家居产品，导航、网络支付等应用程序，以及拍照等日常生活软件	懂网能力；健康合理使用数字产品和服务；科学用网；用网能力；使用智能家居产品的能力
	数字信息获取与评估	为了满足生活需求，能够使用电脑、手机等设备通过搜索引擎查找、访问生活相关信息和内容，并分析、评价信息来源和内容的可信度和可靠性	信息使用能力；数据管理能力；数据评价；信息获取能力；信息鉴别能力；数字赋能能力
数字生产力	借助数字技术和工具，在生活中将信息、资源以及数据转化为产出的能力			
	生活问题解决	识别生活中的需求和问题，并运用数字技术或手段解决的能力	合理开发利用数据和数字技术；数据决策；利用信息技术解决实际问题的能力；数字技术应用能力；数字公共服务使用技能；数字化"新农具"使用能力

续表

数字素养指标	数字技能指标	定义	具体关键词
数字胜任力	能够在数字生活中表现优秀的素养和能力		
	数字生活内容分享	通过适当的数字技术,与他人分享日常生活活动,如拍摄短视频、使用社交平台等	数据资源共享;数据交互;数字信息传输;数字语言表达
	数字社区身份维护	通过虚拟社区塑造数字身份,并进行自我形象提升的能力	个人信息和隐私保护意识
数字创造力	能够通过数字技术在生活中形成新思想、发现和创造新事物的能力		
	数字内容创作	通过数字技术对休闲娱乐等生活活动进行开发、创作,如视频、图片、文字、音乐、直播等自媒体内容的创作	数据创新;数据制作;数字内容生产
数字认知力	对生活中数字知识、方法和技能的感知意识、思维和评价		
	数字生活知觉	对生活中数字技术发展的理解力和产生的意识	数字经济思维能力;数字生活水平
	数字生活思维	对数字生活产生的迭代思维和互联网思维	计算思维;数字意识;数字化思维;数字消费意识;信息意识
数字内驱力	对生活中的数字知识、方法和技能产生的内在动机、想法和态度		
	数字学习动机	对生活涉及的数字技能、知识、方法的学习动机	终身学习数字化
	数字探索意愿	对与生活相关的前沿数字技术、数据规律、设备的探索想法	数字工具和资源使用意愿;数字化发展意愿和能力
	数字接纳态度	愿意体验并使用生活中出现的有关数字技术的新产品、服务或基础设施	理解数字化发展趋势能力;数字化资源和能力

指标解释如下:

(1)数字生活产品使用。数字生活产品使用情况,体现了人们生活中的数字氛围,关键词包括懂网能力、健康合理使用数字产品和服务、科学用网、用网能力、使用智能家居产品的能力等,主要体现为个体对手机、电视等智能家居产品,以及导航、网络支付等应用程序,还有拍照等日常生活软件的使用能力。

(2)数字信息获取与评估。数字信息获取与评估的关键词包括信息使用能力、数据管理能力、数据评价、信息获取能力、信息鉴别能力、数字赋能能力等，主要表现为个体为了满足生活需求，能够使用电脑、手机等设备通过搜索引擎查找、访问生活相关信息和内容，并分析、评价信息来源和内容的可信度和可靠性。优秀的数字信息获取与评估能力直接决定了对数字资源的使用能力。

（3）生活问题解决。数字工具的使用与普及，在一定程度上是为了解决生活中遇到的问题，其关键词主要包括合理开发利用数据和数字技术、数据决策、利用信息技术解决实际问题的能力、数字技术应用能力、数字公共服务使用技能、数字化"新农具"使用能力，体现为个体能够精准识别生活中的需求和问题，并运用数字技术或手段解决问题的能力。

（4）数字生活内容分享。在信息技术普及的环境下，生活中内容的分享也更多地体现在数字内容层面，不仅是数据资源，更多的是通过数字手段分享生活内容，关键词包括数据资源共享、数据交互、数字信息传输、数字语言表达等，体现为个体通过适当的数字技术，与他人分享日常生活活动，如拍摄短视频、使用社交平台等。

（5）数字社区身份维护。每个个体在其参与的网络社群中都有对应的虚拟身份。数字社区身份维护的关键词包括个人信息和隐私保护意识，表示个体通过虚拟社区塑造数字身份，并进行自我形象提升的能力。

（6）数字内容创作。数字内容创作的关键词包括数据创新、数据制作、数字内容生产，表示个体通过数字技术对休闲娱乐等生活活动进行开发、创作，如视频、图片、文字、音乐、直播等自媒体内容的创作。

（7）数字生活知觉。良好的数字生活知觉，有助于人们在生活中更快捷、更敏锐地捕捉与数字相关的信息，形成自己的思维、意识。数字生活知觉的关键词包括数字经济思维能力、数字生活水平，表示个体对生活中数字技术发展的理解力和产生的便捷意识。

（8）数字生活思维。数字生活思维，即生活中的数字思维，在生活场景下时刻保持数字化的思维和意识，关键词包括计算思维、数字意识、数字化思维、数字消费意识、信息意识，具体体现为个体对数字生活产生的迭代思维和互联网思维。

（9）数字学习动机。相较于工作场景下的数字学习动机，在生活场景中，其更多指代对于生活中常用的数字相关知识，即生活涉及的数字技能、知识、方法的学习动机。

（10）数字探索意愿。较高的数字探索意愿，代表着生活场景数字化水平更高的上限，关键词包括数字工具和资源使用意愿、数字化发展意愿和能力，表示个体对与生活相关的前沿数字技术、数据规律、设备的探索想法。

（11）数字接纳态度。数字接纳态度反映了人们对生活中出现的数字化产品、技术等一系列物品的接受程度，与探索意愿类似，较高的接纳程度，则代表了较高的数字化资源使用率与数字化服务的普及率。其关键词包括理解数字化发展趋势能力、数字化资源和能力，表示个体愿意体验并使用生活中出现的有关数字技术的新产品、服务或基础设施。

4. 数字学习场景

数字学习场景下，数字素养与技能的关键词主要分布在工具使用、数字内容使用、学习能力等方面，具体归纳了以下14个数字技能指标（见表13）。

表13　数字学习场景下数字素养与技能发展评价指标体系

数字素养指标	数字技能指标	定义	具体关键词
数字适应力	能够了解和使用学习需要的数字工具、知识、方法和技术的能力		
	数字学习工具使用	能够学习和使用电脑、手机等智能产品，教育平台、在线学习网站等日常学习软件	互联网；健康合理使用数字产品和服务；科学用网；手机应用技能；物联网
	数字内容获取与评估	阐明数字学习的需求，使用电脑、手机等设备在相关教育、培训网站获取与学习相关的信息和内容，并分析、评价信息来源及内容的可信度和可靠性	信息获取能力；数字治理能力；数据评价；信息鉴别能力；信息选择能力
数字生产力	借助数字技术和工具，在学习中将信息、资源以及数据转化为产出的能力		
	数字目标实现	设置学习目标，使用数字技术达成学习目标的能力	合理开发利用数据和数字技术；智能决策能力；运用数字技能的能力；数字技术应用能力
	学习问题解决	识别学习过程中的需求和问题，使用数字技术提升学习效率的能力	懂网能力；学网能力；数字赋能能力

续表

数字素养指标	数字技能指标	定义	具体关键词
数字胜任力	能够在数字学习中表现优秀的素养和能力		
	数字内容分享	通过数字技术与他人共享学习内容；愿意在互联网上分享专业知识	数据资源共享；数字语言表达
	数字经验交流	通过数字技术与他人进行在线学习交流和知识经验分享	数据交互；数字信息传输
	前沿数字技术学习	了解自身数字能力需要改进或更新的地方，对前沿数字技术进行学习	人工智能、大数据、云计算等数字技能；工业软件；互联网+职业技能；软件编程；数字知识和技能教育
数字创造力	能够通过数字技术在学习中形成新思想、创造新事物的能力，甚至对数字知识、方法和技能表现出创造力		
	数字内容创作	能够利用数字技术对学习内容进行创作，如在自媒体、网站上制作发布相关的学习素材、搭建在线知识课堂等	媒体运营；数据创新；数据制作；数字化创新能力；数字内容生产
	数字内容整合	能够利用数字技术完善现有的学习内容，并将学习的知识和内容整合到一起	数据管理能力
数字认知力	对学习中数字知识、方法和技能的感知意识、思维和评价		
	数字学习知觉	觉知到数字技术对学习内容和方法的促进作用，进而产生的洞察力和前瞻意识	数字经济思维能力
	终身学习思维	察觉到自身数字能力需要改进或更新的地方，进而产生的学习思维和迭代思维	计算思维；数字化思维；信息意识
数字内驱力	对学习中的数字知识、方法和技能产生的内在动机、想法和态度		
	数字学习动机	对学习中涉及的数字技能、知识、方法的学习动机	数字化发展意愿和能力；数字化学习能力
	数字探索意愿	对前沿数字技术、数据规律进一步学习、探索的想法	理解数字化发展趋势能力；数字工具和资源使用意愿
	数字学习态度	对学习数字技术或数字内容保持热爱、主动的态度	技术向善的价值导向；健康合理使用；数字产品和服务

· 307 ·

指标解释如下：

（1）数字学习工具使用。数字学习工具使用是数字学习场景下十分基础的技能。现如今，学习场景下的数字工具使用已经相当普遍，关键词包括互联网、健康合理使用数字产品和服务、科学用网、手机应用技能、物联网，表示个体在数字化学习过程中能够学习和使用电脑、手机等智能产品，教育平台、在线学习网站等日常学习软件。

（2）数字内容获取与评估。数字内容获取与评估的关键词包括信息获取能力、数字治理能力、数据评价、信息鉴别能力、信息选择能力，表示阐明数字学习的需求，使用电脑、手机等设备在相关教育、培训网站获取学习相关的信息和内容，并分析、评价信息来源和内容的可信度和可靠性的能力。

（3）数字目标实现。其关键词包括合理开发利用数据和数字技术、智能决策能力、运用数字技能的能力、数字技术应用能力，表示个体通过设置学习目标，使用数字技术达成学习目标的能力。

（4）学习问题解决。代表着在学习场景下，通过数字化手段解决学习带来的问题，提升效率。较高的学习效率，通常能够更快速地实现目标。学习问题解决的关键词包括懂网能力、学网能力、数字赋能能力，表示个体识别学习过程中的需求和问题，使用数字技术提升学习效率的能力。

（5）数字内容分享。内容分享，是学习过程中重要的知识来源途径，在数字化学习过程中，内容分享同样有着重要作用。数字内容分享的关键词包括数据资源共享、数字语言表达，表示个体通过数字技术与他人共享学习内容，愿意在互联网上分享专业知识。

（6）数字经验交流。与数字内容分享相似，经验交流也是学习的重要途径。数字经验交流的关键词包括数据交互、数字信息传输，表示个体通过数字技术与他人进行在线学习交流和知识经验分享。

（7）前沿数字技术学习。随着技术的日新月异，前沿数字技术学习能力在一定程度上代表了对新技术、新技能的掌握水平前沿数字技术学习的关键词包括人工智能、大数据、云计算等数字技能，工业软件，互联网+职业技能，软件编程，数字知识和技能教育，表示个体在数字学习过程中了解自身数字能力需要改进或更新的地方，进行前沿数字技术的学习和培训。

（8）数字内容创作。关键词包括媒体运营、数据创新、数据制作、数字化创新能力、数字内容生产，表示个体能够利用数字技术对学习内容进行创作，如在自媒体、网站上制作发布相关的学习素材、搭建在线知识课堂等。

（9）数字内容整合。数据内容整合，区别于数字内容创作，是通过对数字内容整理、归纳等操作，将其重新整合，包括数据管理能力，表示个体能够利用数字技术完善现有的学习内容，并将学习的知识和内容整合到一起。

（10）数字学习知觉。数字学习知觉，表示个体觉知到数字技术对学习内容和方法的促进作用，进而产生的洞察力和前瞻意识。

（11）终身学习思维。终身学习思维包括计算思维、数字化思维、信息意识三个关键词，表示个体察觉到自身数字能力需要改进或更新的地方，进而产生的学习思维和迭代思维。

（12）数字学习动机。学习动机是人持续学习的内驱力，在数字学习场景下，关键词包括数字化发展意愿和能力、数字化学习能力，表示个体对学习中涉及的数字技能、知识、方法的学习动机。

（13）数字探索意愿。在学习场景下，数字探索意愿决定了个体在学习过程中使用并掌握数字化技术的能力，关键词包括理解数字化发展趋势能力、数字工具和资源使用意愿，表示个体对前沿数字技术、数据规律进一步学习、探索的想法。

（14）数字学习态度。数字学习态度即个体对学习数字技术或数字内容保持热爱、主动的态度。

5. 数字创新场景

数字创新场景下，数字素养与技能的关键词主要分布在与创新相关的技术、意识以及态度方面，具体归纳出以下15个数字技能指标（见表14）。

表14 数字创新场景下数字素养与技能发展评价指标体系

数字素养指标	数字技能指标	定义	具体关键词
数字适应力	数字新技术应用	能够了解和使用创新需要的数字工具、知识、方法和技术的能力 接受和使用最新数字技术的能力	科学用网；运用数字技能的能力；使用数字产品；手机应用技能；数字技术应用能力

续表

数字素养指标	数字技能指标	定义	具体关键词
数字适应力	大数据分析能力	能够使用Python、C++、Java等数字编程软件,以及通过大数据进行智能分析的能力	人工智能、大数据、云计算等数字技能;分析数据能力;软件编程
	数字创新规范	了解数字创新的版权规范、流程以及运作机制	合理开发利用数据和数字技术
数字生产力	借助数字技术和工具,在创新中将信息、资源以及数据转化为产出的能力		
	创新问题解决	识别生产过程中的需求和问题,并运用数字技术和手段创造性地解决	利用信息技术解决实际问题的能力;信息获取能力;数字信息传输;数字语言表达;信息鉴别能力;信息选择能力
	数字创新管理	通过数字技术和手段加快创新的进程	数据管理能力;数据交互;数字化生产能力;掌握数据能力
	数字创新目标	通过数字技术和手段推进创新目标的实现	数据交互;数据评价;掌握数据能力
数字胜任力	能够在数字创新中表现优秀的素养和能力		
	数字赋能创新	运用数字技术和手段提升创新整合能力,提升创新效率	智能决策能力;数据资源共享;数字化经营管理能力;数字化资源和能力;数字营销
数字创造力	能够通过数字技术在工作中形成新思想、发现和创造新事物的能力,甚至对数字知识、方法和技能表现出创造力		
	数字工具创新	对数字工具本身进行研发,如数字技术研发、软件开发、智能硬件开发等	合理开发利用数据和数字技术;数据制作;软件编程;数字制作
	数字内容创新	利用数字技术对现有的产品、工艺、流程进行创新	数据创新;数据制作;数字化创新能力;数字化创造力;数字内容生产
	数字重组创新	对各类资源重新进行配置实现创新的能力	媒体运营
数字认知力	对创新中数字知识、方法和技能的感知意识、思维和评价		
	数字创新意识	对创新过程中数字技术发展具有洞察力和前瞻意识	数字经济思维能力;数字消费意识
	数字创新思维	基于数字创新过程产生的理解能力、逻辑思维、迭代思维及资源整合能力	计算思维;数字化思维;信息素养

续表

数字素养指标	数字技能指标	定义	具体关键词
数字内驱力		对创新中的数字知识、方法和技能产生的内在动机、想法和态度	
	数字创新动机	对现有数字技能、知识、方法的创新动机	数字化发展意愿和能力
	数字创新意愿	尝试对数字技术或数字内容进一步探索、创新的想法	理解数字化发展趋势能力;数字工具和资源使用意愿
	数字创新态度	对数字技术创新和数字内容创新保持热爱、主动的态度	终身学习能力

指标解释如下:

(1) 数字新技术应用。数字新技术应用,即对于新技术的适应能力,关键词包括科学用网、运用数字技能的能力、使用数字产品、手机应用技能、数字技术应用能力,表示个体对于新技术的接受和使用能力。

(2) 大数据分析能力。大数据分析能力,直接决定了个体在数字环境下对数据的处理与分析能力,关键词包括人工智能、大数据、云计算等数字技能,分析数据能力,软件编程,表示个体能够使用 Python、C++、Java 等数字编程软件,以及通过大数据进行智能分析的能力。

(3) 数字创新规范。良好的数字创新规范是参与数字创新的前提,关键词包括合理开发利用数据和数字技术等,表示个体在数字化创新过程中了解数字创新的版权规范、流程以及运作机制的能力。

(4) 创新问题解决。问题解决是包括数字创新在内的一系列数字活动的最终目标,关键词包括利用信息技术解决实际问题的能力、信息获取能力、数字信息传输、数字语言表达、信息鉴别能力、信息选择能力,表示个体识别生产过程中的需求和问题,并运用数字技术和手段创造性地解决。

(5) 数字创新管理。数字创新管理的关键词包括数据管理能力、数据交互、数据评价、数字化生产能力、掌握数据能力,表示个体通过数字技术和手段加快创新进程的能力。

(6) 数字创新目标。数字创新目标,作为创新活动的最终结果,表示个体通过数字技术和手段推进创新目标的实现的能力。

（7）数字赋能创新。数字赋能创新，表示个体运用数字技术和手段提升创新整合能力，提升创新效率，关键词具体包括智能决策能力、数据资源共享、数字化经营管理能力、数字化资源和能力、数字营销。

（8）数字工具创新。数字工具创新，表示个体对数字工具本身进行研发，如数字技术研发、软件开发、智能硬件开发等。

（9）数字内容创新。数字内容创新的关键词包括数据创新、数据制作、数字化创新能力、数字化创造力、数字内容生产，表示个体利用数字技术对现有的产品、工艺、流程进行创新的能力。

（10）数字重组创新。数字重组创新，即个体通过对数字内容的管理、整合、重组等操作，将原有的数字内容或者资源整合成为新的内容或资源，从而达到创新目的，关键词为媒体运营，表示对各类资源重新进行配置实现创新的能力。

（11）数字创新意识。数字创新意识的关键词为数字经济思维能力、数字消费意识，表示个体对创新过程中数字技术发展具有洞察力和前瞻意识。

（12）数字创新思维。数字创新思维的关键词包括计算思维、数字化思维、信息素养，表示个体基于数字创新过程产生的理解能力、逻辑思维、迭代思维及资源整合能力。

（13）数字创新动机。数字创新动机是数字创新活动的主要内驱力，关键词为数字化发展意愿和能力，表示个体在数字化创新过程中，对现有数字技能、知识、方法的创新动机。

（14）数字创新意愿。其关键词为理解数字化发展趋势能力、数字工具和资源使用意愿，表示个体在创新过程中尝试对数字技术或数字内容进一步探索、创新的想法。

（15）数字创新态度。数字创新态度的关键词为终身学习能力，表示个体对数字技术创新和数字内容创新保持热爱、主动的态度。

（三）四大场景数字素养指标体系对比

本文在数字工作、数字生活、数字学习、数字创新四个不同的场景下构建了不同的数字素养与技能发展评价指标体系，虽然四者之间有相同的数字素养指标，但在数字技能指标维度上，不同场景展现出了不同的侧重：

首先，在数字适应力维度下，工作场景更侧重于工作相关的软、硬件使用以及工作数据的处理能力和规范性；生活场景更侧重生活产品、服务的使用以及对日常生活所需的数据的获取；学习场景侧重于学习工具的使用，以及学习所需的数据的获取和评估，相较于生活场景的数据需求，学习场景则更侧重于分析、使用能力；创新场景下数字适应力更多侧重于新技术的掌握能力。

其次，在数字生产力维度下，四大场景下均有问题解决的数字技能指标，但工作场景下，问题解决还包括目标实现以及工作效率提升维度；生活场景下，问题解决则单纯需要解决生活中的问题；学习场景下，问题解决除了侧重于学习中的问题，同时还包括学习效率的提升；创新场景下，除了对数字问题的解决，同样关注创新目标以及创新技术手段的管理。

再次，在数字胜任力维度下，工作场景与学习场景较为相似，均包含了数字化协作、交流与数字化新技术的使用能力，但工作场景更偏重于团队协作以及对他人的数字影响，而学习场景偏重于数字内容与经验的交流。同时，在前沿数字技术维度上，二者的评判标准显然是有差异的，工作场景更偏向于熟练应用技术，而学习场景关注对新技术的学习能力。生活场景下，数字胜任力更侧重数字内容的日常分享，以及生活中数字身份的维护，创新场景下数字胜任力则更侧重于对数字的赋能能力，从而提升创新能力与效率。

最后，在数字创造力维度下，工作场景更侧重于产品技术创新、内容的整合以及计算机语言的使用，生活场景下仅仅包含了生活中自媒体等内容的创作，学习场景则更偏重于内容创作及整合，创新场景则更关注工具、内容方面的创新，以及通过内容重组所实现的创新。

在内驱力与认知力两个深层次数字素养指标下，四场景的数字技能指标设计没有明显差异，分别代表了对不同场景中所涉及的知识、技能、方法等的知觉和意识，以及对不同场景中的知识、方法所产生的内在学习动机、探索意愿以及接纳态度。

六、促进全民数字素养提升与技能发展的对策建议

提升全民数字素养与技能，不仅应构建全面、系统的数字素养与技能发展评价模型，而且还需要形成由上到下的战略协同执行体系，关键在于进一步激发各级政府及相关单位在数字素养与技能提升工作中的主动性，形成数字素养与技能提升成效动态评价机制，探索提升全民数字素养与技能的多主体协同路径，充分激发全民数字学习的内在动机。

第一，加强顶层设计，激发相关部门参与数字素养与技能提升工作的主动性。建议由中央网信办牵头设立全民数字素养与技能提升协调委员会。参考2022年7月成立的数字经济发展部际联席会议制度，该协调委员会应由与全民数字素养与提升工作相关的部委、研究机构以及专家联合成立，彼此之间应分工明确，统筹协调。该委员会主要职责包括（但不限于）：分类制定不同群体数字素养与技能的提升目标、实现路径及时间框架；制定并发布年度数字素养与技能工作规划及考核指标体系；按照年度跟踪评价各个部委及各层次政府数字素养与技能提升工作的进展及成效；发布提升全民数字素养与技能年度工作进展报告。

第二，坚持目标导向，明确数字素养与技能提升的预期成效与时间框架。根据行业特性与职业要求，针对不同类型人员如产业工人、农民、领导干部与公务员等，分场景分层级制定数字素养与技能的提升目标及时间框架，允许各类人群在数字化生产力、胜任力和创造力等方面存在差异，面向不同人群构建具有包容性和弹性的全民数字素养与技能发展框架，以便查漏补缺、随时追赶。分地区、分行业、分人群对我国公民目前的数字素养与技能发展水平进行追踪统计。同时，相关部门之间建立定期沟通机制，定期召开工作交流研讨会，及时跟踪数字素养与技能工作进展，协同联动推进数字素养与技能提升工作的任务落实。另外，构建以长期目标和未来发展为导向的数字素养与技能发展工作目标和布局，将工作重点由提升全民数字技能转向培育全民数字素养。基于各地区各部门对全民数字素养与技能发展情况的定期监测和跟踪反馈，统筹推动重大政策实施和试

点示范等工作，实现精准分析、精准监督、精准反馈和精准实施。

第三，深化执行措施，探索落实数字素养与技能提升行动的有效路径。坚持"以评促建、以评促用、以评促强"，突出数字生活、数字学习、数字工作和数字创新四大应用场景对数字素养与技能的不同要求，持续细化不同场景的工作目标和工作任务，尤其要重点关注数字创新这一应用场景，提升公民在数字创新中的数字胜任力和创造力。具体而言，①全方位开展数字宣传教育，及时发布数字治理的最新动态，使公众及时获取相关的信息，引导公众将线下活动转移到线上，学会用数字化手段解决生产生活中遇到的实际问题，在日常生活中逐步渗透数字理念，培育全民数字生活场景的数字素养与技能。②进一步加强对学习场景下全国数字素养与技能的培育，编写数字学习的相关资料，为全民数字素养和技能提升奠定基础，为全民终身数字学习提供保障。③制定数字技能类职业的从业标准、评价规范、资格认证制度，健全数字化生产的职业资格制度与职业技能等级制度的衔接机制。同时，行业龙头企业要发挥示范带头作用，加大数字化产品的研发投入，提升数字化服务水平，为全民营造一个提升数字素养与技能的数字化氛围。④相关部门应组织开展数字创新大赛、成果推广、技术科普等活动，引领带动全民参与数字创新，不断提升全民数字化适应力、胜任力、创造力，增强全民数字创新实力。

第四，完善激励机制，激发我国数字素养与技能提升行动的全民活力。围绕全民数字素养与技能发展通用和场景框架及评价指标体系，形成由"政府管理机构、图书馆、大中小学乃至企业参与"的全社会共同行动机制，激活全民提升数字素养与技能的学习热情。各级政府可以牵头联合当地图书馆机构和教育部门，依托图书馆的图书资源为公众数字素养与技能培育提供资源与服务，根据不同应用场景和职业类型对学习资源进行划分，针对性地培育不同人群的数字素养与技能，同时完善现有教育体系中有关培育数字素养与技能的课程，将数字素养与技能培育纳入通识教育体系中，实现数字素养内化于心，外化于行。此外，政府可通过优惠政策，调动电信运营商、数字设备和软件供应商等相关企业参与提升全民数字素养与技能工作的积极性。在政府政策的支持下，企业可以发挥行动主体作用，根据国家数字职业技能等级体系制定相对完善的数字职业发展规划，将数字素养与技能培育和员工的岗位晋级挂钩，并制定相应的奖励机制，对关注自身数字素养与技能提升的员工给予一定的物质和精神奖励，在企业中创建数字素养与技能提升的氛围。同时，企业应与科研院所进一步合作，构建数字素养与技能提升全流程的培训体系，重塑企业员工技能培养模式，加强员工数字素养与技能水平的评估，根据评测结果为员工提供针对性、灵活性的数字素养与技能培训。

参考文献

［1］McClelland, D. C. Testing for Competence Rather Than for "Intelligence"［J］. American Psychologist, 1973, 28 (1): 1-14.

［2］张娟. 美国数字素养教育现状及启示［J］. 图书情报工作, 2018, 62 (11): 135-142.

［3］郑彩华. 联合国教科文组织《数字素养全球框架》：背景、内容及启示［J］. 外国中小学教育, 2019 (9): 1-9.